说儒

（隋唐——现代）

巴文泽 著

中国财富出版社

图书在版编目（CIP）数据

说儒．隋唐—现代／巴文泽著．—北京：中国财富出版社，2016.8

ISBN 978－7－5047－6220－7

Ⅰ．①说…　Ⅱ．①巴…　Ⅲ．①儒学－研究－中国－隋唐时代－现代
Ⅳ．①B222.05

中国版本图书馆 CIP 数据核字（2016）第 169337 号

策划编辑 宋　宇　　**责任编辑** 齐惠民　于晨苗

责任印制 何崇杭　　**责任校对** 杨小静　张营营　　**责任发行** 敬　东

出版发行 中国财富出版社

社　　址 北京市丰台区南四环西路 188 号 5 区 20 楼　**邮政编码** 100070

电　　话 010－52227568（发行部）　010－52227588 转 307（总编室）

010－68589540（读者服务部）　010－52227588 转 305（质检部）

网　　址 http：//www.cfpress.com.cn

经　　销 新华书店

印　　刷 北京九州迅驰传媒文化有限公司

书　　号 ISBN 978－7－5047－6220－7/B·0502

开　　本 710mm×1000mm　1/16　　**版　　次** 2016 年 8 月第 1 版

印　　张 17.75　　**印　　次** 2016 年 8 月第 1 次印刷

字　　数 300 千字　　**定　　价** 58.00 元

前言

儒家自产生之时就充满了争议，既有来自外部的非难，也有内部不同派别之间的争论。就外部而言，孔子在世时，儒家学说得到的不仅有赞赏，也有怀疑、讥讽和排斥。孔子去世后，曾经学习过儒家思想的墨子就开始“非儒”，到战国时，荀子的学生韩非子对儒家发起了激烈的进攻，将儒学称为“五蠹”之一，而道家尤其是庄子对儒家则是冷嘲热讽。

汉武帝虽然采纳了董仲舒“罢黜百家，独尊儒术”的建议，将儒学从子学上升到经学，成为国家意识形态，但这并不能阻止其他学派对儒家的非难。道教和佛教兴起后，儒家受到严重挑战。儒家一方面吸纳道教和佛教的内容，另一方面又对道教和佛教进行抵制，宋明理学就是这种既吸纳又排斥的新儒学。

鸦片战争后，随着“西学东渐”，儒学逐渐开始衰落，尤其是科举制度的废止和清王朝的终结，儒学从高高在上的经学权威跌落，被现代学术“肢解”，从不同角度解读。其中胡适的《说儒》“一石激起千层浪”，他的观点遭到了当时众多学者的反驳。

就儒家内部而言，争论也从未停止。孔子去世后，儒分为八，相互之间就开始争论。同为儒家大师，荀子对孟子提出了严厉的批评。汉代，今文经学与古文经学之争；宋明时期，心学与理学之争。直至现代，儒家学者或者研究儒家的学者依然不断争论。

争论是学术发展的基本形式，在争论中，砥砺学术不断发展，展现问题的不同层面。在几千年的争论中，儒学发展经历了不同阶段，也展现了不同样态，说明儒学本身具有自我调适、更新的能力，具有强大的生命力。可以肯定，对于儒家的争论，还将进行下去。

《说儒》由我和杨名先生共同完成，他负责先秦至南北朝，我负责隋唐至现代。由于篇幅过长，就决定分册出版。杨名先生的那部分已经以《说儒》（先秦—魏晋南北朝）在西南交通大学出版社出版。对儒学争论问题感兴趣的读者，可以翻阅此书。

在“说儒”问题上，本书难免有所遗漏和不足，这既有学识疏浅的原因，也有角度不同的问题，请读者宽宥。同时，本书也有遗憾，就是关于“说儒”没有谈及新中国成立后的情况以及国外学者对儒家的看法。假以时日，我希望能将这两个方面写成一本书，来弥补此书的遗憾。

巴文泽

2016 年 4 月

目录

原　道

导语

韩愈（公元768—824年），字退之，河南河阳（今孟州市）人，唐代著名文学家、哲学家，“唐宋八大家”之首。自称郡望昌黎，世称韩昌黎。因官至吏部侍郎，又称韩吏部。谥号“文”，又称韩文公。

《原道》是韩愈所作的一篇著名的排斥佛、老的文章，文章以其复兴古道和儒家道统的立场指出真正的道德为仁与义，而佛、老则给人民带来了祸害，并列举上古圣王之功，最后感叹儒家之道传至孟轲便已失传，荀况与扬雄都不是真正的道统继承者，同时也暗示自己才是儒家道统的真正继承人。韩愈创立了“道统说”，认为儒学为“天下之公言”，把其看作治世的唯一正道，传之有统，不可改变。他主张恢复儒家道统的决心和力排佛、老的行为以及本篇文章都是基于佛、道、儒相互斗争调和的时代而出现的。佛教在隋唐时期的鼎盛，当时社会的割据混乱和世道的衰微，引发了以韩愈为代表的士大夫阶层治世救道的呼声，“道统说”和这些呼声对于当时儒学的振兴产生了重要的作用，成为后来儒、释、道三教合流以及理学形成的先决条件。

博爱之谓仁，行而宜之之谓义，由是而之焉之谓道，足乎己无待于外之谓德。仁与义为定名，道与德为虚位。故道有君子小人，而德有凶有吉。

老子之小仁义，非毁之也，其见者小也。坐井而观天，曰天小者，非天小也。彼以煦煦[①]为仁，孑孑[②]为义，其小之也则宜。其所谓道，道其所道，非吾所谓道也；其所谓德，德其所德，非吾所谓德也。凡吾所谓道德云者，合仁与义言之也，天下之公言也。老子之所谓道德云者，去仁与义言之也，一人之私言也。

注释

①煦煦：和蔼、悦喜的样子。
②孑孑：独身一人、小心谨慎的样子。

周道衰，孔子没，火于秦[①]，黄老于汉，佛于晋、魏、梁、隋之间。其言道德仁义者，不入于杨[②]，则入于墨；不入于老，则入于佛。入于彼，必出于此。入者主之，出者奴之；入者附之，出者污之。噫！后之人其欲闻仁义道德之说，孰从而听之？老者[③]曰："孔子，吾师之弟子也。"佛者曰："孔子，吾师之弟子也。"为孔子者，习闻其说，乐其诞而自小也，亦曰"吾师亦尝师之"云尔。不惟举之于其口，而又笔之于其书。噫！后之人虽欲闻仁义道德之说，其孰从而求之？甚矣！人之好怪也！不求其端，不讯其末，惟怪之欲闻。

注释

①火于秦：即秦始皇大量焚烧儒家典籍之事。
②杨：即杨朱学派。
③老者：尊崇老子和道家思想的人。

古之为民者四[①]，今之为民者六。古之教者处其一，今之教者处其三。农之家一，而食粟之家六；工之家一，而用器之家六；贾之家一，而资焉之家六。奈之何民不穷且盗也！

古之时，人之害多矣。有圣人者立，然后教之以相生相养之道。为之君，为之师，驱其虫蛇禽兽，而处之中土。寒，然后为之衣；饥，然后为之食；木处而颠[②]，土处而病也[③]，然后为之宫室。为之工，以赡其器用；为之贾，以通其有无；为之医药，以济其夭死；为之葬埋祭祀，以长其恩爱；为之礼，以次其先后；为之乐，以宣其湮郁[④]；为之政，以率[⑤]其怠倦；为之刑，以锄其强梗。相欺也，为之符玺[⑥]、斗斛[⑦]、权衡以信之；相夺也，为之城郭甲兵以守之。害至而为之备，患生而为之防。今其言曰："圣人不死，大盗不止。剖斗折衡，而民不争。"[8]呜呼！其亦不思而已矣！如古之无圣人，人之类灭久矣。何也？无羽毛鳞介以居寒热也，无爪牙以争食也。

注释

①古之为民者四：古代社会人口组成大致为士、农、工、商四类。下文"民者六"是指除此四者外的佛教徒和道教徒。

②木处而颠：居住在树上会跌下来。

③土处而病也：居住在土洞里容易得病。

④湮郁：抑郁、苦闷。

⑤率：通"律"。

⑥符玺：符为古代凭证符券、符节、符传等信物的总称。玺为玉制的印信，自秦以后为皇帝专用。

⑦斗斛：古代量器，十升为一斗，十斗为一斛。

⑧出自《庄子外篇·胠箧》篇。这句话的意思是圣人不死去，大盗就不会停止。打破斗斛，折断秤杆，老百姓就不会争夺。

是故君者，出令者也；臣者，行君之令而致之民者也；民者，出粟米麻丝、作器皿，通货财以事其上者也。君不出令，则失其所以为君；臣不行君之令而致之民，则失其所以为臣；民不出粟米麻丝、作器皿、通货财，以事其上，则诛。今其法曰："必弃而君臣，去而父子，禁而相生相养之道。"以求其所谓清净、寂灭[1]者。呜呼！其亦幸而出于三代之后，不见黜于禹、汤、文、武、周公、孔子也；其亦不幸而不出于三代之前，不见正于禹、汤、文、武、周公、孔子也。

注释

①清静、寂灭：佛教教义。佛教认为远离一切恶行烦恼则为清静，经过长期修行使得一切烦恼消失干净后就具备了清静功德，这时的境界就叫寂灭。寂灭是梵文"涅槃"的意译。

帝之与王[①]，其号虽殊，其所以为圣一也。夏葛而冬裘，渴饮而饥食，其事虽殊，其所以为智一也。今其言曰："曷不为太古之无事？"是亦责冬之裘者曰："曷不为葛之之易也？"责饥之食者曰："曷不为饮之之易也？"《传》[②]曰："古之欲明明德于天下者，先治其国；欲治其国者，先齐其家；欲齐其家者，先修其身；欲修其身者，先正其心；欲正其心者，先诚其意。"[③]然则古之所谓正心而诚意者，将以有为也。今也欲治其心，而外天下国家，灭其天常，子焉而不父其父，臣焉而不君其君，民焉而不事其事。孔子之作《春秋》也，诸侯用夷礼则夷之，进于中国则中国之。[④]《经》[⑤]曰："夷狄之有君，不如诸夏之亡。"《诗》曰："戎狄是膺，荆舒是惩。"[⑥]今也举夷狄之法，而加之先王之教之上，几乎其不胥而为夷也？

注释

①帝之与王：指五帝与夏禹、商汤、周文王三王。

②《传》：指《礼记》。

③出自《礼记·大学》篇。

④诸侯用夷礼则夷之，进于中国则中国之：采用蛮夷之地的少数民族之礼则将其当作蛮夷来对待，采用中原地区汉族之礼则将其当作汉族来对待。

⑤经：指《论语》。此引文出自《论语·八佾》篇。

⑥出自《诗经·鲁颂·闭宫》篇。

夫所谓先王之教者，何也？博爱之谓仁，行而宜之之谓义，由是而之焉之谓道，足乎己无待于外之谓德。其文：《诗》《书》《易》《春秋》；其法：礼、乐、刑、政；其民：士、农、工、贾；其位：君臣、父子、师友、宾主、昆[①]弟、夫妇；其服：麻、丝；其居：宫、室；其食：粟米、果蔬、鱼肉。其为道易明，而其为教易行也。是故以之为己，则顺而祥；以之为人，则爱而公；以之为心，则和而平；以之为天下国家，无所处而不当。是故生则得其情，死则尽其常。郊[②]焉而天神假[③]，庙[④]焉而人鬼[⑤]飨。曰："斯道也，何道也？"曰："斯吾所谓道也，非向所谓老与佛之道也。尧以是传之舜，舜以是传之禹，禹以是传之汤，汤以是传之文、武、周公，文、武、周公传之孔子，孔子传之孟轲，轲之死，不得其传焉。荀与扬[6]也，择焉而不精，语焉而不详。由周公而上，上而为君，故其事行；由周公而下，下而为臣，故其说长[7]。”

注释

①昆：兄。

②郊：郊祭。皇帝每年冬至在南郊祭天称为郊祭。

③假：gé，音同“格”，到、至。

④庙：祭祀宗庙。

⑤人鬼：先祖的灵魂。

⑥扬：扬雄（公元前53—公元18年），字子云，蜀郡成都（今四川省郫县）人，西汉末年著名的文学家和哲学家，主要著作有仿《周易》《论语》作的《太玄》和《法言》。

⑦长：流传。

然则如之何而可也？曰：“不塞不流，不止不行。人其人[1]，火其书，庐其居[2]，明先王之道以道[3]之。鳏、寡、孤、独、废、疾[4]者有养也，其亦庶乎其可也。”

注释

①人其人：令佛教徒和道教徒还俗成为平民百姓。

②庐其居：将寺庙和道观改造为平民居住的房屋。庐，古代指平民一家在郊野所占的房地。

③道：同“导”。

④鳏、寡、孤、独、废、疾：老而无妻为鳏，老而无夫为寡，幼而失父为孤，老而无子为独，体有残废为废，身有疾患为疾。

正蒙　三十

导语

张载（公元1020—1077年），字子厚，北宋时陕西凤翔眉县横渠镇人，世称横渠先生，为关学学派的创始人，“北宋五子”之一。今有中华书局出版《张载集》录其著作。

《正蒙》是张载的主要著作，共十七篇，《三十》为其中第十一篇，本篇即是从《论语·为政》篇中孔子的那段简短而带有自传性的话入手来描述和赞颂孔子及其弟子的言行、处世以及治事等方面的。篇中提到了孔子异于常人之学的自觉进德，不以天下无道而弃之的圣人之仁，先难后获、先事后得的事事君子，孔子的教化治理之功及其对于君主的言行态度等，这些都不失为后世儒生得以效法的典范。最后再次强调“穷理、尽性、知命”的性理之说，对理学以后的发展产生了影响。

关学注重学以致用，而且张载对佛、道二教也进行了批判，张载哲学中的“气本”思想和本篇中“仁者先事后得”的事功因素，在理学内部的发展过程中无疑又是另一种推动力量，尤其是明清之际，王夫之对我国古代哲学进行了概括总结，促进了儒学的时代性转变，而张载哲学在此的贡献和作用也是不可忽视的。

三十器[①]于礼，非强立之谓也。四十精义致用，时措而不疑。五十穷理尽性，至天之命；然不可自谓之至，故曰知。六十尽人物之性，声入心通。七十与天同德，不思不勉，从容中道。

注释

①器：才能为……所用。

常人之学，日益而不自知也。仲尼学行、习察异于他人，故自十五至于七十，化而裁之，其进德之盛者与！

穷理尽性，然后至于命；尽人物之性，然后耳顺；与天地参，无意、必、固、我[1]，然后范围天地之化，从心而不逾矩；老而安死，然后不梦周公。

从心莫如梦。梦见周公，志也；不梦，欲不逾矩也，不愿乎外也，顺之至也，老而安死也，故曰“吾衰也久矣”。[2]

注释

①《论语·子罕》篇有“子绝四：毋意，毋必，毋固，毋我”语。意：主观臆测。必：拘泥、武断。固：固执。我：自私。

②《论语·述而》篇有“子曰：‘甚矣吾衰也！久矣吾不复梦见周公！’”语。

困而不知变，民斯为下矣；不待困而喻，贤者之常也。困之进人也，为德辨，为感速，孟子谓人有德慧术知者存乎疢疾以此。自古困于内无如舜，困于外无如孔子，以孔子之圣而下学于困，则其蒙难正志，圣德日跻，必有人所不及知而天独知之者矣，故曰“莫我知也夫”，“知我者其天乎！”[1]

注释

①此两句出自《论语·宪问》篇。

立斯立，道斯行，绥斯来，动斯和，从欲风动，神而化也。

仲尼生于周，从周礼，故公旦[1]法坏，梦寐不忘为东周[2]之意。使其继周而王，则其损益可知矣。

注释

①公旦：即周公。
②东周：注见本书《论衡·问孔》。

滔滔忘反者，天下莫不然，如何变易之？“天下有道，丘不与易”[1]，知天下无道而不隐者，道不远人；且圣人之仁，不以无道必天下而弃之也。

仁者先事后得，先难后获，故君子事事则得食。不以事事，“虽有粟，吾得而食诸？”[2]仲尼少也国人不知，委吏[3]、乘田[4]得而食之矣；及德备道尊，至是邦必闻其政，虽欲仕贫，无从以得之。“今召我者而岂徒哉”[5]，庶几得以事事矣，而又绝之，是诚系滞如匏瓜不食之物也。[6]

注释

①出自《论语·微子》篇。这句话的意思是如果天下太平，我孔丘就不用来改变治理了。
②出自《论语·颜渊》篇。
③委吏：管理仓库的小官。
④乘田：春秋时鲁国主管畜牧的小吏。
⑤《论语·阳货》篇有“子曰：‘夫召我者，而岂徒哉？’”语。
⑥《论语·阳货》篇有“吾岂匏瓜也哉？焉能系而不食？”语。

不待备而勉于礼乐，“先进于礼乐”者也；备而后至于礼乐，“后进于礼乐”者也。[1]仲尼以贫贱者必待文备而后进，则于礼乐终不可得而行矣，故自谓野人而必为，所谓“不愿乎其外”也。[2]

注释

①《论语·先进》篇有“先进于礼乐，野人也；后进于礼乐，君子也”语。它指君子素守自己所处的地位行事，而不羡慕去做自己地位以外

的事。
②《礼记·中庸》篇有“君子素其位而行，不愿乎其外”语。

功业不试，则人所见者艺而已。

凤至图出，文明之祥，伏羲、舜、文之瑞。不至则夫子之文章知其已矣。

鲁礼文阙失，不以仲尼正之，如有马者不借人以乘习。不曰礼文而曰史之阙文者，祝史[①]所任，仪章器数而已，举近者而言约也。

注释

①祝史：古代管理祭祀时祝祷词的官员，同时也是知晓天文气象、作法求雨的术士。

“师挚之始”[①]，乐失其次，徒洋洋盈耳而已焉。夫子自卫反鲁，一尝治之，其后伶人[②]贱工识乐之正。及鲁益下衰，三桓[③]僭妄，自太师[④]以下，皆知散之四方，逾河蹈海以去乱。圣人俄顷之助，功化如此，“用我者期月而可”[⑤]，岂虚语哉！

注释

①出自《论语·泰伯》篇。师挚：鲁国太师，即乐官之长，其名为挚。
②伶人：古代的乐人，表演歌舞。
③三桓：即春秋时鲁国三大夫孟孙氏、叔孙氏、季孙氏，自鲁文公死后，三人僭越国君，掌握了鲁国的实际权力。
④太师：古代三公（太师、太傅、太保）中地位最尊者。
⑤《论语·子路》篇有“子曰：‘苟有用我者，期月而已可也，三年有成’”语。

“与与如也”[①]，君或在朝在庙，容色不忘向君也。“君召使摈[②]，趋进翼如[③]”，此翼如，左右在君也。“没阶趋进翼如”，张拱而翔。“宾不顾矣”，相君送宾，宾去则白曰“宾不顾而去矣”，纾君敬也。

注释

①此句与以下引文皆出自《论语·乡党》篇。与与：威仪适度的样子。
②摈：通"傧"，接待宾客。
③趋进翼如：快步向前，两手拱起，像鸟儿展开翅膀一样。

上堂如揖，恭也；下堂如授，其容纾也。

冉子请粟与原思[①]为宰[②]，见圣人之用财也。[③]

圣人于物无畔援[④]，虽佛肸、南子，苟以是心至，教之在我尔，不为已甚也如是。

注释

①原思：孔子的学生，名宪，孔子做鲁国的司寇时，原思为宰。
②宰：古代奴隶主家中掌管家务的奴隶或奴隶总管。宰亦为官吏的通称。
③《论语·雍也》篇中孔子的学生子华奉孔子命出使齐国，冉有替子华的母亲向孔子请求补助粟米，孔子先说给六斗四升，冉有请求增加，孔子就改为十六斗。冉有后来给了一百六十斗，孔子知道后说："子华去齐国乘坐肥马驾的车，身穿又轻又暖的皮袍，我听说君子救济有紧急需要的穷人而不周济富人。"原思做孔子的管家时，孔子给了他粟米九百斗，原思觉得太多而不肯接受，孔子说："不要推辞，分给你乡村邻里的那些穷人吧！"
④畔援：横暴、跋扈。

"子欲居九夷"[①]，不遇于中国，庶遇于九夷，中国之陋为可知。欲居九夷，言忠信，行笃敬，虽蛮貊之邦可行，何陋之有！

栖栖[②]者，依依[③]其君而不能忘也。固，犹不回也。

仲尼应问，虽叩两端而竭，然言必因人为变化，所贵乎圣人之词者，以其知变化也。

注释

①出自《论语·子罕》篇。
②栖栖：xī，音同“西”，因忧虑而忙碌不安。
③依依：留恋不舍的样子。

“富而可求也，虽执鞭之士[①]，吾亦为之”[②]，不惮卑以求富，求之有可致之道也；然得乃有命，是求无益于得也。

爱人以德，喻于义者常多，故罕及于利；尽性者方能至命，未达之人，告之无益，故不以亟言；仁大难名，人未易及，故言之亦鲜。

注释

①执鞭之士：从事持鞭驾车等低贱之事的奴仆。
②出自《论语·述而》篇，指只要钱财取之有道，干什么都可以。

颜子于天下，“有不善未尝不知，知之未尝复行”[①]，故怒于人者不使加乎其身，愧于己者不辄贰之于后也。

颜子之徒，隐而未见，行而未成，故曰“吾闻其语而未见其人也”[②]。

“用则行，舍则藏，惟我与尔有是夫”[③]，颜子龙德而隐，故“遁世不见知而不悔”[④]，与圣者同。

龙德，圣修之极也，颜子之进，则欲一朝而至焉，可谓好学也已矣。[⑤]

“回非助我者”[⑥]，无疑问也，有疑问，则吾得以感通其故而达夫异同者矣。

注释

①朱熹《四书章句集注·论语集注·雍也》篇有“程子曰：‘颜子……有不善未尝不知，知之未尝复行，不贰过也’”语。
②出自《论语·季氏》篇。

③《论语·述而》篇有“用之则行，舍之则藏，惟我与尔有是夫”语。指孔子认为只有他和颜渊有这种被任用则干、不被任用则隐的处世态度。
④出自《礼记·中庸》篇。
⑤《论语·雍也》篇中孔子曾说“有颜回者好学”。
⑥《论语·先进》篇有“子曰：‘回也，非助我者也，于吾言无所不说’”语。

“放郑声，远佞人”[①]，颜回为邦，礼乐法度不必教之，惟损益三代，盖所以告之也。法立而能守，则德可久，业可大，郑声佞人能使为邦者丧所以守，故放远之。

“天下有道则见，无道则隐”[②]，“君子疾没世而名不称”[③]，盖“士而怀居，不可以为士”[④]，必也去无道，就有道。遇有道而贫且贱，君子耻之。举天下无道，然后穷居独善，不见知而不悔，《中庸》所谓“惟圣者能之”[⑤]，仲尼所以独许颜回“惟我与尔为有是”[⑥]也。

注释

①出自《论语·卫灵公》篇。郑声：郑国的音乐。
②出自《论语·泰伯》篇。
③出自《论语·卫灵公》篇。这句话的意思是君子担心的是直到死还没有好的名声被称道。
④出自《论语·宪问》篇。这句话的意思是如果士总是眷恋家中的安逸生活，那就不配为士了。
⑤出自《礼记·中庸》篇。
⑥出自《论语·述而》篇。

仲由乐善，故车马衣裘喜与贤者共敝；颜子乐进，故愿无伐善施劳；[①]圣人乐天，故合内外而成其仁。

子路礼乐文章未足尽为政之道，以其重然诺，言为众信，故“片言可以折狱”[②]，如《易》所谓“利用折狱”[③]，“利用刑人”[④]，皆非爻卦[⑤]盛德，适能是而已焉。

注释

①仲由乐善……故愿无伐善施劳：《论语·公冶长》篇有“子路曰：‘愿车马衣轻裘，与朋友共，敝之而无憾’”和“颜渊曰：‘愿无伐善，无施劳’”语。

②《论语·颜渊》篇有“子曰：‘片言可以折狱者，其由也与？’”指孔子赞许子路果断而有信用，所以少许言语就可以断案，并使人信服。

③《周易·噬嗑卦》有“柔得中而上行，虽不当位，利用狱也”语，《周易·丰卦》有“雷电皆至，丰。君子以折狱致刑”语。折狱：断案。

④《周易·蒙卦》有爻辞“发蒙，利用刑人”，其《象传》有“‘利用刑人’，以正法也”语。刑人：给人上刑，加刑于人。

⑤爻卦：爻，《周易》中组成卦的符号，“—”为阳爻，“--”为阴爻。卦，《周易》中一套有象征意义的符号，以阳爻（—）、阴爻（--）相配合，每卦三爻，组成基本的八卦（即经卦）：乾、坤、震、巽、坎、离、艮、兑，分别象征天地间八种基本事物及其阴阳刚柔诸性。八卦互相重叠，组成六十四卦（即别卦）。

颜渊从师，进德于孔子之门；孟子命世，修业于战国之际。此所以潜见之不同。

犁牛之子虽无全纯，然使其色骍且角，[①]纵不为大祀所取，次祀小祀终必取之，言大者苟立，人所不弃也。[②]

注释

①然使其色骍且角：然而如果其颜色赤红而角正。骍，赤红色。角，牛角长得周正。

②《论语·雍也》篇有“子谓仲弓曰：‘犁牛之子骍且角。虽欲勿用，山川其舍诸？’”语。指犁牛之子即使因为身体颜色不纯而不被人用来做祭品，但如果其总体形象没有什么大的偏差，那么山川之神也不会舍弃它。

论经筵第一劄子[①]

导语

程颐（公元 1033—1107 年），字正叔，北宋洛阳人，世称伊川先生，任西京国子监管勾监事，与其兄程颢同为北宋理学创立者，世人并称其为“二程”。

《论经筵》为程颐上奏皇帝的文书，主要内容是乞请和劝谏太皇太后重视对当时正值年幼的君主的教导与辅养，而辅养之道则以儒家的仁、德、礼、义为本，以法先王而养主上尊儒重道之心。作为理学开创者的“北宋五子”之一，本篇表现了程颐力行儒家为帝王师、成教化圣的理想和最终使儒学居于思想主导地位的愿望。自欲恢复儒家道统的理学开创以后，其逐渐被奉为当时社会的官方哲学，长达六七百年之久，这一点与程颐在学术上对儒学的继承、发扬和创新以及在政治上对儒学的推行是分不开的，而这也体现于本篇之中。

一

臣伏[②]观自古人君守成而致盛治者，莫如周成王。成王之所以成德，由周公之辅养。昔者周公辅成王，幼而习之，所见必正事，所闻必正言，左右前后皆正人，故习与智长，化与心成。今士大夫家善教子弟者，亦必延[③]明德端方之士，与之居处，使之熏染成性。故曰“少成若天性，习惯如自然”[④]。

注释

①经筵：古代帝王为研读经史而特设的御前讲席。“经筵”始称于宋朝，每年春二月至端午，秋八月至冬至，逢单日由讲官轮流入侍讲读。劄子：宋朝官吏向皇帝或上级奏事论议的文书，后也指上级下达指令的公文。

②伏：敬词。古时臣对君奏言时多用此词。

③延：聘请，招揽。

④出自《颜氏家训·教子》篇。

伏以皇帝陛下春秋[①]之富，虽睿圣之资得于天禀，而辅养之道不可不至。所谓辅养之道，非谓告诏以言，过而后谏也，在涵养熏陶而已。大率一日之中，亲贤士大夫之时多，亲寺人[②]宫女之时少，则自然气质变化，德器成就。欲乞朝廷慎选贤德之士，以侍劝讲，讲读既罢，常留二人直[③]日，夜则一人直宿，以备访问。皇帝习读之暇，游息之闲，时于内殿召见，从容宴语[④]。不独渐磨道义，至于人情物态，稼穑艰难，积久自然通达。比之常在深宫之中，为益岂不甚大?

注释

①春秋：年岁，年龄。

②寺人：皇宫中的近侍，常指宦官一类的人。

③直：通“值”。

④宴语：闲谈。

窃闻间日[①]一开经筵，讲读数行，群官列侍，俨然而退，情意略不相接。如此而责辅养之功，不亦难乎？今主上冲幼，太皇太后慈爱，亦未敢便乞频出。但时见讲官，久则自然接熟。大抵与近习[②]处久熟则生亵慢，与贤士大夫处久熟则生爱敬，此所以养成圣德，为宗社生灵之福。天下之事，无急于此。取进止[③]。

贴黄[④]：臣窃料众人之意，必以为皇帝尚幼，未烦如此，此乃近浅之见。夫幼而习之，为功则易；发然后禁，礼经所非。古人所以自能食能言而教者，盖为此也。

注释

①间日：隔日。

②近习：君主亲近的人，近臣。

③取进止：唐、宋以后，臣僚向皇帝上奏折或信札，末尾写“取进止”或“奉进止”等字，表示未敢定夺、以求可否。

④贴黄：唐朝皇帝的敕书用黄纸，如有更改，用黄纸贴上，故称之为“贴黄”。宋朝时，奏状及劄子用白纸，如有遗缺，则摘其要点用黄纸书写，附于正文之后，亦称之为“贴黄”。

二

臣闻三代之时，人君必有师傅保之官：师，道之教训；傅，傅其德义；保，保其身体。后世作事无本，只求治而不知正君，知规过而不知养德，傅德义之道固已疏矣，保身体之法复无闻焉。

伏惟太皇太后陛下，聪明睿哲，超越前古，皇帝陛下春秋之富，辅养之道，当法先王。臣以为：傅德义者，在乎防见闻之非，节嗜好之过；保身体者，在乎适起居之宜，存畏慎之心。臣欲乞皇帝左右扶侍、祗应、宫人、内臣[①]，并选年四十五已上，厚重小心之人；服用器玩皆须质朴，一应华巧奢丽之物，不得至于上前；要在侈靡之物不接于目，浅俗之言不入于耳。及乞择内臣十人，充经筵祗应，以伺候皇帝起居，凡动息必使经筵官知之，有翦桐之戏[②]则随事箴规，违持养之方则应时谏止。调护圣躬，莫过于此。取进止。

贴黄：今不设保傅之官，傅德义、保身体之责皆在经筵，皇帝在宫中语言、动作、衣服、饮食，皆当使经筵官知之。

注释

①扶侍、祇应、宫人、内臣：以上皆是在皇帝身边从事奉养、伺候以及管理皇帝日常生活事务的人。

②翦桐之戏：《吕氏春秋·重言》篇中周成王幼时曾与其弟叔虞玩耍，剪下一片梧桐叶作为圭来封叔虞，叔虞高兴地告诉周公，周公问成王可有此事，成王说仅戏言而已，但周公告知成王“天子无戏言”，于是封叔虞于晋。

三

臣窃以人主居崇高之位，持威福之柄，百官畏惧，莫敢仰视，万方奉承，所欲随得。苟非知道畏义，所养如此，其惑可知。中常之君，无不骄肆；英明之主，自然满假[①]。此自古同患，治乱所系也。故周公告成王，称前王之德，以寅畏祇惧[②]为首。从古以来，未有不尊贤畏相而能成其圣者也。

注释

①满假：自大自满。

②寅畏祇惧：小心谨慎。寅：恭敬。

皇帝陛下未亲庶政[①]，方专问学。臣以为辅养圣德，莫先寅恭，动容周旋，当主于此，岁月积习，自成圣性。臣窃闻经筵臣寮[②]、侍者皆坐，而讲者独立，于礼为悖。欲乞今后，特令坐讲，不惟义理为顺，所以养主上尊儒重道之心。取进止。

贴黄：窃闻讲官在御案旁，以手指书，所以不坐；欲乞别一人指书，讲官稍远御案坐讲。

贴黄：臣窃意朝廷循沿旧体，只以经筵为一美事。臣以为，天下重任，唯宰相与经筵：天下治乱系宰相，君德成就责经筵。由此言之，安得不以为重？

注释

①庶政：各种政务。

②寮：同“僚”。

非韩　上

导语

契嵩（公元1007—1072年），俗姓李，字仲灵，号潜子，藤州镡津人，北宋禅宗云门宗的著名禅师，七岁出家，十三岁得度落发，十四岁受具足戒，十九岁主要游学于南方，后长期居于灵隐寺，潜心著述。

《非韩》篇中的“韩”即唐代的韩愈，韩愈曾作《原道》以排佛、老，本篇则是对《原道》的一一驳斥，认为“道德仁义，相因而有之”，而并非韩愈所说的“道与德为虚位”，即使儒家的圣人之道，也是有道与德的。再者，又将儒家经典《周易》与黄、老之道比较，认为二者并无根本差异。最后，明确指出了道家与佛教不同，而儒家的伦理纲常与佛教的清规戒律是相通的，正如篇中所言“是故大宁矣，至正矣，胜德可得，而圣道可成也”，批评了韩愈反佛、老是不知其时。

篇中虽有以佛解儒之处，但释儒融合，以至儒、释、道三教相合的理论倾向却是十分明显的，如“必以老子为非，则《易》与《礼运》可燔矣”“不可无教无儒”“孔子不必乎中国夷狄也”等，这些都表明了作者的儒、释、道三家融合倾向，这种倾向顺应了儒学发展的时代潮流，使儒学的统治地位更为巩固。

韩子[①]议论拘且浅，不及儒之至道可辩。予始见其目曰《原道》[②]，徐视其所谓“仁与义为定名，道与德为虚位”，考其意，正以仁义，人事必有，乃曰“仁与义为定名”；道德本无，缘仁义致尔，乃曰“道与德为虚位”。此说特韩子思之不精也。夫缘仁义而致道德，苟非仁义自无道德，焉得其虚位？果有仁义以由以足，道德岂为虚耶？道德既为虚位，是道不可原也，何必曰《原道》？《舜典》曰："敬敷五教"，盖仁义五常之谓也。[3]韩子果专仁义，目其书曰《原教》[4]可也，是亦韩子之不知考经也。

注释

①韩子：即韩愈，字退之，河南河阳（今孟县）人，唐代著名文学家、哲学家。郡望昌黎，世称韩昌黎。因官吏部侍郎，又称韩吏部。谥号"文"，又称韩文公。

②《原道》：文章名，韩愈作。

③出自《尚书·虞书·舜典》篇。这句话的意思是指认真施行仁、义、礼、智、信五常之教。敷：施行。

④《原教》：文章名，契嵩作。

其曰"博爱之谓仁，行而宜之之谓义，由是而之焉之谓道，足于己无待于外之谓德"。夫道德仁义四者，乃圣人立教之大端也，其先后次第，有义有理，安可改易？虽道德之小者，如道谓才艺，德谓行善，亦道德处其先。彼曰仁义之道者，彼且散说，取其语便，道或次下耳。自古未始有四者连出，而道德处其后也。《曲礼》[1]曰："道德仁义，非礼不成。"《说卦》[2]曰："和顺道德，而理于义。"《论语》曰："志于道，据于德，依于仁，游于艺。"[3]《礼运》[4]曰："义者，艺之分，仁之节也。协于艺，讲于仁，得之者强。"此明游于义者，乃圣人用义之深旨耳。杨子[5]曰："道以导之，德以得之，仁以人之，义以宜之。"老子虽儒者不取，其称儒亦曰："道而后德"，"德而后仁"，"仁而后义"。道先开通，释曰：开通即《系辞》[6]云："开物成务"；又曰："通天下之志"是也。由开通方得其理，故德次之。得理为善，以恩爱惠物，而仁次之。既仁且爱，必裁断合宜，而义又次之。道德仁义，相因而有之，其本末义理如此，圣人为经，定其先后，盖存其大义耳。今韩子戾经，先仁义而后道德，臆说。比大开通得理，不乃颠倒僻纡无谓耶？

注释

①《曲礼》：《仪礼》的别名，亦为《礼记》中一篇名。此处指后者。
②《说卦》：《周易》篇名，“十翼”之一。
③出自《论语·述而》篇。这句话的意思是以行道为志向，以德为根据，以仁为依顺，游乐于“礼、乐、射、御、书、数”六艺之中。
④《礼运》：《礼记》中一篇名。
⑤杨子：即杨朱，注见本书《孟子·滕文公下》。
⑥《系辞》：《周易》篇名，“十翼”之一。

然儒之道德，固有其小者大者焉。小者如曲礼别义一说，道谓才艺，德为行善在己是也。大者如《系辞》：“一阴一阳之谓道。继之者善也，成之者性也。仁者见之谓之仁，智者见之谓之智，百姓日用而不知，故君子之道鲜矣。”[①]《说卦》曰：“昔者圣人之作《易》也，将以顺性命之理。立天之道曰阴与阳，立地之道曰柔与刚，立人之道曰仁与义。”[②]中庸曰：“天命之谓性，率性之谓道，修道之谓教”[③]是也。系辞以其在阴阳而妙之者为道，人则禀道以成性。仁者智者，虽资道而见仁智，遂滞执乎仁智之见。百姓虽日用乎道，而茫知是道。故圣人之道显明为昧少耳（昧或作衰）。

注释

①出自《周易·系辞上》。这句话的意思是一阴一阳的变化就是道，传继此道的是善，逐渐形成此道的是性。仁者称道为仁，智者称道为智，老百姓天天用此道却茫然不知，所以真正的道的全面意义就很少有人懂了。
②出自《周易·说卦》。这句话的意思是指往昔圣人作《周易》时，用它来顺应天下万物的特性和运行的道理，确立天的道理有阴和阳，确立地的道理有柔和刚，确立人的道理有仁和义。
③出自《礼记·中庸》篇。这句话的意思是指上天所禀赋给人的叫性，遵循天性而行叫道，修改完善并发扬此道叫教。《中庸》：《礼记》中一

篇名，南宋朱熹将其与《大学》《论语》《孟子》合并，加以注释，成为“四书”。

然圣人之道，岂止乎仁义而已矣？《说卦》以性命之理，即至神之理也，天地万物莫不与之。故圣人作《易》重卦，顺从此理，乃立天地人三才之道。天道资始，则有阴有阳。地道成形，则有柔有刚。人道情性，则有仁有义。乃资道而有之也。《中庸》以循率此性乃谓之道，修治此道乃谓之教。教则仁义五常也，是岂道止仁义，而仁义之先，果无道乎？若《说卦》者，若《论语》者，若《曲礼》之别义者，若老子、杨子者，其所谓道德，皆此之大道也。然是道德在《礼》[①]则中庸也，诚明也。在《书》则《洪范》[②]皇极[③]也。在《诗》则思无邪也。在《春秋》则列圣大中之道也。

注释

①《礼》：即《礼经》。
②《洪范》：《尚书·周书》中一篇名。
③皇极：帝王统治的准则。

孔子谓曾子曰：“‘参乎！吾道一以贯之。’曾子曰：‘唯。’”[①]又谓子贡曰：“非也，予一以贯之。”[②]但曾子缘弟子问之，而曾子以其弟子小子，未足以尽道，故以近道者谕之，乃对之曰：“夫子之道，忠恕而已矣。”[③]曾子盖用《中庸》所谓忠恕去道不远之意也，后儒不通，便以忠恕遂为一贯，误矣。《系辞》曰：“天下之动贞夫一。”又曰：“一致而百虑。”[④]《礼运》曰：“礼必本于太一。”[⑤]《中庸》曰：“其为物不二，其生物也不测。”[⑥]以此较而例诸，乌得以忠恕而辄为其一贯乎？颜渊喟叹曰：“仰之而弥高，钻之而弥坚，瞻之在前，忽焉在后，夫子循循然善诱人。”[⑦]颜子正谓圣人以此一贯之道教人，循循然有其次绪，是为善进劝于人也。此明圣人唯以诚明大道，开通一理为其教元，为众善百行之本。《中庸》曰：“中也者，天下之大本也。”[⑧]岂不然乎？于此辄三本略经，正以仁义二者，曲为其道德。其于圣人之法，岂不阙如？

注释

①出自《论语·里仁》篇。
②出自《论语·卫灵公》篇。
③出自《论语·里仁》篇。
④此两句出自《周易·系辞下》。天下之动贞夫一：天下的变动征示着万物都应当专一守正。一致而百虑：使千百种思虑合并为统一的观念。
⑤出自《礼记·礼运》篇。
⑥出自《礼记·中庸》篇。这句话的意思是天地作为事物是诚一不二的，化生万物的奥妙也深不可测。
⑦出自《论语·子罕》篇。
⑧出自《礼记·中庸》篇。

《中庸》曰："道之不行，我知之矣。""贤者过，而不肖者不及。"[①]兹谓贤智之人忽道，而所以为过也。愚不肖辈远道，而所以为不及也。韩子忘本，岂不为过乎？轻亡至道，而《原道》欲道之辩明，是亦惑也。《系辞》所谓仁智云者，为昧道执滞其见，致乃圣人之道，衰少不备显。若韩子局仁义而为其道德者，正《系辞》所患也。夫义乃情之善者矣，于道德为次，以情则罕有，必正而不失。故《论语》曰："大德不逾闲，小德出入可也。"[②]又曰："赐也过，商也不及。"[③]又曰："色取人而行违，居之不疑。"[④]《表记》"子曰：仁有三，与仁同功而异情，与仁同功，其仁未可知也。与仁同过，然后其仁可知也。"[⑤]庄子曰："诸侯之门，而仁义存焉。"[⑥]其欲偏以仁义而为，可乎？然子贡、子夏为仁义之贤者，犹有过与不及，况其不如赐与商者，后世何可胜数？此乌得不究大本与人，教其以道德而正其为善乎？《中庸》曰："道其不行矣。"夫是乃圣人悯伤其不与至道至德，而教人也。

注释

①这两句出自《礼记·中庸》篇。

②出自《论语·子张》篇。这句话的意思是在大节上不能出格，在小节上有点出入是可以的。闲：阑，引义为规范、界限。
③《论语·先进》篇有“师也过，商也不及”语。
④出自《论语·颜渊》篇。这句话的意思是表面上装着有仁德而实际行动违背仁德，却仍以仁德自居不加疑惑。“人”原为“仁”。
⑤出自《礼记·表记》篇。这句话的意思是孔子说：“仁有三种情况，施行仁道功效相同而动机不同；行仁的功效相同，但不知行仁的动机；行仁时犯了错误，然后才知道行仁的动机。”
⑥出自《庄子外篇·胠箧》。

或曰：韩子先仁义而次道德者，盖专人事，而欲别异乎佛、老虚无之道德耳。曰：昔圣人作《易》以正乎天道人事，而虚无者，最为其元。苟异虚无之道，则十翼、六十四卦，乃非儒者之书。伏羲、文王、孔子、治《易》之九圣人，亦非儒者之师宗也。孔子非儒宗师，可乎？果尔，则韩子未始读《易》，《易》尤为儒之大经，不知《易》，而谓圣贤之儒，吾不信也。其曰，老子之小仁义，非毁之也，其见者小也。坐井而观天，曰天小者，非天罪也。然老子曰：“失道而后德，失德而后仁，失仁而后义，失义而后礼。”[①]此诚不毁小仁义也（或无小字）。盖为道德与仁义，为治有隆杀，而其功有优劣耳。夫明此，不若以《礼运》较，孔子曰：“大道之行也，天下为公，选贤与能，讲信修睦。故人不独亲其亲，不独子其子。”又曰：“谋闭而不兴，盗窃乱贼而不作，故外户而不闭。是谓‘大同’。”是岂非大道与德，为治而优乎？又曰：“今大道既隐，天下为家，各亲其亲，各子其子。”又曰：“禹、汤、文、武、成王、周公，由此其选也。此六君子者，未有不谨于礼者也。以著其义，以考其信，著其有过，刑人讲让，示民有常。如有不如此者，在势者去，众以为殃，是为小康。”[②]是岂非仁义为治，于道德为劣乎？如此，何独老子而小仁义耶？韩子何其不自思儒经，而辄诮老子乎？又曰：老子所谓道德云者，去仁与义言之也，一人之私言也。此韩子之言，所以大不公也。夫老子之所言者，大道也，道果私乎？所谓大道者，岂独老子之道？盖三皇五帝列圣之大道也。韩子不知，徒见老氏道家，自为其流，与儒不同，欲抑而然也。夫析老氏为之道家者，其始起于司马氏之书，而班固重之。若老子者，其实古之儒人也。在周为主藏室之史，多知乎圣人神法之事（或本无圣人字）。故孔子于礼，则曰，吾闻诸老聃。是盖老子尝探三皇五帝之书，而得其大道之旨，乃自著书发明之。韩子不能揣本齐末，徒欲排之，而务取诸儒名，不亦异乎？《礼运》曰：“大道之行，与三代之英，丘未之逮也，而有志焉。”③郑玄④解曰：“大道，谓五帝时也。”然他书多谓大道为皇道，而郑独谓五帝之时也，其意以谓，虽皇与帝其道相通故也。五帝本纪而黄帝当其首，然黄帝与虙牺⑤、神农，其实三皇，而经史但为帝者，盖皇帝与王，古亦通称耳。故郑谓五帝之时，而皇在其间矣。但黄帝乃三皇，处五帝之初，而冠乎尧舜，虽本末小异，而大道一也。《系辞》曰：“黄帝尧舜，垂衣裳而天下治”，此其然也。孔安国⑥谓三皇之书为《三坟》⑦，言大道也。五帝之书为《五典》，言常道也。孔颖达⑧正其义曰：“皇优于帝，其道不但可常行而已，又大于常，故为坟也。”此谓对例耳，虽少有优劣，皆乃大道，并可常行。亦引兹《礼运》，大道之行，谓五帝时为证。然五帝三皇之书，莫至于《易》，以《易》与《老子》较，而其道岂异乎哉？如《系辞》曰：“天下之动，正夫一者也。”而老子曰：“王侯得一以为天下正。”⑨此其大略也。苟考其无思无为之理，阴阳变化之说，二书岂不皆然？班固《汉书》曰：“老氏流者盖出史官。”又曰；“合于尧之克让，《易》之谦谦，此之谓也。”吾少闻于长者曰，老子盖承于黄帝氏者也，及见庄周“广成子⑩曰：‘得吾道者，上为皇，下为王’”，益信老氏诚得于三皇五帝者也。此明老子之道德者，实儒三皇五帝道德仁义之根本者也。章章然⑪（或止一章字也），岂出于老氏一人之私说耶？必以老子为非，则《易》与《礼运》可燔矣。

注释

①出自《老子·德经第三十八章》。

②以上引文皆出自《礼记·礼运》篇。

③出自《礼记·礼运》篇。这句话的意思是大道通行的时代与夏、商、周三代英明的君主当政时期，我孔丘都没有赶上，而有些文字记载可以看到。

④郑玄：字康成，东汉高密（今属山东）人，因党事禁锢之后，闭门研经，并遍注疏，经学家尊称其为“郑君”或“后郑”，因高密令为其特立一乡，

故也称“郑公乡”。著有《天文七政论》《鲁礼禘祫义》《六艺论》《毛诗谱》《驳许慎五经异义》等书。

⑤虙牺：即伏羲。虙：通“伏”。

⑥孔安国：字子国，西汉鲁人，孔子十一代孙，西汉经学家，把比今《尚书》多十六篇的古文《尚书》改写为当时通行的隶书，并为之作传，成为“尚书古文学”的开创者。司马迁研究《尧典》《禹贡》等古文，也曾向他请教。后世尊其为先儒。

⑦《三坟》：与后文的《五典》共见本书《二教论》“归宗显本第一”篇“《坟》《典》”注。

⑧孔颖达：字冲远，冀州衡水（今河北）人，唐代著名经学家，生于北朝，任唐太宗时国子博士、国子司业、国子祭酒等职。他主编《五经正义》180卷，被定为科举取士的范本，而且是当时经学注疏的“定本”与历代和现代最通行的五经注疏本，与魏徵等人一起编撰《隋史》，并著有《孝经义疏》。他在进一步修订《五经正义》时去世，被唐太宗追赠为太常卿。

⑨出自《老子·道德经》第三十九章。

⑩广成子：人名，传说为黄帝时人，居崆峒山中。参见《庄子外篇·在宥》篇。

⑪章章然：彰显昭著的样子。

文王、孔子则为捶提仁义者也。夫先儒之好辩者，孰与孟子？孟子之时，老子之书出百有余年矣，而庄周复与孟氏并世，如其可排，则孟已排之矣，岂待后世之儒者辩之耶？司马迁谓老子之道约而易操（上或无之字），事少而功多。儒者或不然，讥其先黄老而后六经，是亦不知其意也。太史公之书，孔子即为之世家，老子即为列传，此岂尊老氏之谓耶？盖以老氏之道乃儒之本也。所以先之者正欲尊其本耳，非苟先其人也，子长之言微且远矣。韩子不能深思而远详之，辄居于先儒，乃曰：“周道衰，孔子没，火于秦，黄老于汉，佛于晋、宋、齐、梁、魏、隋之间，其言道德仁义者，不入于杨，则入于墨；不入于墨，则入于老；不入于老，则入佛。入于彼，则出于此。入者主之，出者奴之；入者附之，出者污之。”[①]呜呼！何其言之不逊也如此！其曰，出入奴污，谓出于杨、墨乎？出于佛、老乎？佛、老岂致人恶贱之如是耶？夫佛法居家者，果以诚心入道，其所出远，则成乎殊胜之贤圣；其所出近，则乃身乃心，洁静慈惠，为上善人。出处闾里，则人敬之而不敢欺，是亦人间目击常所见也，安有出者奴之污之之辱耶？古者有帝王而入预佛法者，自东汉抵唐，不可悉数。如唐太宗②于崇福寺③，发愿称皇帝菩萨戒弟子者，玄宗④务佛清净事其熏修者，是亦佛教而出，果奴乎污耶？韩子徒以梁武⑤为尤，而不知辱类其本朝祖宗，此岂有识虑耶？然梁武之事，吾《原教》，虽顺俗稍评之，而未始剧论。如较其舍身，于俗则过，于道则得，非尔人情辄知，唯天地神明乃知之耳。故当梁武舍身之际，而地为之振，此特非常之事，而史臣不书，而后世益不识知梁武帝幽胜之意也。其发志，固不同庸凡之所为，未可以奴视之也。韩子既攘斥杨、墨、佛、老如此矣，而其《师说》⑥乃曰："孔子以礼师老聃。"其《读墨》⑦曰："孔子必用墨子，墨子必用孔子，不相用，不足为孔、墨。"其《为绛州马府君行状》⑧曰："司徒公之薨也，刺臂出血，书佛经千余言，以祈报福。"又曰："居丧，有过人行。"其称大颠⑨、《序高闲》⑩亦皆推述乎佛法也。韩子何其是非不定，前后相反之如是耶？此不唯自惑，亦乃误累后世学者矣。佛、老果是，而韩子非之。后学不辨，徒见韩子大儒，而其文工，乃相慕而非之。杨、墨果非，而韩子是之，学辈亦相效而是之。夫以是而为非者，则坏人善心；以非而为是者，则导人学非。坏善之风，传之后世。误人之所以为心，非小事也。损刻阴德，而冥增其过，不在乎身，必在其神，与其子孙后世亦可畏也。

注释

①见韩愈《原道》。

②唐太宗（公元599—649年）：李世民，唐高祖李渊次子，在位于公元627—649年。在位时实行均田制、租庸调法和府兵制度，并加强对地方官吏的考核。又修《民族志》，发展科举制度。兴修水利，发展农业生产，任贤纳谏，使社会经济有所恢复，史称"贞观之治"。发展西域交通，促进贸易和文化交流。贞观十五年以文成公主嫁给吐蕃王松赞干布，促进了藏族经济文化的发展，加强了汉、藏两族的亲密友谊。其后连年用兵，营建宫室，赋役苛重，加深了阶级矛盾。是我国古代历史上少有的一位开明君主。

③崇福寺：在山西朔县城内东街北侧，创建于唐麟德二年（公元665年）。辽时曾作为林太师衙署，亦称林衙院，辽统和年间改名林衙寺。

④玄宗（公元685—762年）：即唐玄宗李隆基，唐睿宗李旦之子，唐代的中兴君主，在位于公元712—756年，因谥号为至道大圣大明孝皇帝，故亦称为明皇。英武有才略，开元时期文治武功鼎盛，史称“开元之治”。晚年宠幸杨贵妃，任用李林甫、杨国忠，吏治腐败，导致中央政权削弱，形成地方割据势力。天宝十四年安禄山、史思明叛乱，起兵攻破长安，玄宗逃到四川避难，史称“安史之乱”。叛乱平定之后，唐朝社会也由盛转衰。

⑤梁武：即南朝梁武帝萧衍（公元464—549年），在位于公元502—547年，擅长文学、律法、书法，笃信佛教，曾三次出家于同泰寺。

⑥《师说》：文章名，韩愈所作。

⑦《读墨》：文章名，韩愈所作。

⑧《为绛州马府君行状》：韩愈作。绛州：古州名，在今山西省。行状：文体名，记述死者生平行事的文章，也称行述。

⑨大颠：俗姓陈（或说姓杨），讳宝通，唐开元末年，出生于广东潮州，惠能三传弟子。他创建灵山禅院，自号大颠和尚，韩愈被贬为潮州刺史后，常与其往来，著有《般若波罗蜜多心经释义》和《金刚经释义》。

⑩《序高闲》：即《送高闲上人序》，韩愈曾作以盛赞其书法之妙。高闲：湖州乌程（今浙江湖州）人，唐朝时僧人，善草书，师于张旭、怀素。

儒有附韩子者曰：孔子但学礼于老聃氏耳，非学其道也。曰：不然，礼亦道也。《乐记》[①]曰：“大礼与天地同节。”又曰：“中正无邪，礼之质也。”《礼运》曰：“礼必本于太一。”夫中正太一礼之质本也，仪制上下礼之文末也。苟圣人但学文末而不究乎质本，何为圣人耶？唯圣人固能文质，本末备知，而审举之也。学者徒知曾子问孔子学礼于老聃之浅者耳，而不知《史记·老聃传》孔子问礼之深明者也。彼韩子虽学儒之言文，岂知礼之所以然耶？其曰：“闻古之为民者四，今之为民者六；古之教者处其一，今之教者处其二。农之家一，而食粟之家六；工之家一，而用器之家六；贾之家一，而资焉之家六。奈之何民不穷且盗也？”[②]夫所谓教者，岂与乎天地皆出，而必定其数耶？是亦圣人适时合宜而为之，以资乎治体者也。然古今迭变，时益差异，未必一教而能周其万世之宜也。昔舜当五帝之末，其时渐薄，其人渐伪。圣人宜之，乃设五教，制五刑，各命官尸[③]之。而契为司徒，专布五教，遂遗后世，使率人为善。而天下有教，自此始也。及周公之世，复当三王之际，其时益薄，其人益伪，而天下益难治，圣人宜之，遂广其教法而备之。天下谓儒者之教，自周公起焉。其后孔子述而载之《诗》《书》、六经（或云六艺），而儒之教益振。周季三代之政弊，善人恃术而费智，不善人假法而作伪，天下靡靡役生伤性，而不知其自治。老子宜其时，更以三皇五帝道德之说，以救其弊，而天下遂有老子之教也。两汉之际，视周末则愈薄愈伪，贤与愚役于智诈，纷然相半，万一虽习于老子之说，而不能甚通乎性命奥妙，推神明往来，救世积昧，指其死生之所以然，天下遂有佛之教也。扬子曰："夫道非天然，应时而造，损益可知也。"[④]是岂不然哉？

注释

①乐记：《礼记》中一篇名。

②出自韩愈《原道》。

③尸：担任、执掌。

④出自《法言·问神》篇。杨子：指扬雄。

夫自周、秦、汉、魏，其薄且伪者，日益滋甚，皆储积于后世之时，天其或资乃佛教，以应其时，欲其相与而救世也。不然，何天人与其相感应，久且盛之如是耶？韩子泥古不知变，而不悟佛教适时合用，乃患佛、老加于儒，必欲如三代而无之，是亦其不思之甚也。夫三皇之时无教，五帝之时无儒，及其有教有儒也，而时世人事不复如古。假令当夏禹之时，有人或曰，古之治也，有化而无教，化则民化淳，吾欲如三皇之世，用化而不用教，当此无教可乎？当周、秦之时，亦有人曰，古之为治，用教也简，今之为治，用儒也烦。烦则民劳而苟且，吾欲如二帝之世，用教而不用儒，当是时无儒可乎？然以其时而裁之，不可无教无儒，必也矣。比之韩子之说，欲后世之时无佛无老，何以异乎？

韩子曰："今其言曰：'曷不为太古之无事？'是亦责冬之裘者曰：'曷不

为葛之之易也。’责饥之食者曰：‘曷不为饮之之易也。’”[①]韩子其亦知后世不可专用太古之道，而讥其言之者，不知乎时之宜也。方益后世，而韩子欲无佛与老，何为乃自反不知其时之宜耶？岂有所党而然耳！将欲蔽而特不见乎？

注释

①出自韩愈《原道》。

若夫四民之制，六家食用之费，吾《原教》论之详矣，今益以近事较之。周汉而来，治天下垂至于王道者，孰与唐之太宗，当贞观[①]之间，佛与老氏，其教殊盛，其人殊繁，其食用殊广，而国之断狱，卒岁死刑者，不过三十人。东至于海，南至岭外，皆外户不闭，行旅不赍粮。玄宗开元[②]中，天下治平，几若贞观之时。而佛、老之作益盛，是岂无佛、老之人耶？而唐天下富羡，攘窃杜绝。若尔，吾谓民穷且盗，但在其时与政，非由佛、老而致之也。然佛教苟可以去之，则唐之二宗，以其势而去之，久矣，乌得后世之人，讻讻[③]徒以空言而相訾也。

注释

①贞观：唐太宗时年号，公元627—649年。
②开元：唐玄宗时年号，公元713—742年。
③讻讻：喧哗纷扰的样子。

或谓韩子善摈佛、老而功侔于禹，较其空言实效，无乃屈于禹乎？狂夫之言，何其不思也。其曰：“今其法曰：‘必弃而君臣，去而父子，禁其相生养之道，以求其所谓清净、寂灭者’也。”[①]此乃韩子恶佛教人出家持戒，遂尤其词。夫出家修道，岂如是之酷耶？夫出家者，出俗从真，臣得请于君，父肯命其子，乃可，非叛去而逆弃也。持戒者，唯欲其徒，洁清其淫嗜之行；俗戒，则容其正偶，非一切断人相生养之道也。然情之为累，淫累为堇，诸教教人，慎淫窒欲。无欲，而天下犹纷然，溺于淫嗜，至于丧心陷身者也。韩子何必恐人男女之不偶，见人辟谷，遽忧其遂绝五谷之种，无乃过虑乎？

夫清净，谓其性之妙湛寂谓至静，灭谓灭其情感之累，非取其顽寂死灭之谓也。夫出家持戒者，佛用其大观耳。圣人大观乎人间世，天地夫妇常伦万端，皆以情爱所成，都一浮假如梦。合斯着斯，苦斯乐斯，荣斯辱斯，徇斯弊斯，恩爱斯，烦恼斯，以至死不觉其为大假大梦，不知其为大患。而大宁至正之妙，诚乎亡矣。出家者，乃远尘绝俗，神专思一，固易觉而易修。视身无我，奚着？视心无意，奚贪？视有为之事不足固，何必徇？是故大宁矣，至正矣。胜德可得，而圣道可成也。《语》曰："子绝四：毋意，毋必，毋固，毋我。"[②]《老子》曰："吾所以有大患者，为吾有身。及吾无身，吾有何患？"[③]是二者与佛出家法，其因似是。唯大圣人皆知而究之，使圣人只徇浮世，迷不知出，虚死生一世，与凡人何远乎？故孔子稍言之，盖微存于世书耳。其广说大明，研几极妙，行而效之，若待乎佛出世之教，宜为然耳。此盖可以冥数审也。

注释

①出自韩愈《原道》。
②出自《论语·子罕》篇。
③出自《老子道经·第十三章》。

今佛以其出家持戒，特欲警世之浮假大梦，揭人业障，而治其死生之大患也。而韩子反以此为患者，假其介，胄其障者，而毅然排佛，谓佛诡扰我世治，此韩子以己不见而诬人之见。其情弊如此之甚也，佛尚何云！异书云：古有梦国，举其国人，皆以梦而为觉。及其以真觉者谕之，而伪觉之人，反皆诟曰，尔何以梦而欺我耶？彼觉者默然，无如之何，是颇与韩子属拒佛类也。韩子诗曰："莫忧世事兼身事，须着人间比梦间。"[①]是必因于大颠稍省，乃信有外形骸以理自胜者，始尔。虽然，其前说已传，欲悔言何及也。

又曰："呜呼！其幸而不出于三代之后，不见黜于禹、汤、文、武、周公、孔子也。其亦不幸而不出于三代之前，不见正于禹、汤、文、武、周公、孔子也。"[②]此韩子疑耳无断。君子临事，即以理决之，何必赖古人？使韩子出入为将相，临国大事，尚曰此未可黜。未正于禹、汤、文、武、周公、孔子，犹豫，则其大事去矣，何用将相为。

注释

①出自韩愈诗《游城南十六首·遣兴》。
②出自韩愈《原道》。

夫百行洁身禁非，不出乎斋戒也；群善致政，不出乎正心也。佛法大率教人斋戒正心，无恶不断，有善不宰。今世后世，盖当有圣贤自以其道理辨。奚必其既死之文、武、周公正之黜之，乃为信耶？儒书之言性命者，而《中庸》最著，孔子于《中庸》特曰："质诸鬼神而不疑，百世以俟圣人而不惑。质诸鬼神而无疑，知天也；百世以俟圣人而不惑，知人也"。[①]是必俟乎大知性命之圣人，乃辨其《中庸》幽奥而不惑也。然自孔子而来，将百世矣，专以性命为教。唯佛者大盛于中国，孔子微意其亦待佛以为证乎？不然，此百世复有何者圣人，太盛性命之说，而过乎佛欤？斯明孔子正佛，亦已效矣。韩子何必疑之。

又曰："斯何道？"曰："斯吾所谓道也，非向所谓老与佛之道也。尧以是传之舜，舜以是传之禹，禹以是传之汤，汤以是传之文、武、周公、孔子，孔子传之孟轲，轲之死，不得其传焉。"[②]按韩子此文，乃谓尧、舜、禹、汤、文、武、周公、孔子、孟轲九圣贤，皆继世相见，以仁义而相传授也。若禹与汤，汤与文、武、周公，周公与孔子，孔子与孟子者，乌得相见而亲相传禀耶？哂，韩子据何经传辄若是云乎？孟子曰，舜、禹至乎汤，五百有余岁，汤之至乎文王，五百有余岁，由文王至乎孔子，五百有余岁，由孔子而来，至今百有余岁。而禹、汤、文、武、周公、孔子、孟轲，其年世相去赊邈。既若此矣，而韩子不顾典籍，徒尊其所传，欲其说之胜强，而不悟其文之无实，得不谓漫乱之也，而韩子之言可尚信乎？《论语》谓尧将传天下于舜，乃告之曰："咨！尔舜！天之历数在尔躬，允执厥中。"[③]舜亦以命禹，而尧、舜、禹其传授如此，未闻止传仁义而已。至于汤、文、武、周公、孔子、孟轲之世，亦皆以中道皇极相慕而相承也。《中庸》曰："从容中道，圣人也。"[④]孟子亦曰："中道而立，能者从之。"[⑤]岂不然哉？如其不修诚，不中正，其人果仁义乎？如其诚且中正，果亡仁义耶？韩子何其未知夫善有本而事有要也，规规滞迹，不究乎圣人之道奥耶？

注释

①出自《礼记·中庸》篇。这句话的意思是验证鬼神而心无疑虑，等候百世之后的圣人审议而心无恐慌。之所以验证鬼神而心无疑虑，是因为自己知晓天理；之所以等候百世之后的圣人审议而心无恐慌，是因为自己通晓人情。

②出自韩愈《原道》。

③出自《论语·尧曰》篇。这句话的意思是：好啊，舜，上天安排你继承帝位，你要诚守中正。

④出自《礼记·中庸》篇。

⑤出自《孟子·尽心上》篇。

韩氏其说数端，大率推乎人伦天常，与儒治世之法，而欲必破佛乘道教。嗟夫，韩子徒守人伦之近事，而不见乎人生之远理，岂暗内而循外欤？夫君臣、父子、昆弟、夫妇者，资神而生。神有善恶之习，而与神皆变。善生人伦，恶生异类。斯人循法不循法，皆蔽一世，茫乎未始知其身世。今所以然也，谓生必死，死而遂灭，乃恣欲快其一世。虽内自欺，亦莫知愧乎神明焉。及乎佛法教人内省不灭，必以善法修心。要其生生不失于人伦，益修十善[①]，盖取乎天伦，其人乃知其万世事之所以然。上下千余载，中国无贤愚，无贵贱，高下者，遂翕然以佛说自化。纵未全十善，而慎罪募福，信有冥报，则皆知其心不可欺，此属几满天下。今里巷处处所见者，纵然佛犹于高城重垣，辟其门，而与人通其往来者，若于大暗之室揭其窗牖，而与人内外之明也。比以《诗》《书》而入善者，而以佛说入者，益普益广也。比以礼义修身名当世者，而以善自内修人神者切亲也，益深益远也。较其不烦赏罚，居家自修其要，省国刑法，而阴助政治，其效多矣。此不按而不觉耳。彼悟浮生，谓死生为梦为幻，而出家修洁，以其道德报父母为重，甘旨之勤为轻者，是亦生人万分，而其一乃尔也。虽然，犹制其得减衣资，以养其亲，非容其果弃父母也。夫佛之设法如此，其于世善之耶？恶之乎？其于人伦，有开益耶？无济益欤？与儒之治道其理教乎顺耶？韩子属盍深探而远详之。

注释

①十善：佛教将不行“十恶”为行“十善”，即不杀生而行放生、救生、护生，不偷盗而行施舍，不邪淫而修清静行，不妄言而说实话，不绮语而说质直语，不两舌（挑拨是非）而说调解语，不恶口而说柔软语，不贪而修不净观，不嗔而修慈悲观，不痴而修因缘观。

老子之教，虽其法渐奥，与佛不侔。若其教人无为无欲，恬淡谦和，盖出于三皇五帝之道也，乌可与杨、墨概而排之？孔子以列圣大中之道，断天下之正，为鲁《春秋》，其善者善之，恶者恶之，不必乎中国、夷狄也。《春秋》曰：“徐伐莒。”[①]徐本中国者也，既不善，则夷狄之。曰：“齐人、狄人盟于邢。”[②]狄人本夷狄人也，既善，则中国之。圣人尊中国而卑夷狄者，非在疆土与其人耳，在其所谓适理也。故曰，君子之于天下也，无适也，无莫也。义之与比，若佛之法。方之世善，可谓纯善大善也。在乎中道，其可与乎？可拒乎？苟不以圣人中道，而裁其善恶，正其取舍者，乃庸人爱恶之私，不法，何足道哉？

注释

①出自《春秋左传·文公》篇。徐：春秋时古国名，故地在今安徽省泗县。莒：西周诸侯国名，在今山东省莒县。

②出自《春秋左传·僖公》篇。邢：古诸侯国名，故地在今河北省邢台市。

近思录·卷之十三

朱　熹

导语

朱熹（公元1130—1200年），南宋思想家，字符晦，号晦庵，徽州婺源（今属江西）人。绍兴十八年（1148年）中进士，历仕高宗、孝宗、光宗、宁宗四朝，庆元六年（1200年）卒。嘉定二年（1209年）诏赐遗表恩泽，谥“文”，追赠为中大夫，特赠宝谟阁直学士。理宗宝庆三年（1227年），赠太师，追封信国公，改徽国公。朱熹早年受业于胡原仲、刘彦冲。胡、刘好佛，朱熹亦出入佛、道。他31岁正式拜程颐的三传弟子李侗为师，专心儒学，成为程颢、程颐之后儒学的重要人物。南宋初年，面对抗金胜利形势，朱熹主张益修政理，固内以守。孝宗即位后，朱熹支持抗金。后抗金失利，孝宗准备求和，朱熹要求“亟罢讲和之议”，批评议和为“不当为者”。隆兴和议后，民族矛盾稍趋缓和，南宋内部阶级矛盾突出起来，朱熹虽不忘复仇之义，但又回到固内以守的立场。淳熙二年（1175年），朱熹与吕祖谦、陆九渊等会于江西上饶铅山鹅湖寺，是为著名的“鹅湖之会”，朱、陆分歧由此更加明确。朱熹在“白鹿国学”的基础上建立白鹿洞书院，订立《学规》，讲学授徒，宣扬道学。在潭州（今湖南长沙）修复岳麓书院，讲学以穷理致知、反躬践实以及居敬为主旨。他继承二程，又独立发挥，形成了自己的体系，后人称为程朱理学。朱熹在从事教育期间，对于经学、史学、文学、佛学、道教以及自然科学都有所涉及或有著述，著作广博宏富。其主要哲学著作有：《四书集注》《四书或问》《太极图说解》《通书解》《西铭解》《周易本义》

《易学启蒙》等。此外有《朱子语类》，是他与弟子们的问答，黎靖德分类编定为140卷，《朱文公文集》由其子朱在编集，后人又有增补，包括《文集》100卷，《续集》11卷，《别集》10卷。朱熹的学术思想在世界文化史上也有重要影响，在朝鲜、日本被称为朱子学，曾一度十分盛行。在东南亚和欧美，朱子学亦受到重视。

从汉代佛教传入中国以来，因其富于思辨的理论，吸引了大批的追随者，到隋唐，佛教的势力达到了顶峰，而儒家因在理论上的贫乏而节节败退。宋代，儒学开始复兴，而儒家所面对的就是如何超越佛教，事实证明简单的谩骂和粗暴的压制是没有用的，必须有更精巧的理论和更深刻的道理来达到目的。朱熹在本文中评论了佛教和儒家，他认为虽然佛教有其合理的地方，但终是为其“私”，而儒家则内仁外义，合于天理，因此儒家更是高了一筹，是完美无缺的理论，人们当以儒家为其归宿。

明道先生①曰：杨、墨②之害，甚于申、韩③；佛、老④之害，甚于杨、墨。杨氏“为我”，疑于仁；墨氏“兼爱”，疑于义。申、韩则浅陋易见。故孟子只辟杨、墨，为其惑世之甚也。佛、老其言近理，又非杨、墨之比，此所以为害尤甚。杨、墨之害，亦经孟子辟之，所以廓如⑤也。

注释

①明道先生：程颢，字伯淳，生于1032年，1085年病逝，河南洛阳人，被学者称为明道先生，理学的奠基者。
②杨、墨：指杨朱和墨子。
③申、韩：指申不害和韩非子。
④佛、老：指佛教和道教。
⑤廓：清除。

伊川先生①曰：儒者潜心正道，不容有差，其始甚微，其终则不可救。如“师也过，商也不及”②，于圣人中道，师只是过于厚些，商只是不及些；然而厚则渐至于兼爱，不及则便至于为我，其过不及同出于儒者，其末遂至杨、墨。至如杨、墨，亦未至于无父无君，孟子推之便至于此，盖其差必至于是也。

注释

①伊川先生：程颐，字正叔，程颢的弟弟，生于1033年，卒于1107年，河南洛阳人，学者称为伊川先生，理学的创立者之一，与程颢并称为“二程”。

②出自《论语·先进》。师：孔子的学生，姓颛孙，名师，字子张，陈国人。商：孔子的学生，姓卜，名商，字子夏。

明道先生曰：道之外无物，物之外无道，是天地之间无适而非道也。即父子而父子在所亲，即君臣而君臣在所严，以至为夫妇、为长幼、为朋友，无所为而非道，此道所以不可须臾离也；然则毁人伦、去四大[①]者，其分于道也远矣。故“君子之于天下也，无适也，无莫也，义之与比”[②]，若有适有莫，则于道为有间，非天地之全也。彼释氏之学，于“敬以直内”[③]则有之矣，“义以方外”则未之有也。故滞固者入于枯槁，疏通者归于恣肆，此佛之教所以为隘[④]也。吾道则不然，率性而已。斯理也，圣人于《易》备言之。（又云：佛有一个觉之理，可以“敬以直内”矣，然无“义以方外”，其直内者，要之其本亦不是。）

注释

①去四大：佛教以地、水、风、火为四大，认为四大幻化而成人身，因此要想成佛，必须要寂灭幻根，断绝一切。

②出自《论语·里仁》。这句话的意思是君子对于天下的事情没有一定要怎样做，也没有一定不要怎样做，而是怎样合于义就怎样做。比：靠拢。

③出自《周易·坤卦·文言》。原文为：“君子敬以直内，义以方外，敬义立而德不孤。”

④隘：狭窄。

“释氏本怖死生为利[①]，岂是公道？唯务上达而无下学，然则其上达处，岂有是也？元不相连属，但有间断，非道也。孟子曰：‘尽其心者，知其性也。’[②]彼[③]所谓识心见性是也，若存心养性一段事则无矣。彼固曰出家独善，便于道体自不足。”或曰：“释氏地狱之类，皆是为下根之人设此怖，令为善。”先生曰：“至诚贯天地，人尚有不化，岂有立伪教而人可化乎？”

注释

①怖死生为利：佛教求不生不死之理，可免生死轮回之苦，这是处于利己之私意。

②出自《孟子·尽心上》。

③彼：指佛教。

学者于释氏之说，直须如淫声美色以远之；不尔，则骎骎[①]然入其中矣。颜渊问为邦，孔子既告之以二帝、三王之事，而复戒以“放郑声，远佞人”[②]，曰：“郑声淫，佞人殆。”彼佞人者，是他一边佞耳，然而于己则危，只是能使人移，故危也。至于禹之言曰：“何畏乎巧言令色！”[③]巧言令色直消言畏，只是须着如此戒慎，犹恐不免，释氏之学更不消言。常戒到自家自信后，便不能乱得。

注释

①骎骎：qīn，音同“侵”，逐渐。

②出自《论语·卫灵公》。原文曰：“颜渊问为邦。子曰：‘行夏之时，乘殷之辂，服周之冕，乐则《韶舞》。放郑声，远佞人，郑声淫，佞人殆。’”佞：用花言巧语谄媚。放：远离。

③出自《尚书·虞书·皋陶谟》

所以谓万物一体者，皆有此理，只为从那里来。“生生之谓易”[①]，生则一时生，皆完此理。人则能推，物则气昏推不得，不可道他物不与有也。人只为自私，将自家躯壳上头起意，故看得道理小了他底。放这身来，都在万物中一例看，大小大快活[②]。释氏以不知此，去他身上起意思，奈何那身不得，故却厌恶，要得去尽根尘[③]，为心源不定，故要得如枯木死灰。然没此理，要有此理，除是死也。释氏其实是爱身，放不得，故说许多。譬如负版（编者注：版原作贩）之虫，已载不起，犹自更取物在身。又如抱石投河，以其重愈沉，终不道放下石头，惟嫌重也。

注释

①出自《周易·系辞上》。这句话的意思是个不断的运动变化叫作“易”。

②大小大快活：指许多快活。

③根尘：佛教的两个重要的概念。根指眼、耳、鼻、舌、身、意六种认识器官。前五种为生理部分，后一种则为心理部分。尘，指色、声、香、味、触、法六种现象，因被认为像尘埃一样玷污人的情识，故名。

人有语导气[①]者，问先生曰：“君亦有术乎？”曰：“吾尝夏葛而冬裘，饥食而渴饮，节嗜欲，定心气，如斯而已矣。”

注释

①导气：指佛教的一种禅定之法。

佛氏不识阴阳、昼夜、死生、古今，安得谓形而上者与圣人同乎？

释氏之说，若欲穷其说而去取之，则其说未能穷，固已化而为佛矣。只且于迹上考之，其设教如是，则其心果如何？固难为取其心不取其迹[①]，有是心则有是迹。王通[②]言心迹之判，便是乱说。故不若且于迹上断定不与圣人合。其言有合处，则吾道固已有；有不合者，固所不取。如是立定，却省易[③]。

注释

①迹：行迹，行为。

②王通：隋朝人，字仲淹，其门人私谥“文中子”。

③省易：简单。

问："神仙之说有诸?"曰："若说白日飞升之类，则无；若言居山林间，保形炼气，以延年益寿，则有之。譬如一炉火，置之风中则易过[①]，置之密室则难过，有此理也。"又问："扬子[②]言'圣人不师仙，厥术异也'[③]，圣人能为此等事否?"曰："此是天地间一贼，若非窃造化之机，安能延年?使圣人肯为，周、孔为之矣。"

注释

①过：灭。
②扬子：即扬雄。
③出自扬雄的《法言·君子》。这句话的意思是圣人不学习成仙之术，而他们的修身养性的方式和成仙之术是不同的。

谢显道[①]历举佛说与吾儒同处。问伊川先生，先生曰："恁地同处虽多，只是本领[②]不是，一齐差却。"

注释

①谢显道：名良佐，字显道，二程四大弟子之一。
②本领：根本，要领。

横渠先生[①]曰：释氏妄意天性，而不知范围之（编者注：之原作天）用，反以六根之微因缘[②]天地，明不能尽，则诬天地日月为幻妄，蔽其用于一身之小，溺其志于虚空之大，此所以语大语小，流遁失中。其过于大也，尘芥六合；其蔽于小也，梦幻人世。谓之穷理，可乎?不知穷理而谓之尽性，可乎?谓之无不知，可乎?尘芥六合，谓天地为有穷也；梦幻人世，明不能究其所从也。

注释

①横渠先生：张载，字子厚，原籍大梁（今河南开封）。他生于长安（今陕西

西安）随父侨寓于凤翔县横渠镇（今陕西眉县横渠镇），以后在横渠镇讲学，人称横渠先生。

②因缘：佛教认为世界万物都是由各种条件相遇而生成的。对“因”而言，佛教谓事物生起或坏灭的主要条件为因，辅助条件为缘。

大《易》不言有无。言有无，诸子之陋也。

浮图[①]明鬼，谓有识之死，受生循环，遂厌苦求免，可谓知鬼乎？以人生为妄见，可谓知人乎？天人一物，辄生取舍，可谓知天乎？孔、孟所谓天，彼所谓道，惑者指游魂为变为轮回，未之思也。大学[②]当先知天德，知天德，则知圣人、知鬼神。今浮图剧论要归，必谓死生流转，非得道不免，谓之悟道，可乎？（悟则有义有命，均死生，一天人，惟知昼夜，通阴阳，体之无二。）自其说炽，传中国，儒者未容窥圣学门墙，已为引取，沦胥其间，指为大道。乃其俗达之天下，致善恶知愚、男女臧获[③]，人人着信。使英才间气，生则溺耳目恬习之事，长则师世儒崇尚之言，遂冥然被驱，因谓圣人可不修而至，大道可不学而知。故未识圣人心，已谓不必求其迹；未见君子志，已谓不必事其文。此人伦所以不察，庶物所以不明，治所以忽[④]，德所以乱。异言满耳，上无礼以防其伪，下无学以稽其弊，自古诐[⑤]淫邪遁之辞，翕然[⑥]并兴，一出于佛氏之门者千五百年。向非独立不惧，精一自信，有大过人之才，何以正立其间，与之较是非，计得失哉！

注释

①浮图：指佛教。

②大学：与小学相对应，小学为洒扫进退应对，而大学则是进德修业。

③臧获：指平民百姓。

④忽：轻视，怠慢。

⑤诐：bì，音同“币”，偏颇，不正；谄佞。

⑥翕然：急速发展的样子。

近思录·卷之十四

朱　熹

导语

宋代儒学复新，朱熹为集大成者，对于前面的儒者，有他的独自的看法。本文从尧舜评起，直到程颢和程颐。对孔子之前的圣王作了细微的区别，对孔子及颜回和孟子的评价非常新颖，而对曾子的评价也很高，这是与他人的不同。从荀子开始到韩愈，评价则是褒其长而指其短。从周敦颐到张载，评价又比较高。这里我们可以看到朱熹眼中的"道统"：孔孟开启，二程继承并发扬光大。

明道先生曰：尧与舜更无优劣，及至汤、武便别。孟子言"性①之""反②之"，自古无人如此说，只孟子分别出来，便知得尧、舜是生而知之，汤、武是学而能之。文王之德则似尧、舜，禹之德则似汤、武。要之皆是圣人。

注释

①性：同"生"，天生的意思。
②反：通"返"。

仲尼，元气也；颜子，春生也；孟子，并秋杀尽见。仲尼无所不包；颜子示“不违如愚”[①]之学于后世，有自然之和气，不言而化者也；孟子则露其材，盖亦时然而已。仲尼，天地也；颜子，和风庆云也；孟子，泰山岩岩[②]之气象也。观其言，皆可见之矣。仲尼无迹，颜子微有迹，孟子其迹着。孔子尽是明快人，颜子尽岂弟[③]，孟子尽雄辩。

注释

①出自《论语·为政》。原文为：“子曰：‘吾与回言终日，不违，如愚。退而省其私，亦足以发，回也不愚。’”

②岩岩：高大雄壮的样子。

③岂弟：通“恺悌”，安乐简易。

曾子传圣人学，其德后来不可测，安知其不至圣人？如言“吾得正而毙”[①]，且休理会文字，只看他气象极好，被他所见处大。后人虽有好言语，只被气象卑，终不类道。

注释

①出自《礼记·檀弓上》。

传经为难。如圣人之后才百年，传之已差。圣人之学，若非子思、孟子，则几乎息矣。道何尝息，只是人不由之。“道非亡也，幽、厉不由也”。

荀卿才高，其过多；扬雄才短，其过少。

荀子极偏驳，只一句“性恶”，大本已失；扬子虽少过，然已自不识性，更说甚道？

董仲舒曰：“正其义，不谋其利；明其道，不计其功。”[①]此董子所以度越诸子。

注释

①出自《汉书·董仲舒传》。

汉儒如毛苌、董仲舒，最得圣贤之意，然见道不甚分明。下此即至扬雄，规模又窄狭矣。

林希谓扬雄为禄隐。扬雄，后人只为见他著书，便须要做他是，怎生做得是？

孔明[①]有王佐之心，道则未尽。王者如天地之无私心焉，行一不义而得天下，不为。孔明必求有成，而取刘璋[②]。圣人宁无成耳，此不可为也。若刘表子琮，将为曹公所并，取而兴刘氏，可也。

注释

①孔明：姓诸葛，名亮，字孔明，公元181年生于徐州琅琊郡（今山东省沂南县），三国蜀相。刘备三顾茅庐请他出山，诸葛亮感念刘备恩德，为蜀汉“鞠躬尽瘁，死而后已”。234年，诸葛亮率兵北伐，积劳成疾，病故军中，时年54岁，赠称丞相、五乡侯。

②刘璋：生年不详，死于公元219年，东汉末年益州牧，字季玉。建安十六年（211年），他迎接刘备入川，让刘备攻汉宁王张鲁，刘备军攻到成都，他开城投降，被刘备迁驻南郡公安。后孙权攻下荆州，再次任他为益州牧，后因病而死。

诸葛武侯有儒者气象。

孔明庶几礼乐。

文中子本是一隐君子，世人往往得其议论，附会成书，其间极有格言，荀、扬道不到处。

韩愈[①]亦近世豪杰之士，如《原道》中言语虽有病，然自孟子而后，能将许大见识寻求者，才见此人。至如断曰：“孟子醇乎醇。”[②]又曰：“荀与扬择焉而不精，语焉而不详。”[③]若不是他见得，岂千余年后便能断得如此分明？

注释

①韩愈（768—824年）：唐代人，字退之，文学家和哲学家，古文运动的倡

导者之一，也是“唐宋八大家”之一。

②出自韩愈的《读荀子》。

③出自韩愈的《原道》。

学本是修德，有德然后有言。退之却倒学了[1]，因学文，日求所未至，遂有所得。如曰：“轲之死，不得其传。”[2]似此言语，非是蹈袭前人，又非凿空撰得出，必有所见。若无所见，不知言所传者何事。

注释

①倒学了：指先学文，后修德。

②出自韩愈的《原道》。

周茂叔[1]胸中洒落，如光风霁[2]月。其为政精密严恕，务尽道理。

注释

①周茂叔（公元1017—1073年）：名敦颐，字茂叔，原名敦实，因避宋英宗之旧讳，改名为敦颐，道州营州（进湖南道县）人，理学的奠基者之一，后人称为濂溪先生。

②霁：jì，音同“技”，明朗，晴朗。

伊川先生撰《明道先生行状》曰：先生资禀既异，而充养有道；纯粹如精金，温润如良玉；宽而有制，和而不流；忠诚贯于金石，孝悌通于神明。视其色，其接物也，如春阳之温；听其言，其入人也，如时雨之润。胸怀洞然，彻视无间。测其蕴，则浩乎若沧溟之无际；极其德，美言盖不足以形容。先生行己，内主于敬，而行之以恕，见善若出诸己，不欲弗施于人。居广居而行大道，言有物而动有常。先生为学，自十五六时，闻汝南[1]周茂叔论道，遂厌科举之业，慨然有求道之志。未知其要，泛滥于诸家，出入于老、释者几十年，返求诸《六经》而后得之。明于庶物，察于人伦，知尽性至命，必本于孝弟[2]，穷神知化，由通于礼乐。辨异端似是之非，开百代未明之惑，秦汉而下，未有臻斯理也。谓孟子没而圣学不传，以兴起斯文为己任。其言曰："道之不明，异端害之也。昔之害近而易知，今之害深而难辨。昔之惑人也，乘其迷暗；今之入人也，因其高明。自谓之穷神知化，而不足以开物成务。言为无不周遍，实则外于伦理。穷深极微，而不可以入尧、舜之道。天下之学，非浅陋固滞，则必入于此。自道之不明也，邪诞妖异之说竞起，涂生民之耳目，溺天下于污浊。虽高才明智，胶[③]于见闻，醉生梦死，不自觉也。是皆正路之蓁芜[④]，圣门之蔽塞，辟之而后可以入道。"先生进将觉斯人，退将明之书；不幸早世，皆未及也。其辨析精微，稍见于世者，学者之所传耳。先生之门，学者多矣。先生之言，平易易知，贤愚皆获其益，如群饮于河，各充其量。先生教人，自致知至于知止，诚意至于平天下，洒扫应对至于穷理尽性，循循有序。病世之学者舍近而趋远，处下而窥高，所以轻自大而卒无得也。先生接物，辨而不间，感而能通。教人而人易从，怒人而人不怨，贤愚善恶咸得其心。狡伪者献其诚，暴慢者致其恭，闻风者诚服，觌[⑤]德者心醉。虽小人以趋向之异，顾于利害，时见排斥，退而省其私，未有不以先生为君子也。先生为政，治恶以宽，处烦而裕。当法令繁密之际，未尝从众为应文逃责之事。人皆病于拘碍，而先生处之绰然。众忧以为甚难，而先生为之沛然。虽当仓卒[⑥]，不动声色。方监司竞为严急之时，其待先生率皆宽厚，设施之际，有所赖焉。先生所为纲条法度，人可效而为也。至其道之而从，动之而和，不求物而物应，未施信而民信，则人不可及也。

注释

①汝南：今河南汝南县。

②弟：通"悌"，顺从和敬爱兄长。

③胶：拘泥，醉心，固执。

④蓁芜：指杂草丛生，荆棘遍地。蓁：zhēn，音同"针"，草木旺盛的样子。

⑤觌：dí，音同"敌"，观察，追寻。

⑥卒：通"猝"。

明道先生曰：周茂叔窗前草不除去，问之，云"与自家意思一般"。（子厚观驴鸣，亦谓如此。）

张子厚闻生皇子，喜甚；见饿殍者[①]，食便不美。

注释

①饿殍者：饿死的人。殍：piǎo，音同"瞟"。

伯淳尝与子厚在兴国寺讲论终日，而曰："不知旧日曾有甚人于此处讲此事？"

谢显道[①]云：明道先生坐如泥塑人，接人则浑是一团和气。

注释

①谢显道：程颢、程颐的弟子。

侯师圣[①]云：朱公掞[②]见明道于汝，归谓人曰："光庭在春风中坐了一个月。"游、杨[③]初见伊川，伊川瞑目而坐，二子侍立。既觉，顾谓曰："贤辈尚在此乎？日既晚，且休矣。"及出门，门外之雪深一尺。

注释

①侯师圣：程颐的学生。
②掞：yǎn，音同"眼"，拜见，会见。
③游、杨：游酢和杨时，他们都在二程的四大弟子之中。

刘安礼[①]云：明道先生德性充完，粹和之气，盎[②]于面背，乐易多恕，终日怡悦，立之从先生三十年，未尝见其忿厉之容。

注释

①刘安礼：程颢的学生。

②盎：洋溢。

吕与叔[①]撰《明道先生哀词》云：先生负特立之才，知《大学》之要，博文强识，躬行力究，察伦明物，极其所止，涣然心释，洞见道体。其造于约也，虽事变之感不一，知应以是心而不穷；虽天下之理至众，知反之吾身而自足。其致于一也，异端并立而不能移，圣人复起而不与易。其养之成也，和气充浃[②]，见于声容，然望之崇深，不可慢也；遇事优为，从容不迫，然诚心恳恻，弗之措也。其自任之重也，宁学圣人而未至，不欲以一善成名；宁以一物不被泽为己病，不欲以一时之利为己功。其自信之笃也，吾志可行，不苟洁其去就；吾义所安，虽小官有所不屑。

注释

①吕与叔（公元1040—1092年）：名大临，子与叔，先是张载的得意弟子，后又投入二程门下，成为二程的四大弟子之一。
②浃：遍及，满。

吕与叔撰《横渠先生行状》云：康定[①]用兵时，先生年十八，慨然以功名自许，上书谒范文正公[②]。公知其远器，欲成就之，乃责之曰："儒者自有名教，何事于兵?"因劝读《中庸》。先生读其书，虽爱之，犹以为未足，于是又访诸释、老之书，累年尽究其说，知无所得，反而求之《六经》。嘉祐[③]初，见程伯淳、正叔于京师，共语道学之要。先生涣然自信曰："吾道自足，何事旁求!"于是尽弃异学，淳如也。（尹彦明[④]云：横渠昔在京师，坐虎皮，说《周易》，听从甚众。一夕，二程先生至，论《易》。次日，横渠撤去虎皮，曰："吾平日为诸公说者，皆乱道。有二程近到，深明《易》道，吾所弗及，汝辈可师之。"）晚自崇文移疾西归横渠，终日危坐一室，左右简编，俯而读，仰而思，有得则识之。或中夜起坐，取烛以书。其志道精思，未始须臾息，亦未尝须臾忘也。学者有问，多告以知礼成性、变化气质之道，学必如圣人而后已，闻者莫不动心有进。尝谓门人曰："吾学既得于心，则修其辞；命辞无差，然后断事；断事无失，吾乃沛然。精义入神者，豫而已矣。"先生气质刚毅，德盛貌严，然与人居，久而日亲。其治家接物，大要正己以感人；人未之信，反躬自治，不以语人；虽有未谕，安行而无悔。故识与不识，闻风而畏。非其义也，不敢以一毫及之。

注释

①康定：宋仁宗年号，1040—1041 年。

②范文正公：指范仲淹（公元 989—1052 年），北宋苏州吴县人，著名的政治家、文学家和军事家，谥号“文正”。

③嘉祐：宋仁宗年号，1056—1063 年。

④尹彦明：程颐的学生。

横渠先生曰：二程从十四五时，便脱然欲学圣人。

象山语录（节选）

陆九渊

导语

陆九渊（公元 1139—1192 年），字子静，抚州金溪人，南宋哲学家、教育家，干道八年（公元 1172 年）考中进士，做过几任地方官，后讲学于江西贵溪应天山（后改为象山），绍熙三年（公元 1192 年）卒，谥“文安”。他自号“象山翁”，学者尊为“象山先生”。他主张“吾心即是宇宙”，又倡“心即理”说。认为天理、人理、物理只在吾心之中。人同此心，心同此理。往古来今，概莫能外。他认为治学的方法，主要是“发明本心”，不必多读书外求，“学苟知本，六经皆我注脚”。其著有《象山先生全集》三十六卷。

陆九渊认为心即理，心是唯一的实在，主张发明本心，因此主张“尊德性”为入圣之要。所以在本文中他反驳朱熹的以“道问学”为修养阶梯的理论。这也反映了陆王学派和程朱学派在理论上的分歧之一。

朱元晦[①]曾作书与学者云：“陆子静专以尊德性诲人，故游其门者多践履之士，然于道问学处欠了。某教人岂不是道问学处多了些子？故游某之门者践履多不及之。”观此，则是元晦欲去两短，合两长。然吾以为不可，既不能知尊德性，焉有所谓道问学？

注释

①朱元晦：指朱熹。

吾之学问与诸处异者，只是在我全无杜撰，虽千言万语，只是觉得他底在我不曾添一些。近有议者云："除了'先立乎其大者'，一句，全无伎俩。"吾闻之曰："诚然。"

复斋[①]家兄一日见问云："吾弟今在何处做功夫？"某答云："在人情、事势、物理上做些功夫。"复斋应而已。若知物之低昂，与夫辨物之美恶真伪，则吾不可不谓之能。然吾之所谓做功夫，非此之谓也。

注释

①复斋：陆九龄（公元1132—1180年），字子寿，陆九渊的哥哥，被学者称为复斋先生。

后世言学者须要立个门户。此理所在安有门户可立？学者又要各护门户，此尤鄙陋。

人共生乎天地之间，无非同气。扶其善而沮其恶，义所当然。安得有彼我之意？安得有自为之意？

二程见周茂叔后，吟风弄月而归，有"吾与点也"之意。后来明道此意却存，伊川已失此意。

吾与常人言，无不感动，与谈学问，或至为仇。举世人大抵就私意建立做事，专以做得多者为先，吾却欲殄其私而会于理，此所以为仇。

吾与人言，多就血脉上感移他，故人之听之者易，非若法令者之为也。如孟子与齐君言，只就与民同处移转他，其余自正。

今之论者只务添人底，自家只是减他底，此所以不同。宇宙不曾限隔人，人自限隔宇宙。

答罗整庵少宰书

王阳明

导语

王阳明（公元 1472—1529 年），原名云，后改名守仁，字伯安，浙江余姚人，弘治十二年（公元 1499 年）进士。明武宗初期，因触犯宦官刘瑾，被贬为龙场驿丞。刘瑾被杀后，又任庐陵知县，后升为右佥都御史，巡抚赣南，总督两广，最后官至南京兵部尚书。因镇压农民起义和平定“宸濠之乱”，封新建伯，卒谥“文成”。因在绍兴会稽山阳明洞侧筑室攻读，创办阳明书院，别号阳明子，世称阳明先生，著有《王文成公全集》，其中《传习录》和《大学问》是重要的哲学著作。他的学说以“反传统”的姿态出现，实集陆九渊以来心学之大成，并称为陆王心学。明代中期以后，阳明学派影响很大，并流传到日本。

在本文中，王阳明对朱熹增补《大学》中的“致知”条目提出了批评，并反对朱熹的“格物致知”之说，认为“格”“治”“正”“诚”都是做心上的功夫，无须外求。天理公有，非某人私藏，孔子不能，朱子亦不能；但是人如果能认识到此理不在人心之外，则人人可以得到此理。

某顿首启：昨承教及《大学》，拨舟匆匆，未能奉答。晓来江行稍暇，复取手教而读之。恐至赣后人事复纷沓，先具其略以请。

来教云；“见道固难，而体道尤难。道诚未易明，而学诚不可不讲。恐未可安于所见而遂以为极则也。”幸甚幸甚！何以得闻斯言[①]乎？其敢自以为极则而安之乎？正思就天下之道以讲明之耳。而数年以来，闻其说而非笑之者有矣，诟訾之者有矣，置之不足较量辨议之者有矣，其肯遂以教我乎？其肯遂以教我，而反复晓谕，恻然惟恐不及救正之乎？然则天下之爱我者，固莫有如执事之心深且至矣！感激当何如哉！

注释

①斮言：指很有见地的言论。斮：zhuó，音同“浊”，斩；敲击。

夫德之不修，学之不讲，孔子以为忧。而世之学者稍能传习训诂[①]，即皆自以为知学，不复有所谓讲学之求，可悲矣！夫道必体而后见，非已见道而后加体道之功也；道必学而后明，非外讲学而复有所谓明道之事也。然世之讲学者有二：有讲之以身心者，有讲之以口耳者。讲之以口耳，揣摸测度，求之影响者也；讲之以身心，行着习察，实有诸己者也。知此则知孔门之学矣。

注释

①训诂：解释古书字义。

来教谓某“《大学》古本之复，以人之为学但当求之于内，而程、朱格物之说不免求之于外，遂去朱子之分章，而削其所补之传”，非敢然也。学岂有内外乎？《大学》古本乃孔门相传旧本耳。朱子疑其有所脱误，而改正补缉之。在某则谓其本无脱误，悉从其旧而已矣。失在于过信孔子则有之，非故去朱子之分章而削其传也。夫学贵得之心；求之于心而非也，虽其言之出于孔子，不敢以为是也，而况其未及孔子者乎！求之于心而是也，虽其言之出于庸常，不敢以为非也，而况其出于孔子者乎！且旧本之传数千载矣，今读其文词，既明白而可通；论其工夫，又易简而可入，亦何所按据而断其此段之必在于彼，彼段之必在于此，与此之如何而缺，彼之如何而补？而遂改正补缉之，无乃重于背朱而轻于叛孔已乎？

来教谓：“如必以学不资于外求，但当反观内省以为务，则正心诚意四字亦何不尽之有？何必于入门之际，便困以格物一段工夫也？”诚然诚然。若语其要，则修身二字亦足矣！何必又言正心？正心二字亦足矣，何必又言诚意？诚意二字亦足矣，何必又言致知，又言格物？惟其工夫之详密，而要之只是一事，此所以为精一之学，此正不可不思者也。夫理无内外，性无内外，故学无内外；讲习讨论，未尝非内也；反观内省，未尝遗外也。夫谓学必资于外求，是以己性为有外也，是义外也，用智者也；谓反观内省为求之于内，是以己性为有内也，是有我也，自私者也：是皆不知性之无内外也。故日：精义入神，以致用也；利用安身，以崇德也；性之德也，合内外之道也。此可以知格物之学矣。格物者，《大学》之实下手处，彻首彻尾，自始学至圣人，只此工夫而已，非但入门之际有此一段也。夫正心诚意、致知格物，皆所以修身而格物者，其所用力，日可见之地。故格物者，格其心之物也，格其意之物也，格其知之物也；正心者，正其物之心也；诚意者，诚其物之意也；致知者，致其物之知也：此岂有内外彼此之分哉！理一而已。以其理之凝聚而言，则谓之性；以其凝聚之主宰而言，则谓之心；以其主宰之发动而言，则谓之意，以其发动之明觉而言，则谓之知；以其明觉之感应而言，则谓之物。故就物而言谓之格，就知而言谓之致，就意而言谓之诚，就心而言谓之正：正者，正此也；诚者，诚此也；致者，致此也；格者，格此也。皆所谓穷理以尽性也。天下无性外之理，无性外之物。学之不明，皆由世之儒者认理为外，认物为外，而不知义外之说，孟子盖尝辟之，乃至袭陷其内而不觉，岂非亦有似是而难明者欤？不可以不察也。

凡执事所以致疑于格物之说者，必谓其是内而非外也；必谓其专事于反观内省之为，而遗弃其讲习讨论之功也；必谓其一意于纲领本原之约，而脱略于支条、节目之详也；必谓其沈溺于枯槁虚寂之偏，而不尽于物理人事之变也。审如是，岂但获罪于圣门，获罪于朱子，是邪说诬民，叛道乱正，人得而诛之也，而况于执事之正直哉？审如是，世之稍明训诂，闻先哲之绪论者，皆知其非也，而况执事之高明哉？凡某之所谓格物，其于朱子“九条”之说，皆包罗统括于其中；但为之有要，作用不同，正所谓毫厘之差耳。无毫厘之差而千里之谬实起于此，不可不辨。

孟子辟杨、墨至于“无父、无君”，二子亦当时之贤者，使与孟子并世而生，未必不以之为贸[①]。墨子“兼爱”，行仁而过耳；杨子“为我”，行义而过耳。此其为说，亦岂灭理乱常之甚，而足以眩天下哉？而其流之弊，孟子至比于禽兽夷狄，所谓“以学术杀天下后世”也。今世学术之弊，其谓之学仁而过者乎？谓之学义而过者乎？抑谓之学不仁不义而过者乎？吾不知其于洪水猛兽何如也！孟子云：“予岂好辩哉？予不得已也！”杨、墨之道塞天下，孟子之时，天下之拿信杨、墨，当不下于今日之崇尚朱说，而孟子独以一人呶呶于其间，噫，可哀矣！韩氏云：“佛、老之害甚于杨、墨。”韩愈之贤不及孟子，孟子不能救之于未坏之先，而韩愈乃欲全之于已坏之后，其亦不量其力，且见其身之危，莫之救以死也！呜呼！若某者其尤不量其力，果见其身之危，莫之救以死也矣。夫众力嘻嘻之中，而独出涕嗟，若举世恬然以趋，而独疾首蹙额以为忧，此其非病狂丧心，殆必诚有大苦者隐于其中，而非天下之至仁，其孰能察之？其为《朱子晚年定论》，盖亦不得已而然。中间年岁早晚诚有所未考，虽不必尽出于晚年，固多出于晚年者矣。然大意在委曲调停以明此学为重，平生于朱子之说如神明蓍龟，一日一与之背驰，心诚有所未忍，故不得已而为此。“知我者，谓我心忧；不知我者，谓我何求”[②]，盖不忍抵牾朱子者，其本心也；不得已而与之抵牾者，道固如是，不直则道不见也。执事所谓决与朱子异者，仆敢自欺其心哉？夫道，天下之公道也；学，天下之公学也；非朱子可得而私也，非孔子可得而私也。天下之公也，公言之而已矣。故言之而是，虽异于己，乃益于己也；言之而非，虽同于己，适损于己也。益于己者，己必喜之；损于己者，己必恶之。然则某今日之论，虽或于朱子异，未必非其所喜也。君子之过，如日月之食，其更也，人皆仰之，而小人之过也必文。某虽不肖，固不敢以小人之心事朱子也。

注释

①贸：混乱。

②出自《诗经·国风·王风》。

执事所以教反复数百言，皆以未悉鄙人格物之说。若鄙说一明，则此数百言皆可以不待辨说而释然无滞，故今不敢缕缕以滋琐屑之渎，然鄙说非面陈口析，断亦未能了了于纸笔闲也。嗟乎！执事所以开导启迪于我者，可谓恳到详切矣，人之爱我，宁有如执事者乎？仆虽甚愚下，宁不知所感刻佩服；然而不敢遽舍其中心之诚然而姑以听受云者，正不敢有负于深爱，亦思有以报之耳。秋尽东还，必求一面，以卒所请，千万终教！

读《通鉴》论——不言正统

王夫之

导语

王夫之（公元 1619—1692 年），字而农，号姜斋，世称船山先生，湖南衡阳人，是明清之际杰出的思想家，与顾炎武、黄宗羲同称明末清初三大学者，明崇祯十五年（1642 年）中乡举。清军下湖南，他与管嗣裘等于衡山起兵抗击，事败逃亡肇庆，任南明桂王政权行人司行人；因反对王化澄，几陷大狱；又赴桂林依瞿式耜，桂林陷落，式耜死，乃隐遁山林，从此，勤奋著述凡四十年。他对天文、历法、数学、舆地诸学均有研究，尤精经史学、文学，其主要贡献是在哲学上总结和发展了中国传统的气学思想。他的主要著作有《周易外传》《尚书引义》《读四书大全说》《张子正蒙注》《黄书》《读通鉴论》等。邓显鹤等集刊为《船山遗书》。

正统是儒家为封建王朝寻求上天支持的理论，每朝每代，统治者总是找的一些所谓正统的证据，来证明自己的政权是天命所归，是上天的旨意。王夫之受了明亡的惨痛教训，从夏商开始，历数中国各个朝代，没有发现什么天命，也没有找到什么正统，历史就是统一和战乱的循环。天下之生，一治一乱，治当其为正，乱则为不正。

论之不及正统者，何也？曰：正统之说，不知共所自昉[①]也。自汉之亡，曹氏[②]、司马氏[③]乘之以窃天下，而为之名曰禅[④]。于是为之说曰："必有所承以为统，而后可以为天子。"义不相授受，而强相缀系以掩篡夺之迹；抑假邹衍五德之邪说与刘歆历家之绪论，文其诐辞、要岂事理之实然哉！

注释

①昉：fǎng，音同“访”，天刚亮，引申为开始。
②曹氏：指曹操、曹丕等。
③司马氏：指司马懿、司马昭等。
④禅：以帝位让人。

统之为言，合而并之之谓也，因而续之之谓也。而天下之不合与不续也多矣！盖尝上推数千年中国之治乱以迄于今，凡三变矣。当其未变，同不知后之变也奚若，虽圣人弗能知也。商、周以上，有不可考者。而据三代以言之，其时万国务有其君，而天子特为之长，王畿[①]之外，刑赏不听命，赋税不上供，天下虽合而固未合也。王者以义正名而合之，此一变也。而汤之代夏，武之代殷，未尝一日无共主焉。及乎春秋之世，齐、晋、秦、楚各据所属之从诸侯以分裂天下；至战国而强秦、六国交相为从衡，赧王朝秦[②]，而天下并无共主之号，岂复有所谓统哉！此一合一离之始也。汉亡，而蜀汉、魏、吴三分；晋东渡，而十六国兴，拓拔、高氏、宇文氏裂土以自帝；唐亡，而汴、晋、江南、吴越、蜀、粤、楚、闽、荆南、河东各帝制以自崇。上其上，民其民，或迹示臣属而终不相维系也，无所统也。六国离，而秦苟合以及汉；三国离，而晋乍合之，非固合也。五胡起，南北离，而隋苟合之以及唐；五代离，而宋乃合之。此一合一离之局一变也。至于宋亡以迄于今，则当其治也，则中国有其主；当其乱也，中国无君，而并无一隅分据之土。盖所谓统者绝而不续，此又一变也。夫统者，合而不离、续而不绝之谓也。离矣，而恶乎统之？绝矣，而固不相承以为统。崛起以一中夏者，奚用承彼不连之系乎？

注释

①畿：jī，音同“讥”，古代王都所领辖的千里地面。

②赧王朝秦：周赧王，名延，慎靓王之子，在位59年。他与诸侯约纵攻秦，被秦所灭。赧：nǎn，音同“腩”。

天下之生，一治一乱。当其治，无不正者以相干，而何有于正？当其乱，既不正矣，而又孰为正？有离，有绝，固无统也，又何正不正之云邪？以天下论者，必循天下之公，天下非夷狄盗逆之所可尸[①]，而抑非一姓之私也。惟为其臣子者、必私其君父，则宗社已亡，而必不忍戴异姓异族以为君。若夫立乎百世以后，持百世以上大公之论，则五帝、三王之大德，天命已改，不能强系之以存。故杞不足以延夏，宋不足以延商。夫岂忘禹、汤之大泽哉？非五子[②]不能为夏而歌雒汭[③]，非箕子[④]不能为商而吟麦秀也。故昭烈[⑤]亦自君其国于蜀，可为汉之余裔；而拟诸光武，为九州岛兆姓之大君，不亦诬乎？充其义类，将欲使汉至今存而后快，则又何以处三王之明德，降苗裔于编氓邪！

注释

①尸：主持；执掌。

②五子：太康（夏王，夏启的儿子）的五个兄弟。

③雒汭：指洛水入黄河处。汭：ruì，音同“锐”。

④箕子：商纣王之叔父，因封国于箕（今山西太谷县年北），爵为子，故称箕子。

⑤昭烈：刘备的谥号，刘备，公元161—223年，字玄德，河北人，汉景帝之子中山靖王刘胜的后代，为三国蜀汉开国君王。

蜀汉正矣，已亡而统在晋。晋自篡魏，岂承汉而兴者？唐承隋，而隋抑何承？承之陈，则隋不因灭陈而始为君；承之宇文氏，则天下之大防已乱，何统之足云乎？无所承，无所统，正不正存乎其人而已矣。正不正，人也；一治一乱，天也；犹日之有昼夜，月之有朔[①]、弦[②]、望[③]、晦[④]也。非其臣子以德之顺逆定天命之去留，而詹詹然为已亡无道之国延消谢之运，何为者邪？宋亡而天下无统，又奚说焉！

注释

①朔：月相名。旧历每月初一，月球运行到地球和太阳之间，和太阳同时出没，地球上看不到月光的月相。

②弦：半圆形的月亮。农历每月初七、初八为“上弦”，廿二、廿三为“下弦”。

③望：月相名。旧历每月十五日（有时为十六日或十七日），地球运行到太阳与月亮之间，当月亮和太阳的黄经相差一百八十度，太阳从西方落下，月亮正好从东方升起之时，地球上看见的月亮最圆满，这种月相叫望。

④晦：农历每月的最后一日。

近世有李槩[①]者，以宇文氏所臣属之萧岿[②]，为篡弑之萧衍[③]延苟全之祀，而使之统陈；沙陀[④]夷族之朱邪存勖[⑤]，不知所出之徐知诰[⑥]，冒李唐之宗，而使之统分据之天下。父子君臣之伦大紊，而自矜为义，有识者一吷[⑦]而已。若邹衍五德之说，尤妖妄而不经，君子辟之，断断如业。

注释

①李槩：蒙古在公元1276年攻克临安后，蒙古军队派儒生李槩和王构招收负责留守事宜的董文炳。

②萧岿：字仁远，梁昭明太子统之孙也。岿：kuī，音同“亏”。

③萧衍：字叔达，南兰陵中都里（今江苏省武进县西北）人，南北朝梁开国君主。

④沙陀：西突厥的一支。

⑤朱邪存勖：李克用之子，建立后唐，被尊为太祖。李克用之父叫朱邪，是西突厥的沙陀族人，因帮助唐政府镇压庞勋起义，赐名李国昌。

⑥徐知诰：李昪，五代徐州（今江苏徐州）人，字正伦，为吴国丞相徐温养子，改名为徐知诰。后吴主杨溥让位于昪，建号大齐，改元升元，都城金陵（今江苏南京）。后徐知诰自称是唐玄宗后裔，因又改姓李氏，建号唐，史称南唐，公元937—943年在位。

⑦吷：xuè，音同“血”，象声词。

说文解字注“儒”

段玉裁

导语

段玉裁（公元1735—1815年）清代经学家、文字音韵训诂学家，字若膺，号茂堂，江苏金坛人。段玉裁博览群书，著述宏富，由经学以治小学，取得了丰硕的成果。在小学范围内，又从音韵以治文字训诂，根基扎实，深得要领，所著《六书音韵表》在顾炎武《音学五书》和江永《古韵标准》的基础上精考细查，分古韵为17部，这是古韵学史上一部划时代的著作。《说文解字注》体大思精，成就极大。他不仅通释全书，把《说文》在考订文字、声音、训诂方面的真实价值阐发无遗，而且创造许多研究词义的方法，为汉语训诂学的发展开拓了新的内容和新的门径。

段玉裁在许慎《说文解字》的基础上，对“儒”做了新的注释。黑体字是许慎《说文解字》的原文，段玉裁又做了大量的注释，其中不少之自己的新见。真儒乃是有德行，以德服人，然后能安人，能教化别人，这里还是能看出“内圣外王”的影子。把“儒”和“濡”联系起来，这对近现代的学者影响很大。

儒，柔也。以叠韵[①]为训[②]。郑目录[③]云：儒行者以其记有道德所行，儒之言优也，柔也，能安人，能服人。又儒者，濡也，以先王之道能濡其身。《玉藻》注曰：舒儒者，所畏在前也。

注释

①韵：指韵母或音节的收音。

②训：指声训，对古籍中字词注音释义。

③郑目录：后人整理的郑玄的著作。郑玄（127—200 年），字康成，北海高密（今山东省高密）人，东汉儒家学者，中国著名经学家之一。郑玄先学今文经学，后习古文经学，博览群书，融贯古文经和今文经，成为汉代最大的“通儒”，是两汉经学之集大成者。其经学成就及由其学术而形成的学派，后世称之为“郑学”“通学”或“综合学派”。他遍注的五经，可惜大多已佚。现存的有《毛诗笺》《周礼》《仪礼》《礼记》注，其《易》注，《春秋》之《箴膏肓》《发墨守》《起废疾》，皆后人所辑佚书，已残缺不全。清郑珍撰《郑学录》四卷。

术士之称。术，邑中也，因以为道之称。《周礼》儒以道得民、注民。曰儒有六经以教民者，《大司徒》以本俗六安万民。四曰联师儒。注云：师儒乡里，教以道艺者，按六艺者，礼、乐、射、御、书、数也。《周礼》谓六德、六行、六艺曰德行道艺。自真儒不见，而以儒相诟病矣。

从人，需声[①]。人朱切[②]，古音在四部。

注释

①从人，需声：对“儒”进行声训释义。从人，指“儒”在人部，需声。

②人朱切：切，汉语传统注音方法，二字切和成一音。人朱切，就是指“儒”的读音有“人”和“朱”的读音切成“rú”。

原道上

章学诚

导语

章学诚（公元1738—1801年），字实斋，号少岩，浙江会稽人，是中国历史上著名思想家和史学家。青少年时候，章学诚勤学不息，但是他不喜作科举文章，只喜欢听经史大义，并能在学习中提出独到见解。成年后，他两应乡试不中，于28岁时拜内阁学士朱筠为师，博览群书，学有所成。31岁时，章学诚因父亲去世而不得不担负起全家生活重担。以后的20年间，他奔波于大江南北，靠主持书院讲学和编修方志维持生计。53岁时，章学诚投奔湖广总督毕沅，做了他的幕僚，助编《续资治通鉴》，并主修《湖北通志》。晚年目盲，仍孜孜于著述，口授他人代书，卒年64岁。章学诚终其一生，从事于古今学术的总结批判工作。由于生活动荡，他在这方面的重要论著都写于为生计奔波之间，死后，才由其子汇刻成《文史通义》和《校雠通义》，1920年，他的全部著述被合刻为《章氏遗书》。

本文认为道出于天，山川河岳，世之万物，皆是道之体现；刑政礼乐，世之万事，也都是道的体现，非圣人智力之所能，皆事势之自然，不得已而然。三皇五帝、周公孔子，只是合道而行，非即道也。本文反驳了孔子高于周公的说法，认为周公集羲、轩、尧、舜以来之大成，而孔子非集伯夷、伊尹、柳下惠之大成，相反是学而尽周公之道。因此孔子和周公一样是圣人，没有谁高谁低的区别。

道之大原出于天，天固谆谆然命之乎？曰：天地之前，则吾不得而知也。天地生人，斯有道矣，而未形也。三人居室，而道形矣，犹未着也。人有什伍而至百千，一室所不能容，部别班分，而道着矣。仁义忠孝之名，刑政礼乐之制，皆其不得已而后起者也。

人生有道，人不自知；三人居室，则必朝暮启闭其门户，饔飧[①]取给于樵汲，既非一身，则必有分任者矣。或各司其事，或番易其班，所谓不得不然之势也，而均平秩序之义出矣。又恐交委而互争焉，则必推年之长者持其平，亦不得不然之势也，而长幼尊卑之别形矣。至于什伍千百，部别班分，亦必各长其什伍，而积至于千百，则人众而赖于干济，必推才之杰者理其繁，势纷而须于率俾[②]，必推德之懋[③]者司其化，是亦不得不然之势也；而作君作师，画野分州，井田封建学校之意着矣。故道者，非圣人智力之所能焉，皆其事势自然，渐行渐着，不得已而出之，故曰天也。

注释

①饔飧：yōng sūn，音同“拥孙”，熟食，朝为饔，夕为飧。
②率俾：率领，使用。
③懋：mào，音同“貌”，盛大的意思。

《易》曰：“一阴一阳之谓道。”[①]是未有人而道已具也。继之者善，成之者性。是天着于人，而理附于气。故可形其形而名其名者，皆道之故，而非道也。道者，万事万物之所以然，而非万事万物之当然也。人可得而见者，则其当然而已矣。人之初生，至于什伍千百，以及作君作师，分州画野，盖必有所需而后从而给之，有所郁[②]而后从而宣[③]之，有所弊而后从而救之。羲、农、轩、颛[④]之制作，初意不过如是尔。法积美备，至唐、虞[⑤]而尽善焉，殷因夏监，至成周而无憾焉。譬如滥觞积而渐为江河，培塿积而至于山岳，亦其理势之自然；而非尧、舜之圣，过乎羲、轩，文、武之神，胜于禹、汤也。后圣法前圣，非法前圣也，法其道之渐形而渐著者也。三皇无为而自化，五帝开物而成务，三王立制而垂法，后人见为治化不同有如是尔。当日圣人创制，则犹暑之必须为葛，寒之必须为裘，而非有所容心，以谓吾必如是而后可以异于圣人，吾必如是而后可以齐名前圣也。此皆一阴一阳往复循环所必至，而非可即是以为一阴一阳之道也。一阴一阳往复循环者，犹车轮也。圣人创制，一似暑葛寒裘，犹轨辙也。

注释

①出自《易·系辞上》。
②郁：忧愁、气愤等在心里积聚不得发泄。
③宣：疏导，宣泄。
④羲、农、轩、颛：指太皞伏羲氏、炎帝神农氏、黄帝轩辕氏、颛顼高阳氏。
⑤唐、虞：指唐尧和虞舜。

道有自然，圣人有不得不然，其事同乎？曰：不同。道无所为而自然，圣人有所见而不得不然也。圣人有所见，故不得不然；众人无所见，则不知其然而然。孰为近道？曰：不知其然而然，即道也。非无所见也，不可见也。不得不然者，圣人所以合乎道，非可即以为道也。圣人求道，道无可见，即众人之不知其然而然，圣人所藉以见道者也。故不知其然而然，一阴一阳之迹也。学于圣人，斯为贤人。学于贤人，斯为君子。学于众人，斯为圣人。非众可学也，求道必于一阴一阳之迹也。自有天地，而至唐、虞、夏、商，迹既多而穷变通久之理亦大备。周公以天纵生知之圣，而适当积古留传，道法大备之时，是以经纶制作[①]，集千古之大成，则亦时会使然，非周公之圣智能使之然也。盖自古圣人，皆学于众人之不知其然而然，而周公又遍阅于自古圣人之不得不然，而知其然也。周公固天纵生知之圣矣，此非周公智力所能也，时会使然也。譬如春夏秋冬，各主一时，而冬令告一岁之成，亦其时会使然，而非冬令胜于三时也。故创制显庸[②]之圣，千古所同也。集大成者，周公所独也。时会适当然而然，周公亦不自知其然也。

注释

①经纶制作：制礼作乐。

②创制显庸：天子造制度，自显用天下。创：造。庸：用。

孟子曰："孔子之谓集大成。"[①]今言集大成者为周公，毋乃悖于孟子之指欤？曰：集之为言，萃众之所有而一之也。自有天地，而至唐、虞、夏、商，皆圣人而得天子之位，经纶治化，一出于道体之适然。周公成文、武之德，适当帝全王备，殷因夏监，至于无可复加之际，故得藉为制作典章，而以周道集古圣之成，斯乃所谓集大成也。孔子有德无位，即无从得制作之权，不得列于一成，安有大成可集乎？非孔子之圣，逊于周公也，时会使然也。孟子所谓集大成者，乃对伯夷、伊尹、柳下惠而言之也。恐学者疑孔子之圣，与三子同，无所取譬，譬于作乐之大成也。故孔子大成之说，可以对三子，而不可以尽孔子也。以之尽孔子，反小孔子矣。何也？周公集羲、轩、尧、舜以来之大成，周公固学于历圣而集之，无历圣之道法，则固无以成其周公也。孔子非集伯夷、尹、惠之大成，孔子固未尝学于伯夷、尹、惠，且无伯夷、尹、惠之行事，岂将无以成其孔子乎？夫孟子之言，各有所当而已矣，岂可以文害意乎？

注释

①出自《孟子·万章下》。

达巷党人曰："大哉孔子！博学而无所成名。"[①]今人皆嗤党人不知孔子矣；抑知孔子果成何名乎？以谓天纵生知之圣，不可言思拟议，而为一定之名也，于是援天与神，以为圣不可知而已矣。斯其所见，何以异于党人乎？天地之大，可一言尽。孔子虽大，不过天地，独不可以一言尽乎？或问何以一言尽之，则曰：学周公而已矣。周公之外，别无所学乎？曰：非有学而孔子有所不至；周公既集群圣之成，则周公之外，更无所谓学也。周公集群圣之大成，孔子学而尽周公之道，斯一言也，足以蔽孔子之全体矣。"祖述尧舜"，周公之志也，"宪章文武"[②]，周公之业也。一则曰："文王既没，文不在兹。"[③]再则曰："甚矣吾衰，不复梦见周公。"[④]又曰："吾学《周礼》，今用之。"[⑤]又曰："郁郁乎文哉！吾从周。"[⑥]哀公问政，则曰："文、武之政，布在方策。"[⑦]或问"仲尼焉学？"子贡以谓"文、武之道，未坠于地"[⑧]。"述而不作”[9]，周公之旧典也。“好古敏求”[10]，周公之遗籍也。党人生同时而不知，乃谓无所成名，亦非全无所见矣。后人观载籍，而不知夫子之所学，是不如党人所见矣。而犹嗤党人为不知，奚翅百步之笑五十步乎？故自古圣人，其圣虽同，而其所以为圣，不必尽同，时会使然也。惟孔子与周公，俱生法积道备无可复加之后，周公集其成以行其道，孔子尽其道以明其教，符节（吻）合，如出于一人，不复更有毫末异同之致也。然则欲尊孔子者，安在援天与神，而为恍惚难凭之说哉？

注释

①出自《论语·子罕》。
②出自《中庸》。
③出自《论语·子罕》。
④出自《论语·述而》。
⑤出自《中庸》。
⑥出自《论语·八佾》。
⑦出自《中庸》。
⑧出自《论语·子张》。
⑨出自《论语·述而》。
⑩好古敏求：《论语·述而》曰：子曰：“我非生而知之者，好古敏以求之者也。”

或曰：孔子既与周公同道矣，周公集大成，而孔子独非大成欤？曰：孔子之大成，亦非孟子所谓也。盖与周公同其集羲、农、轩、顼、唐、虞、三代之成，而非集夷、尹、柳下之成也。盖君师分而治教不能合于一，气数之出于天者也。周公集治统之成，而孔子明立教之极，皆事理之不得不然，而非圣人异于前人，此道法之出于天者也。故隋唐以前，学校并祀周、孔，以周公为先圣，孔子为先师，盖言制作之为圣，而立教之为师。故孟子曰：“周公、仲尼之道一也。”[1]然则周公、孔子，以时会而立统宗之极，圣人固藉时会欤？宰我以谓夫子“贤于尧、舜”，子贡以谓“生民未有如夫子”，有若以夫子较古圣人，则谓“出类拔萃”[②]，三子皆舍周公，独尊孔氏。朱子以谓事功有异，是也。然而治见实事，教则垂空言矣。后人因三子之言，而盛推孔子，过于尧、舜，因之崇性命而薄事功，于是千圣之经纶，不足当儒生之坐论矣。（伊川论禹、稷[③]、颜子，谓禹、稷较颜子为粗。朱子又以二程与颜、孟切比长短。盖门户之见，贤者不免，古今之通患。）夫尊夫子者，莫若切近人情。不知其实，而但务推崇，则玄之又玄，圣人一神天之通号耳，世教何补焉？故周、孔不可优劣也，尘垢秕糠，陶铸尧舜，庄生且谓寓言，曾儒者而袭其说欤？故欲知道者，必先知周、孔之所以为周、孔。

注释

①周公、仲尼之道一也：《孟子·离娄下》曰：“先圣后圣，其揆一也。”这是说周公、孔子之道是一致的。

②贤于尧、舜；生民未有如夫子；出类拔萃：《孟子·公孙丑》曰：“宰我曰：‘以予观于夫子，贤于尧、舜远矣。’子贡曰：‘见其礼而知其政，闻其乐而知其德，由百世之后，等百世之王，莫能达也。自生民以来，未有夫子也。’有若曰：‘麒麟之于走兽，凤凰之于飞鸟，泰山之于丘垤，江河之于行潦，类也。圣人之于民，亦类也，出于其类，拔乎其萃。自生民以来，未有盛于孔子也。’”

③稷：后稷，名叫弃，是周代姬氏最初的远祖，帝尧时候人，善治农事。

孔子改制考序

康有为

导语

康有为（公元 1858—1927 年），近代思想家、文学家，原名祖治，字广厦，号长素，广东南海人。他年轻时受过严格的传统教育，重视经世致用之学，后来在龚自珍、魏源以来“今文派”经学和西方资产阶级“新学”的影响下，成为 19 世纪后期中国政治学术界一个突出的思想家和活动家。他先后 7 次上书，请求变法图强，其中以中日甲午战争失败后的“公车上书”最为有名。他与弟子梁启超等人一起创办《万国公报》，建立强学会，发行《强学报》，为维新变法制造舆论。1898 年与梁启超等人发动戊戌变法运动，变法失败后，逃亡国外。其后他思想日趋保守，成为保皇派领袖，反对孙中山领导的民主革命。他的文学成就主要是诗歌创作。其诗歌想象奇特，辞采瑰丽，具有浓郁的浪漫主义特色。其政论文打破传统古文程序，汪洋恣肆，骈散不拘，开梁启超“新文体”的先路。其主要著作有《新学伪经考》《孔子改制考》《大同书》《南海先生诗集》等。

在本文中，康有为把孔子描述成一个现代政治制度的创制者，难怪《孔子改制考》引起了当时思想界的轰动。据乱世、升平世而太平世就是现在所说的君主专制、君主立宪制和民主共和制，如果真的这样，则孔子不愧是“神明”“圣王”和“万世之师”。孔子也走上了“现代”的道路。

孔子卒后二千三百七十六年，康有为读其遗言，渊渊然思，凄凄然悲，曰：嗟夫！使我不得见太平①之治，被大同②之乐者，何哉？使我中国两千年，方万里之地，四万万神明之裔，不得见太平之治、被大同之乐者，何哉？使大地不早见太平之治、逢大同之乐者，何哉？

注释

①太平：指他的“三世说”中的太平世，就是民主共和制。其他两世是“据乱世”和“升平世”，指的是君主专制和君主立宪制。

②大同：康有为根据“三世说”进化论，把《礼记·礼运》中的“小康”“大同”，佛家的慈悲，西方的资产阶级的民主、自由、平等、博爱的思想糅合起来，创立空想的“大同”学说。他认为到了“大同”社会，国家、家族、等级、君主、贵族都不存在了；财产公有，人人劳动，生产高度发达，人们都过着美好的生活。其中《礼记·礼运》对大同的描述是：“大道之行也，天下为公。选贤与能，讲信修睦，故人不独亲其亲，不独子其子，使老有所终，壮有所用，幼有所长，矜、寡、孤、独、废、疾者，皆有所养，男有分，女有归，货恶其弃于地也，不必藏于己，力恶其不出于身也，不必为己，是故谋闭而不兴，盗窃乱贼而不作，故外户而不闭，是谓大同。”

天既哀大地生人之多艰，黑帝乃降精而救民患，为神明，为圣王，为万世作师，为万民作保，为大地教主。生于乱世，乃据乱世而立三世之法，而垂精太平；乃因其所生之国而立三世之义，而注意于大地远近大小若一之大一统；乃立元以统天，以天为仁，以神气流形而教庶物，以不忍心而为仁政。合鬼神山川、公侯庶人、昆虫草木一统于其教，而先爱其圆颅方趾之同类，改除乱世勇乱战争角力之法，而立《春秋》新王行仁之制。其道本神明，配天地，育万物，泽万世，明本数，系末度，小大精粗，六通四辟，无乎不在。此制乎，不过于一元中立诸天，于一天中立地，于一地中立世，于一世中随时立法，务在行仁，忧民忧以除民患而已。《易》之言曰：“书不尽言，言不尽意。”①《诗》《书》《礼》《乐》《易》《春秋》为其书，口传七十子后学为其言。此制乎，不过其夏葛冬裘，随时救民之言而已。

注释

①出自《周易·系辞上》。

若夫圣人之意，窈[①]矣，深矣，博矣，大矣。世运既变，治道斯移，则始于粗粝，终于精微。教化大行，家给人足，无怨望忿怒之患，强弱之难，无残贼妒疾之人。民修德而美好，被发衔哺而游，毒蛇不螫，猛兽不搏，抵虫不触，朱草生，醴泉出，凤凰麒麟游于郊陬[②]，囹圄空虚，画衣裳而民不犯。则斯制也，利用发蒙[③]，声色之以化民，末矣。

注释

①窈：深远；幽深。
②陬：四隅，谓边远偏僻之地。
③发蒙：教育，教化。

夫两汉君臣、儒生，尊从《春秋》拨乱之制而杂以霸术，犹未尽行也。圣制萌芽，新歆遽出，伪《左》盛行，古文篡乱。于是削移孔子之经而为周公，降孔子之圣王而为先师，《公羊》之学废，改制之义湮，三世之说微；太平之治，大同之乐，暗而不明，郁而不发。我华我夏，杂以魏、晋、隋、唐佛老、词章之学，乱以氐、羌、突厥、契丹、蒙古[①]之风，非惟不识太平，并求汉人拨乱之义亦乖剌而不可得，而中国之民遂二千年被暴主、夷狄之酷政。耗矣，哀哉！

注释

①氐、羌、突厥、契丹、蒙古：我国古代西北的少数民族。

朱子生于大统绝学之后，揭鼓扬旗而发明之，多言义而寡言仁，知省身救过而少救民患，蔽于据乱之说而不知太平大同之义，杂以佛老，其道觳[①]苦。所以为治教者，亦仅如东周、刘蜀、萧詧[②]之偏安而已。

注释

①觳：què，音同“却”，简陋，引申为贫乏。
②萧詧：后梁宣皇帝，字理孙，梁武帝萧衍之孙，昭明太子统之第三子。幼好学，善属文，尤长佛义。詧：chá，音同“茶”。

大昏也！博夜也！冥冥汶汶，雺[①]雾雰雰[②]，重重锢昏，皎日坠渊。万百亿千缝掖俊民，跂跂脉脉而望，篝灯而求明，囊萤而自珍，然卒不闻孔子天地之全，太平之治，大同之乐，悲夫！

注释

①雺：wù，音同“物”，同“雾”，近地之水蒸气遇冷凝结成微细水珠，如云烟状，弥漫在空气中，为雾。
②雰雰：fēn，音同“纷”，雾气弥漫的样子。

天哀生民，默牖其明，白日流光，焕炳莹晶。予小子梦执礼器而西行，乃睹此广乐钧天，复见宗庙百官之美富。门户既得，乃扫荆榛而开涂径，拨云雾而览日月，非复人间世矣。不敢隐匿大道，乃与门人数辈朝夕钩撢，八年于兹，删除繁芜，就成简要，为《改制考》三十（二十一）卷，同邑陈千秋礼吉、曹泰箸伟，雅才好博，好学深思，编检尤劳，墓草已宿。然使大地大同太平之治可见，其亦不负二三子铅椠[①]之劳也夫！

注释

①椠：qiàn，音同“欠”，书的刻本，这里指写作。

嗟夫！见大同太平之治也，犹孔子之生也。《孔子改制考》成书，去孔子之生二千四百四十九年也。

光绪[①]二十四年正月元日，南海康有为广厦记。

注释

①光绪：清朝爱新觉罗·载湉（德宗）的年号，公元1875—1908年。

孔教论

陈焕章

导语

陈焕章（公元1880—1933年），字重远，今肇庆市鼎湖区砚洲人。他于清光绪三十年（1904年）中进士，1905年奉派留美，1911年，获得美国哥伦比亚大学政治经济学哲学博士学位，从而成为全国第一位既获得科举功名，又获得西方名牌大学博士学位的人。陈焕章是康有为的高足，也是孔教会的主要操办人。1912年10月，陈焕章、麦孟华、沈曾植等在上海发起成立孔教会。1913年2月，《孔教会杂志》在上海创刊，陈焕章任主编。8月，孔教会代表陈焕章等上书参、众两议院，要求在宪法中明定孔教为国教，提倡尊孔读经。

儒家是不是宗教，这是值得探讨的问题。但是在19世纪初期，康有为发动的保教运动，除了康有为的《孔教会序》外，本文也是重要的纲领性的文献。本文从基督教的特征出发，论述了孔教也是和基督教一模一样的宗教，基督教有的孔教也有。同时，基督教没有的，孔教还有。因此他认为孔教确实是一完美无缺的宗教。在论述中，当然会对儒家的经典做了新的解释，此文大量引用了汉代的纬书的材料，认为孔子倡导民主、平等，还是革命的先驱；孔子不仅是圣人，还是神人；不仅是进化论的创立者，还是社会主义的鼻祖。孔教不仅适用于过去、现在，而且应昌明于将来。本文对于我们了解儒家思想在近代的变化有很重要的参考价值。

论孔教是一宗教

孔教之为宗教也。数千年于兹矣，微独中国人公认之，即外国人亦公认之。故欲论孔教之为宗教，实属辞费，以其本不成问题也。然近今十年，偶有谓孔子非宗教家者，海内耳食之徒，竟执之为口实，拾人牙慧，不求甚解，遂妄欲推倒数千年之教主，而陷中国于无教。呜呼，亦大可哀矣！兹因美国李佳白[①]博士之请，说孔教于尚贤堂[②]，特先证明孔教之为教焉。

注释

①李佳白：1882 年为美国北长老会派遣来华，先在烟台 3 年，继赴济南传教 7 年，1892 年返美休假。因其在中国传教应以士大夫阶层为对象的建议遭北长老会董事部否决，遂脱离该会，于 1894 年以独立传教士身份来华，在上层人士中活动。此后他在华期间，先后担任伦敦《泰晤士报》记者、伦敦《晨邮报》通信员、《北京晚报》社长，并于 1897 年在北京发起组织尚贤堂（the International Institute of China），1925 年组织北京各宗教团体在太和殿举行迎班禅达会，1927 年死于上海。

②尚贤堂：李佳白 1897 年在中国所创立的一个宗教组织，1903 年迁到上海。

一、何谓宗教

“宗教”二字，乃日本名词，若在中文，则一“教”字足矣。考之经传，《尧典》曰：“敬敷，五教在宽。”五教者，五伦之教也。孟子曰：“人之有道也，饱食、暖衣、逸居而无教，则近于禽兽。圣人有忧之，使契为司徒，教以人伦：父子有亲，君臣有义，夫妇有别，长幼有序，朋友有信。”[①]即《书经》五教之确诂。《王制》[②]曰：“明七教以兴民德。”七教者，父子、兄弟、夫妇、君臣、长幼、朋友、宾客也。以此言之，凡《书经》所谓“五教”、《礼记》所谓“七教”皆伦理之教，孔教之骨髓也。然经传之中，亦非无指神道以为教者：《易》曰“圣人以神道设教，而天下服”[③]，此其尤彰明较著者也。是故有人道之教，有神道之教，虽不同而皆名之曰教。孔教兼明人道与神道，故《乐记》曰："明则有礼乐，幽则有鬼神。"[④]是孔教之为宗教，毫无疑义。特孔教平易近人，而切实可行，乃偏重人道耳。

注释

①出自《孟子·滕文公上》。
②《王制》：指《礼记》的《王制》篇。
③出自《周易·坤卦·象》。
④出自《礼记·乐记》。

今欲证孔教之为教，当先定宗教之界说。"宗教"二字在英文为"厘里近"（Religion），解释之者，虽各各不同，然大致偏重于神道。若以英文之狭义求之中文，则以"礼"字为较近。《说文》曰："礼，履也。所以事神致福也。"徐铉[①]曰："五礼莫重于祭，故从示；丰者，其器也。"[②]盖礼之起原，始于祭祀，即西人之所谓宗教。而我中国亦有礼教之称，盖礼即教也。然名从主人，乃《春秋》之义，故吾今不必问西人之所谓教，只问中国人之所谓教；不必问别教人之所谓教，只问孔教人之所谓教。孔教之经传，其确定"教"字之界说者，莫著于《中庸》。《中庸》曰："天命之谓性，率性之谓道，修道之谓教。"[③]此"教"字之定义也。天者，上帝之谓也，由上带所命，与生俱来者，则谓之性。《书》所谓"惟皇降衷，厥有恒性"，《诗》所谓"天生蒸民，有物有则"是也。遵性而行即谓之道，孟子所谓"道若大路，人病不求，是也"[④]，然天命之性，每多汩没，则人行之道，或不轨于正，故修道尚焉。修道者修正人之云为思虑，以纳于率性之道，而合于天命之性也。此乃尽人合天之功，而致力于天人相于之际者，非教而何？故谓之教也。据《中庸》"教"字之界说，以评论孔教，则孔教之为教，铁案如山不可动矣！

注释

①徐铉：公元917—992年，扬州广陵（今江苏扬州）人。在南唐当官，随李

煜入降宋太祖，又为北宋官吏。精小学，好李氏（斯）小篆，臻其妙，隶书亦工。学《说文》，精于文字学。

②五礼莫重于祭，故从示；丰者，其器也：这是对“礼（禮）”的解释，古代祭祀是很重要的事，所以仪式是非常隆重的，祭品也十分丰富。

③这句话的意思是上天的定命就是“性”，遵循本性而行动就是“道”，按照“道”去修养自己就是“教”。

④出自《孟子·告子下》。原文为：“夫道若大路然，岂难知哉？人病不求耳。”

且夫宗教者人类之所不能免者也，其发达在政治之先，其重要与政治相并，而其功效在政治之上。所谓宗教之发达在政治之先者何也？生人之始，各各独立，未成社会，安有政治？然而饮食居处，稍略得所，则祭祀兴焉。《礼运》曰：“夫礼之初，始诸饮食，其燔黍捭豚，污尊而抔饮，蒉桴而土鼓，犹若可以致其敬于鬼神。”[①]《洪范》于食货之后，即继以三日祀，诚以宗教之发达，比政治较早也。天演日深，社会之组织日备，而宗教与政治，遂为两大，故中国常以政教并称。《书》曰：“天降下民，作之君，作之师。惟曰其助上帝，宠之四方。”[②]此以师统之宗教，与君统之政治，相提并论者也。虽然，宗教之功效，实在政治之上。孔子曰：“道之以政，齐之以刑，民免而无耻；道之以德，齐之以礼，有耻且格。”[③]孟子曰：“善政不如善教之得民也。善政民畏之，善教民爱之；善政得民财，善教得民心。”[④]此之谓也。是故教也者，乃中国一至美至善神圣不可侵犯之名词。敬教劝学，自古有明训矣。乃近人不识教字之义，竟以为惟尚迷信者始得为教，不尚迷信者即不得为教。于是视“教”字如蛇蝎，以“教”字为不美不洁之名词。遂谬曰“中国乃无教之国”“孔子非宗教家”，“以宗教家尊孔子实是亵渎孔子”，又曰“孔教不是教”，此等谬论，直是狂吠！呜呼，其亦不思之甚矣！

注释

①这句话的意思是在礼开始的时候，虽然祭品和器皿都很简单和简陋，但是对神鬼却很虔敬。

②出自《孟子·梁惠王下》。

③出自《论语·为政》篇。格：归顺。

④出自《孟子·尽心上》。政：统治。

且夫教亦多术矣：有以神道为教者，有以人道为教者，其道虽殊，其所以为教一也。夏葛而冬裘，衣料殊，而其为衣则一也。朝饔而夕飧，食品殊，而其为食则一也。今乃谓人道之教非教，是何异谓冬之裘不是衣、夕之飧不是食也，有是理乎？必谓如西人之神道教者方可为教，则是食饭者不得谓之食，必食面包而后可也；用丝者不得谓之衣，必用洋呢而后可也。若必谓非迷信不得为宗教，则何不曰非茹毛饮血不得为食、非衣其羽皮不得为衣乎！亦太不识宗教进化之理矣。夫神话时代，则野蛮世界之教主，每假托于鬼神；若人文时代，则文明世界之教主每趋重于伦理，此亦天演之道也。我中国自五帝三王以来，其文明至春秋而大备，而鲁又为中国文明之中心点。其时其地，皆与孔子以特别之位置。而孔子乃诞生于其间，质本生知，性复好学，久游列国，遍接通人。经验既多，年寿又永，且得天下之多数英才，而与之共荷大道。呜呼，孔教之成一特别宗教也！岂无故哉？妄者不察，见他人之宗教如彼如彼，而孔子之宗教如此如此，因谓孔教非宗教，是何异见及肩之墙则谓之墙，见数仞之墙遂谓其非墙乎？又何异见专制之国则谓之国，见共和之国遂谓其非国乎？亦太可笑矣。

或曰："宗教之名，各教所共，今孔教既为一特别宗教，何如划孔教于宗教之外，以示其尊无与并乎？若仍以宗教之名名之，恐人将视孔教为迷信，而因以贬孔子也。"应之曰："不然，凡物必有类，凡类必有等。若因其不同等之故，遂以为不同类，此大谬也。今夫圣人之与愚人，其相去亦远矣，然若谓圣人非人，恐其与愚人相混，岂不淆乱名实也哉？故吾辈可谓孔子为人、为圣人、为教主，亦可谓孔教为教也，盖教者普通之名词而已。"

二、孔子是一教主

"教"字之意义既明，则孔教之为教不辨而自白矣。然论者或分孔子与孔教为二，谓后世之所谓儒教、孔教与孔子不同，当分别观之。意以为孔教虽已成为宗教，而孔子究非宗教家也。故吾今欲证孔教之为教，当先证孔子之为教主，然后世之瞽说可一扫而空也。

第一，孔子以教主自待。孔子以前，中国政教合一，凡为开创之君主，即为教主：包牺[1]、神农、黄帝、尧、舜、禹、汤、文王是也。自孔子以匹夫创教，继衰周而为素王，政教分离，实自此始。盖至是而宗教始能独立，为教主者不必兼为君主，教统乃立于政统之外矣。孔于自为素王，古之儒者，皆为此说。董仲舒曰："孔子作《春秋》，先正王而系万事，见素王之文焉。"[2]贾逵[3]《春秋序》云："孔子览《史记》[4]，就是非之说，立素王之法。"郑玄《六艺论》云："孔子既西狩获麟，自号素王。为后世受命之君，制明王之法。"卢钦[5]《公羊序》云："孔子自因鲁《史记》而修《春秋》，制素王之道。"然论者或以为此不过后儒之言论耳。则且述孔子之言论，以明孔子之自命为教主焉。《钩命决》[6]云"丘以匹夫徒步以制正法"，又云"吾作《孝经》，以素王无爵之赏，斧钺之诛，故称明王之道"，《援神契》[7]云"丘制法主，黑绿不代苍黄"，言孔子黑龙之精，不合代周家木德之苍也。《演孔图》[8]又云"圣人不空生，必有所制以显天心。丘为木铎，制天下法"，此孔子以教主自命之证也。然论者或犹以为此不过根据纬书也。则且取世界所最尊信之《论语》以明之。《述而》篇曰："天生德于予，桓魋其如予何?"此孔子自信其为天生之圣子，非人之所能伤害也。《子罕》篇曰："文王既没，文不在兹乎！天之将丧斯文也，后死者不得与于斯文也。天之未丧斯文也，匡人其如予何?"此孔子自信道统在躬，为天所佑也。夫孔子与文王，世之相后也。殆六百岁，而孔子自谓直接文王之传，不许他人于其时间稍占一位置。虽以武王、周公之圣，而不得齿数焉。此其自视为何如，尚安有不以教主自待者哉?此孟子所以谓"由文王至于孔子，孔子则闻而知之也"，此王充所以谓"文王之文，传在孔子也"。昔孔子将卒，歌曰："泰山其颓乎，梁木其坏乎，哲人其萎乎!"[9]以泰山、梁木自喻，以哲人自称，此孔子以教主自待之证也。又曰："明王不兴，而天下其孰能宗予?"[10]郑注云："今无明王，谁能尊我以为人君乎?此孔子自伤其不能为得位之教主也。"故曰："凤鸟不至，河不出图，吾已矣夫。"[11]西狩获麟，则曰"吾道穷矣"，此皆孔子自叹其不能得位乘时，而但垂空文以自见也。然而孔子之自认教主，则已情见乎辞矣。至于"天何言哉"之论，则虽英儒力忌（Legge）[12]，亦谓孔子自比于天。盖孔子不独自认为天生之圣子而已。

注释

①包牺：即伏羲。

②出自《汉书·董仲舒传》。

③贾逵：公元30—101年，东汉扶风平陵人，精通《左传》《五经》。

④《史记》：指鲁国的史书。

⑤卢钦：字子若，晋人。

⑥《钩命决》：《孝经纬》中的篇目。

⑦《援神契》：也是《孝经纬》中的篇目。

⑧《演孔图》：《春秋纬》之篇目。

⑨出自《礼记·檀弓上》。

⑩出自《史记·孔子世家》。

⑪出自《论语·子罕》篇。

⑫力忌（Legge）：全名James Legge（公元1814—1897年），现在译为利雅各，英国传教士。他在华居住了三十余年，致力于儒家经典的英译工作。

或曰："凡为教主者，每具上天下地唯我独尊之概。若孔子则谦卑逊顺，入太庙而每事问，三人行而必有师，然则孔子殆非宗教家也。"应之曰："不然，凡教主之创教，必因其时其地以为差。野蛮之世，民智未开，道同则不能相先，情同则不能相使，故为教主者，必高自位置，以耸动愚民。或以为天之独子，或以为天之使者，自位于天人之间，而独掌其人与天通之路。苟有欲见上帝者，非凭该教主之介绍末由焉。上帝有言，则该教主传之；上帝有身，则该教主化之，此亦至尊无对矣。然试问当文明之世，民智大开，为教主者，能若是之自尊否乎？"孔子生春秋之季，文明灿烂，人治既盛，神权渐衰，为孔子者，固不必假托鬼神，以予智自雄矣。且孔子之卑以自牧，谦以受益，此正孔子之所以为大教主，而出类拔萃者也。权术之主，劫持百姓，独霸为王，自以为天下莫及，然而能保其社稷者仅矣。贤圣之君，望道如未见，求善如不及，然而圣德日彰焉，此其孰俊孰劣不问可知。固不能谓权术之霸主方为君主，而谦恭之圣主非君主也。质而言之，野蛮世之教主，犹专制之君主也，故唯我独尊；文明之世教主，犹立宪之君主也，故人皆平等。此固由孔子之盛德，而亦由中国之进化独早也。吾故曰：“孔子者文明之教主也，而孔教者文明之宗教也。”

且夫中国人之特性，以谦逊为美，而此种特性，尤莫著于孔子。故曰：“君子道者三，我无能焉。”①又曰：“君子之道四，丘未能一焉。”②又曰：“若圣与仁，则吾岂敢。”③然试问吾辈果认孔子于“仁者不忧、知者不惑、勇者不惧”之三者，为无能乎？于子臣弟友四者之道，为未能一乎？于圣与仁之地位，为不能居乎？吾有以知其必不然也。凡人之评论人也，不必问其人自命为何等人，然后以何等人许之也。止问其实际何如耳。今若有妄人，于此自称圣人，自号教主，而其实则非，吾辈岂将以教主许之乎？反是以观，则孔子之圣不自圣，而实为教主，吾辈自当以教主奉之也。此乃出于其教徒之心悦诚服，而非由于其本人之智取术驭也。比于神道设教之教主，托于鬼神上帝以自尊显者，岂不更光明正大而有征可信乎？而况孔子固非一意谦逊，其常以教主自待，有如上文所述者乎。要而言之，即使孔子不自认教主，亦不过孔子之谦让。彼既有教主之实，吾辈自当以教主之名奉之，况孔子之自认教王屡见不一见，则孔子之为宗教家，更不成问题。而乃人云亦云谬曰“孔子非宗教家”，以自诬教祖而全卖孔国，甚矣世人之不读书也！

注释

①出自《论语·宪问》篇。这“三道”为：“仁者不忧，知（智）者不惑，勇者不惧。”

②出自《中庸》。这“未能”的“四道”为：“所求乎子，以事父，未能也；所求乎臣，以事君，未能也；所求乎弟，以事兄，未能也；所求乎朋友，先施之，未能也。”

③出自《论语·述而》篇。

夫孔子固非独宗教家而已，凡道德家、教育家、哲学家、礼学家、文学家、历史学家、群学家、政治家、法律家、外交家、理财家、音乐家、博物家、神术家、兵法家、武力家、旅行家之资格，无一不备，此孔子所以为大也。然岂能因孔子具备诸家之资格，遂并其宗教家之资格而削夺之乎？他教之教主，多属单纯之宗教家；而孔子独为美富之宗教家，不能谓单纯之宗教家方是宗教家，而美富宗教家非宗教家也。

第二，孔子之弟子及其后学以孔子为教主。

孔子之为教主，非独孔子之自待也，其弟子及其后学，皆以此待之焉。宰我曰："以予观于夫子，贤于尧、舜远矣。"[①]夫孔子布衣，尧、舜帝王，苟非教主，拟不于伦矣。惟孔子实为教主，师表万世，故贤于尧、舜远甚，此宰我之以孔子为教主也。子贡曰："见其礼而知其政，闻其乐而知其德，由百世之后，等百世之王，莫之能违也。"[②]夫孔子一匹夫耳，不过有其德耳，何能有礼乐？何能有政？更何能由百世之后等百世之王而莫之能违？惟孔子实一教主，制礼作乐，立政立德，故有所谓其礼、其政、其乐、其德者焉。惟子贡能知圣，故见其礼而知其政，闻其乐而知其德，以为由百世之后等百世之王而莫之能违，此孔子所以为圣之时者也。邵康节曰："日月星辰齐照耀，皇王帝霸大铺舒。"[③]呜呼！非教主之地位而能若是乎？子贡又曰："固天纵之将圣，又多能也。"[④]将圣者大圣也，此子贡之以孔子为教主也。《论语纬》云："子夏曰：'仲尼为素王，颜渊为司徒。'"又云："子夏六十四人共撰仲尼微言，以事素王。"此子夏等之以孔子为教主也。《礼记·檀弓》篇："孔子之丧，公西赤为志，兼用三王之礼以尊之。"孔《疏》[⑤]曰："夫子圣人，德备三代文物故也。"此公西赤之以孔子为教主也。《中庸》曰："大哉，圣人之道！洋洋乎发育万物，峻极于天。优优大哉！礼仪三百，威仪三千，待其人而后行。"又曰："君子之道，本诸身，征诸庶民，考诸三王而不缪，建诸天地而不悖，质诸鬼神而无疑，百世以俟圣人而不惑。"又曰："仲尼祖述尧舜，宪章文武，上律天时，下袭水土。譬如天地之无不持载，无不覆帱。譬如四时之错行，如日月之代明。"又曰："凡有血气者，莫不尊亲，故日配天。"此子思之以孔子为教主也。《孟子》于禹抑洪水，周公兼夷狄、驱猛兽之后，则举孔子；于舜明物察伦之后，历举禹、汤、文、武、周公，又举孔子；其全书之末，于尧、舜、汤、文之后，止举孔子，以孔子为圣之时，以孔子为集大成。所愿学者惟孔子，而以私淑诸人为幸。又曰："《春秋》，天子之事也。"[⑥]此孟子之以孔子为教主也。《推度灾》曰："庚者更也，子者滋也。圣人制法，天下治平。"此《诗纬》之以孔子为教主也。《稽命征》曰："文王见礼坏乐崩，道孤无主，故设礼经三百，威仪三千。”以孔子为文王，此《礼纬》之以孔子为教主也。《合成图》云：“皇帝立五始，制以天道。五始者元年一也，春二也，王三也，正月四也，公即位五也。”以孔子为皇帝，盖即教主之谓，此《春秋纬》之以孔子为教主也。庄子虽流于道家而尊孔甚至，《天道》篇曰：“虚静恬淡，寂漠无为者，万物之本也。以此处上，帝王天子之德也；以此处下，玄圣素王之道也。”[⑦]《齐物》篇曰：“《春秋》经世，先王之志”，孔子志在《春秋》，故曰先王之志也。《天下》篇曰：“古之人其备乎！配神明，醇天地，育万物，和天下，泽及百姓，明于本数，系于末度，六通四辟，小大精粗，其运无乎不在。其明而在数度者，旧法世传之史，尚多有之，其在于《诗》《书》《礼》《乐》者。邹鲁之士，搢绅先生多能明之。《诗》以道志，《书》以道事，《礼》以道行，《乐》以道和，《易》以道阴阳，《春秋》以道名分。其数散于天下而设于中国者，百家之学。时或称而道之，天下大乱，贤圣不明，道德不一，天下多得一察焉以自好。譬如耳目鼻口，皆有所明，不能相通。犹百家众技也，皆有所长，时有所用。虽然，不该不遍，一曲之士也。判天地之美，析万物之理，察古人之全，寡能备于天地之美，称神明之容。是故内圣外王之道。合而不明，郁而不发，天下之人各为其所欲焉以自为方。悲夫！百家往而不反，必不合矣！后世之学者，不幸不见天地之纯。古人之大体，道术将为天下裂。”庄子既称孔子为素王、为先王，又称孔子为神明圣王，而深慨乎道术之将裂，此庄子之以孔子为教主也。《春秋繁露》曰：“有非力之所能致而自至者，西狩获麟，受命之符是也。”又曰：“《春秋》应天，作新王之事。”此董仲舒之以孔子为教主也。淮南子虽为杂家，而其《泛论篇》曰：“殷变夏，周变殷，春秋变周。”则《淮南子》亦以孔子为教主也。太史公曰：“仲尼为天下制仪法，垂六艺之统纪于后世。”[⑧]又曰：“桀纣失其道而汤武作，周失其道而《春秋》作。”[⑨]以孔子与汤、武并举，明《春秋》为一革命之大业，故特列孔子于世家，而赞之曰“可谓至圣”。《索隐》[⑩]云：“教化之王，吾之师也。为帝王之仪表，示人伦之表率。圣人为教化之主。又代有贤哲，故亦称系家焉。”太史公特立孔子世家，原以孔子为教化之主，故此司马迁之以孔子为教主也。《盐铁论》曰“礼义由孔氏出”，此桓宽[⑪]之以孔子为教主也。《说苑·至公》篇曰：“精和圣制，上通于天而麟至此，天之知夫子也。”此刘向之以孔子为教主也。《典引》曰：“天命玄圣，使缀学立制。”此班固之以孔子为教主也。《论衡·超奇》篇曰：“孔子作《春秋》以示王意，然则孔子之《春秋》素王之业也，诸子之传书素相之事也。”此王充之以孔子为教主也。类此之文，不可胜引，故孔子之为教主，毫无疑义。

注释

①出自《孟子·公孙丑上》。

②出自《孟子·公孙丑上》。

③出自邵康节的《安乐窝中一部书》。邵康节（公元1011—1077年），北宋哲学家，字尧夫，原籍范阳（涿州治所，在今河北涿州），幼随父迁共城（今河南辉县）。他自号安乐先生，后隐居苏门山百源之上，世称百源先生。在洛阳时，与司马光、吕公著、富弼等从游甚密，并与程颢、程颐相往来。他认为宇宙的本原是“太极”，即“道”“心”。他据《周易》关于八卦形成的解释，掺杂道教思想，绘制“先天图”，说“天地万物尽在其中”。其学说被后人发展为“算命”。其著作有《皇极经世》《伊川击壤集》等。

④出自《论语·子罕》篇。

⑤孔《疏》：指孔颖达的《五经疏》。

⑥出自《孟子·滕文公下》。

⑦“虚静恬淡”等句：对原文有省略，原文为：“夫虚静恬淡，寂漠无为者，万物之本也。明此以南乡，尧之为君也；明此以北面，舜之为臣也。以此处上，帝王天子之德也；以此处下，玄圣素王之道也。”

⑧自《史记·太史公自序》。

⑨出自《史记·太史公自序》。

⑩《索隐》：唐代司马贞所作，全名为《史记·索隐》。

⑪桓宽：西汉人，字次公，治《公羊春秋》，著《盐铁论》。

第三，孔子之时人以孔子为教主。

孔子之为教主，不独其弟子及其后学公认之也，即其时人亦公认之焉。孟厘子诫其嗣懿子曰：“吾闻圣人之后，虽不当世，必有达者。今孔丘年少好礼，其达者欤。吾即没，若必师之。”[①]此孟厘子[②]预知孔子之必为教主也。齐景公欲以尼溪田封孔子，晏婴曰：“夫儒者滑稽而不可轨法，倨傲自顺，不可以为下。崇丧遂哀，破产厚葬，不可以为俗。游说乞贷，不可以为国。自大贤之息，周室既衰，礼乐缺有间，今孔子盛容饰，繁登降之礼，趋详之节，累世不能殚其学，穷年不能究其礼。若欲用之以移齐俗，非所以先细民也。”[③]此晏婴之以教主攻孔子也。孔子释防风氏之骨，而吴客曰：“善哉，圣人!”盖时人多以圣人称孔子，而吴客因以此叹美之也。此吴客之以孔子为教主也。微生亩诘孔子“之栖栖”，晨门谓孔子“知其不可而为之”，荷蒉叹“孔子之有心”，楚狂伤“凤兮之德衰”，桀溺谓“孔子欲易滔滔之天下”，此微生亩、晨门、荷蒉、楚狂、桀溺诸人之以孔子为宗教家也。陈子禽[④]曰：“夫子至于是邦也，必闻其政。”子贡曰：“夫子温、良、恭、俭、让以得之。”此列邦诸侯，以孔子为宗教家。故特许孔子以必闻其政也。不然，以政务之机密，安能使异邦人必闻之哉？达巷党人曰：“大哉孔子！博学而无所成名。”[⑤]郑玄曰：“美孔子博学道艺，不成一名而已。”盖无所成名，即荡荡乎民无能名之意，亦即孟子所谓集大成之意。此虽里巷之童子，亦知孔子之为大教主也。大宰[⑥]问于子贡曰：“夫子圣者与，何其多能也?”[⑦]此大宰之以孔子为教主也。仪封人[⑧]曰：“二三子何患与丧乎？天下之无道也久矣，天将以夫子为木铎。”[⑨]此仪封人之确信孔子受天明命，将为教主，而斯道不至丧失也。《孔子家语》称齐大史子余叹美孔子之言，曰“天其素王之乎”，此齐大史子余谓孔子为天所命之教主也。是故孔子之为教主，当时之人无不公认之也。

注释

①出自《史记·孔子世家》。
②孟厘子：鲁国大夫。
③出自《史记·孔子世家》。
④陈子禽：名亢，字子禽，孔子的学生。
⑤出自《论语·子罕》篇。
⑥大宰：即太宰，西周官名，掌管王室内外事物，出纳王命。
⑦出自《论语·子罕》篇。

⑧仪封人：仪：卫国地名。封人：官吏，管理诸侯国边疆的官员。
⑨出自《论语·八佾》篇。

第四，后世以孔子为教主。

孔子曰："君子疾没世而名不称焉。"[①]语曰：盖棺论定。故后世之以何者待奉孔子，不可不考也。太史公曰："孔子葬鲁城北泗上，弟子及鲁人往从冢而家者百有余室，因命曰孔里。"[②]鲁世世相传以岁时奉祀孔子冢，而诸儒亦讲礼、乡饮、大射于孔子冢。孔子冢大一顷，故所居堂，弟子内，后世因庙藏孔子衣、冠、琴、车、书，至于汉二百余年不绝。高皇帝过鲁，以太牢祠焉。诸侯卿相至，常先谒然后从政，又曰，余"适鲁，观仲尼庙堂车服礼器。诸生以时习礼其家，余低回留之不能去云。孔子布衣传十余世，学者宗之，自天子王侯中国言六艺者，折中于夫子"[③]，此孔子卒后而全国以孔子为教主之证也。孔子五百有四年，孔霸[④]以帝师赐爵，号"褒成君"。奉孔子后以至于今。孔氏之世爵不绝焉。孔子六百一十年汉明帝命于辟雍及郡县之学校，皆祀孔子。而学校之祀孔子，遂成故事焉。统中国之历史，从未有一人焉敢谓孔子非宗教家者也，是何也？不合于事实也。我国人苟丧心病狂，而自认为无教之国，则亦已矣。若犹认为有教之国也，则此二千余年中，主中国之教统者，非孔子而谁？而乃自昧良心，颠倒事实，谬谓孔子非宗教家，以卖去其教祖，而启滔天之巨祸。呜呼，其亦不仁矣！

注释

①出自《论语·卫灵公》篇。
②出自《史记·孔子世家》。
③出自《史记·孔子世家》。
④孔霸：西汉鲁人，字次孺，孔延年之子，孔子十三代孙，生卒年月不详，终年72岁。孔霸少有奇才，从夏侯胜治《尚书》，颇有成就，西汉昭帝时征为博士。

第五，外国人以孔子为教主。

今吾国人之谓孔子非宗教家者，不过借口于英文"厘里近"之字义耳。

然以吾观于孔子之教旨，实与英文“厘里近”之字义，并无不合。以吾所识之外国人，并无一不以孔子为教主者。凡西人所著之书，一言及中国之教主，必首举孔子；一言及中国之宗教，必首举孔教；一比较世界各教及其教主，必举孔教及孔子。盖孔子之为教主，久成事实，外国人固无不公认之也。其或偶有在中国传教之教士，谓孔子非宗教家者，此不过一二人之私言，别有用意，欲取孔子而代之耳，非通论也。至若最大多数之外国人，又岂不以孔子为教主哉。观于英儒李提摩太[1]君、梅殿华[2]君、美儒李佳白君，皆耶教巨子，而皆以孔子为教主，斯亦可见其概矣。

注释

①李提摩太：本名 Timothy Richard，1845 年出生于英国伦敦，25 岁来华传教，救灾济贫。他后来加入《万国公报》，英美联手，两洋合流，对满清末世的中国知识阶层构成了深远的影响力。

②梅殿华：英国来华传教士。

三、孔教是一宗教

孔子既是教主，则孔子所创之孔教，是一宗教。本可不言而喻，然吾今欲大明斯旨，则且详说孔教之是教焉。

第一，孔教之名号。

孔教之名号曰“儒”，“儒”字本为有道艺者之通称，及孔子创教，其名为“儒”，遂为特别之名词矣。亦犹“道”字本为普通玄名，及老子创教，其名为“道”，遂又为特别之名词矣。《孔丛子·儒服》[1]篇云：“平原君曰：‘儒之为名何取尔？’子高曰：‘取包众美，兼六艺，动静不失中道。’”《韩诗外传》[2]云：“儒者，儒也。儒之为言无也，不易之术也，千举万变其道不穷，六经是也。若夫君臣之义、父子之亲、夫妇之别、朋友之序，此儒者之所谨守，日切磋而不舍也。”扬子《法言》云：“通天地人曰儒。”此皆儒字之义也。《淮南子·要略》篇曰：“孔子修成康之道，述周公之训，以教七十子。使服其衣冠，修其篇籍，故儒者之学生焉。”此明儒教之创于孔子也。《论衡·案书》篇曰："儒家之宗孔子也，墨家之祖墨翟也。且案儒道传而墨法废者，儒之道义可为，而墨之法议难从也。"此明孔子为儒教之宗祖，且抉儒墨兴废之由也。当周末及汉初，儒墨两教中分天下，故儒墨多并称，亦犹后世之称儒释道三教也。自汉武以儒为国教，举国皆儒后，人乃缩小其字而狭用之，只称士大夫为儒。其实凡奉孔子教者，皆当名之曰儒也。儒字之范围，既如是其广，则人数众多，其中自不免有高下之殊，此等阶级，不独于后世之见之，即孔子时亦已有之。是故孔子谓子夏曰："女为君子儒，无为小人儒。"勉其为孔门高弟也。

注释

①《孔丛子》：旧题为陈胜之博士孔鲋作，但是《汉书·艺文志》不载，三国是王肃在《圣证论》中始引，故后人疑此书为王肃或其门人依托所作。

②《韩诗外传》：西汉韩婴所作。韩婴，燕（今北京市）人，西汉"韩诗学"的开创者，著作有《韩诗内传》和《韩诗外传》。《韩诗外传》共六卷，杂述古诗古事。

第二，孔教之衣冠。

孔子衣逢掖之衣，冠章甫之冠，此所谓儒服也。衣则因鲁制，冠则因宋制，此儒服之所自出，亦犹殷辂、周冕集合而成也。孔颖达曰："以丘为制法之主，故有异于人，所行之事，多用殷礼，不与寻常同也。"孔子自为教主，而别制衣冠之意。孔颖达其知之矣。乃孔子答哀公儒服之问，竟曰"不知儒服者"，此婉斥哀公之意不在儒，徒问其服，有以儒为戏之心也。然儒服实有益于人，盖制外即所以养中，资衰苴杖者不听乐，非耳不能闻也，服使然也。黼衣黻裳者不茹荤，非口不能昧也，服使然也。服制之有益于人如是，故孔子特制为儒服，使其教徒服之。《淮南子》曰："孔子教七十子，使服其衣冠。"[①]《盐铁论》曰"孔子外变二三子之服"[②]，此其证也。《孝经》以先王法服与法言德行同重，孟子亦以服尧之服，与诵尧之言行尧之行并称。甚矣！衣服之不可不讲也。有特别之宗教，即有特别之衣冠。孔教既有特别之衣冠，故孔教实为宗教，此可不烦言而明也。

注释

①出自《淮南子·要略训》。

②出自《盐铁论·殊路》。

第三，孔教之经典。

孔子之事业，莫大于作经。盖六经皆孔子所作也。《淮南子·汜论》篇曰："王道缺而《诗》作，周室废、礼义坏而《春秋》作。《诗》《春秋》，学之美者也，皆衰世之造也。儒者循之以教导于世，岂若三代之盛哉。"《淮南子》以《诗》《春秋》为衰世之造，不若三代之盛，此孔子作《诗》之证也。是故《关雎》为《风》始，《鹿鸣》为《小雅》始，《文王》为《大雅》始，《清庙》为《颂》始，皆托始于文王。若《生民》《公刘》《思文》，虽言文王远祖，反在于后，此孔子作《诗》之微意也。《论衡·须烦》篇曰："问说《书》者：'钦明文思'以下谁所言？曰：'篇家也。''篇家谁也?''孔子也'。然则孔子鸿笔之人也。'自卫反鲁然后乐正，《雅》《颂》各得其所也。'鸿笔之奋，盖斯时也。"此孔子作书之证也。《礼记·杂记》曰："恤由之丧，哀公使孺悲之孔子学《士丧礼》，《士丧礼》于是乎书。"此孔子作《礼》之证也。孔子曰："吾自卫反鲁，然后乐正，《雅》《颂》各得其所。"此孔子作《乐》之证也。是故墨子之攻孔子有非乐之论，扬雄《解难》曰："是以宓牺氏之作《易》也，绵络天地，经以八卦。文王附六爻，孔子错其象而彖其辞。"《论衡·谢短》篇曰："伏羲作八卦，文王演为六十四，孔子作《彖》《象》《系辞》，三圣重业，《易》乃具足。"盖除伏羲画八卦，文王重为六十四卦之外，凡《易经》之文字，皆孔子所作也。《乾凿度》[①]云："垂皇策者羲，卦道演德者文，成命者孔。"《通卦验》又云："苍牙通灵，昌之成，孔演命，明道经。"此孔子作《易》之证也。孟子曰："孔子惧，作《春秋》。"[②]此孔子作《春秋》之证也。是故《演孔图》曰："孔子作法五经，运之天地，稽之图象，质于三王，施于四海。"《论衡·对作》篇曰："五经之兴，可谓作矣。"又《効力》篇曰："孔子，周世多力之人也，作《春秋》，秘书微文，无所不定。"又《谴告》篇曰："六经之文，圣人之语，动言天者，欲化无道惧愚者之言，非独吾心，亦天意也。”此不独明孔子为作六经之人，且明六经动必言天之义，盖欲化无道而惧愚者，不能不称天以临之也。此孔子之所以为教主，而孔教之所以为宗教也。且孔教之为宗教，尤有明征焉——《春秋演孔图》曰：“获麟之后，天下血书鲁端门，曰‘趋作法，孔圣没，周姬亡，彗东出，秦政起，胡破术，书记散，孔不绝。’子夏明日往视之，血书飞为赤鸟，化为白书，署曰《演孔图》。”中有作图制法之状，此孔子受天命之符瑞也。《孝经·右契》曰：“孔子作《春秋》、制《孝经》，既成，孔子斋戒，簪缥笔，衣绛单衣，向北辰而拜，告备于天。天乃洪郁起白雾摩地，赤虹自上下，化为黄玉长三尺。”此孔子制作功成，而封禅以告于天，天亦受之也。是故孔教之经典，实与天有密切之关系，此孔教之所以为宗教也。

注释

①《乾凿度》：纬书之《易纬》中的篇目。下文中的《通卦验》也是。
②出自《孟子·滕文公下》。

第四，孔教之信条。

既服儒之服而诵儒之言矣，则行儒之行尚焉。《儒行》者孔教之信条也，郑玄曰：“《儒行》之作，盖孔子自卫初反鲁时也。”考《儒行》一篇共十七条，皆孔子为其教徒所立之规条也。虽所陈之事，亦有前后乖异者，则如孔颖达所谓儒包百行，事非一揆，量事制宜，随机而发也。吾教中人果能以此篇自治，不愧为儒，而已受孔子之戒矣。吾昔在纽约，会为孔教义学著有《儒行浅解》一篇，今不赘。

第五，孔教之礼仪。

凡宗教必有仪式，若孔教之仪式，则最为详备矣。《礼经》（俗称《礼仪》）之所著，《礼记》之所述，大小精粗，靡不毕具，事神事人，均有定礼，信乎孔教之为宗教也。

第六，孔教之鬼神。

今之谓孔子非宗教家者，动曰孔子不言鬼神，而不知非也，《论语》谓

“子不语怪、力、乱、神”[①]，李充[②]释之曰：“力不由理，斯怪力也。神不由正，斯乱神也。怪力乱神，有与于邪，无益于教。故不言也。”夫《洪范》以“弱”为六极之一，《中庸》以“勇”为三达德之一，孔子何尝不语力。至孔子之言鬼神，则尤多矣。《祭义》[③]曰：“合鬼与神，教之至也。因物之精，制为之极，明命鬼神，以为黔首则。百众以畏，万民以服。”《中庸》曰：“鬼神之为德，其盛矣乎！视之而弗见，听之而弗闻，体物而不可遗。使天下之人，齐明盛服，以承祭祀。洋洋乎如在其上，如在其左右。”此孔子言鬼神之证也。然论者或执季路问事鬼神一章以相难，此则误解之过也。夫孔子谓“未能事人，焉能事鬼”[④]者，非不能事鬼、不必事鬼之谓也。先能事人，然后能事鬼也。此乃孔子直答季路之问，简捷了当，而季路遂深明夫人鬼一源之义。知既能事人，即能事鬼，故不复再问。乃更端而曰敢问死，孔子又直答之曰“未知生，焉知死”[⑤]，盖为学有序，先能知生，然后能知死也。且生死无二，既能知生即能知死也。而季路遂心领神会，了无疑义，不复再问矣。《系辞》曰：“原始反终，故知死生之说。精气为物，游魂为变，是故知鬼神之情状。”此等彰明较著之经传，尽人皆见，论者乃熟视无睹，竟妄曰：孔子非宗教家也，亦太可怜矣。

注释

①出自《论语·述而》篇。

②李充：东晋人，晋元帝时，编制《晋元帝四部书目》，正式确立了图书四分法的次序。

③《祭义》：《礼记》之篇目。

④出自《论语·先进》篇。

⑤出自《论语·先进》篇。

孔子之教，不止一神，然百神之上，冠以上帝。上帝者固非别教之所得私也。《诗》曰：“小心翼翼，昭事上帝。”[①]又曰：“上帝临女，无贰尔心。”[②]其尊敬上帝为何如乎？《论衡·雷虚》篇曰：“《论语》迅雷风烈必变，《礼记》有疾风迅雷甚雨则必变。虽夜必兴，衣服冠而坐。子[③]曰：‘天之与人犹父子。有父为之变，子安能忽，故天变己亦宜变，顺天时，示己不违也。”此孔子尊敬上帝之义也。其曰“天之与人犹父子”，尤见亲爱上帝之意，与耶教之以天为父，若合符节也。

注释

①出自《诗经·大雅·文王》。
②出自《诗经·大雅·文王》。
③子：《论衡·雷虑》并无“子”字，乃本文作者自己所加。

孔教之中，每多三统三世之义，盖欲推行尽利，至于万世而皆准，不能不如是也。即如上帝之名，乃宗教家言，孔子固特尊之矣。然《易经》始于乾元，《彖》曰：“大哉乾元！万物资始，乃统天。云行雨施，品物流形，大明终始。六位时乘，时乘六龙以御天。乾道变化，各正性命，保合大和，乃利贞。首出庶物，万国咸宁。”《春秋》始于元年，何休[①]注曰：“元者，气也。无形以起，有形以分，造起天地，天地之始也。”此元字，即上帝之代名词；此天字，则非指上帝而指有形体之天也。惟上帝故能统天、御天而造起天，此孔教中之创世记也。凡《系辞》之所谓“太极”，《礼运》之所谓“大一”，皆元之谓也，亦上帝之谓也。然《文言》又曰：“元者，善之长也。”君子体仁足以长人，则元者即仁也，亦即上帝也。夫道一而已矣，一者何也？曰：仁也，仁天心。故仁即上帝也。以宗教家言之，则名之曰上帝；以哲学家言之，则名之曰元；以伦理家言之，则名之曰仁，其实一也。上帝为孔教之主脑，仁亦为孔教之主脑，故尸子[②]曰：“孔子主仁，仁为天心，亦为人心，故欲尽人以合天，则求仁可矣。”然仁之为器重，其为道远，我欲求仁，将何所着手哉？《论语》曰：“夫仁者，己欲立而立人，己欲达而达人，能近取譬，可谓仁之方也已。”[③]故恕也者，仁之方也。《中庸》曰：“忠恕违道不远。”《论语》曰：“夫子之道，忠恕而已矣。”[④]能尽忠恕之道，即能尽仁之道，亦即能尽上帝之道。故孔子曰：“吾道一以贯之。”[⑤]此之谓也，彼无识者徒欲执一神教以傲孔子，又乌知孔子之大也哉！又乌知孔教之大也哉！

注释

①何休：公元129—782年，字邵公，东汉任城樊人，董仲舒的四传弟子，精研六经。他的著作有《春秋公羊解诂》，而《公羊墨守》《左氏膏肓》《谷梁废疾》等已佚。下面的引文就出自他的《春秋公羊解诂》。

②尸子：名佼，战国时晋国人，为秦相商鞅的宾客，商鞅被杀后，逃入蜀，并着《尸子》一书。

③出自《论语·雍也》篇。

④出自《论语·里仁》篇。

⑤出自《论语·里仁》篇。

孔子之教，有最特别者：则上帝与祖宗并重是也。上帝者，人之所从出也；祖宗者，亦人之所从出也。苟无上帝，则人将失其天命之性，而与下等动物同矣。苟无祖宗，则人将为物，而不必其有人身也。故《郊特牲》[①]曰："万物本乎天，人本乎祖，此所以配上帝也。"《谷梁传》曰："独阴不生，独阳不生，独天不生，三合然后生。故曰母之子也可，天之子也可。"阴者母之谓也，阳者父之谓也，天者上帝之谓也，人人皆父母之子，亦人人皆上帝之子。或曰父母之子可也，或曰上帝之子亦可也。受之父母而有吾魄，亦受之上帝而有吾魂，知有父母而不知有上帝，则狭隘偏私，不仁而不可为也。知有上帝而不知有父母，则等至亲于行路，不智而不可为也。孔教仁智兼之，故仁孝并行，而上帝与父母并重也。《祭义》[②]曰："唯仁人为能飨帝，孝子为能飨亲。《中庸》曰："郊社之礼，所以事上帝也。宗庙之礼，所以祀乎其先也。明乎郊礼之礼，禘尝之义，治国其如示诸掌乎！"此孔教之精义也。

注释

①《郊特牲》：《礼记》的篇目。

②《祭义》：《礼记》的篇目。

且夫专拜上帝者，固可以为宗教矣；专拜祖宗者，亦可以为宗教矣；专拜下等动物者，亦可以为宗教矣。甚至一无所拜而倡无神之论者，亦可以为宗教矣。乃妄人偏谓兼拜上帝及祖宗之孔教非教，岂不大谬也哉？若必谓专拜上帝而不拜祖宗者，方为宗教，兼拜上帝与祖宗者，不得为宗教，是何异谓止知有母而不知有父者，方为人子，其兼知有父母者，不得为人子乎？必不然矣。

第七，孔教之魂学。

孔教经典之言灵魂，每多换字，故必当会通其适而观之：其在《大学》则名之曰“明德”；其在《中庸》则名之曰“天命之性”、曰“德性”、曰“诚”；其在《礼运》则名之曰“知气”；其在《系辞》则名之曰“精气”；其在孟子则名之曰“浩然之气”、曰“良知”、曰“良心”、曰“本心”或直称之曰“心”，皆谓灵魂。从伦理一方面言之，则灵魂者吾心中之一最美善之部分也。从宗教一方面言之，则灵魂者吾身后之不可磨灭者也。同一灵魂，不过止有生前死后之别，苟能于生前善养之，则精气为物，身虽死而魂不灭；苟不能善养，则身死而魂散，游魂为变矣。

夫谓灵魂不灭者何也？此根据于孔教之经典者也。《檀弓》曰：“骨肉归复于土命也，若魂气则无不之也。”《礼运》曰：“天望而地藏，体魄则降，知气在上。”《郊特牲》曰：“魂气归于天，形魄归于地。”《祭义》曰：“骨肉毙于下阴为野土，其气发扬于上为昭明，焄蒿凄怆，此百物之精也，神之着也。”凡此皆言灵魂之不灭也。孔教虽无地狱，却有天堂。《诗》曰：“文王在上，于昭于天。”[①]又曰：“文王陟降，在帝左右。”[②]又曰：“三后在天”[③]，此孔教之天堂也。奈何世之无目者，竟谓孔教非宗教也哉。

注释

①出自《诗经·大雅·文王》。

②出自《诗经·大雅·文王》。

③出自《诗经·大雅·下武》。后：君主。三后：指周的三个君主：大王、王季、文王。

惟孔教重魂，故孔子曰：“志士仁人，无求生以害仁，有杀身以成仁。”[①]

又曰："自古皆有死，民无信不立。"[②]又曰："笃信好学，守死善道。"又曰："朝闻道，夕死可矣。"凡所谓成仁、所谓守信、所谓善道、所谓闻道，皆养魂之学也。故其死也，不独无损于魂，而且有益于魂。不然，仅以一死了事，而此外并无余物，则死乃不过计无复之之事。亦何贵有此一死哉。若夫贪生畏死，弃魂重魄之徒，则正孔教之门外汉，终其身而不可与入孔子之道者也。

注释

①出自《论语·卫灵公》。
②出自《论语·颜渊》。

第八，孔教之报应。

凡宗教家言必有报应之说，所以劝善惩恶也。孔教之说报应，有在于本身者，有在于子孙者。其报应之在本身者，又分世间与出世间两层。出世间之报应，则灵魂之说是也。为善者得精气为物之报，不善者得游魂为变之报，此自作自受者也。世间之报应，又分及身与身后两层。及身之报应，则命是也。《援神契》曰："命有三科，行善得善曰受命；行善得恶曰遭命；行恶得恶曰随命。"故孟子曰："莫非命也。顺受其正，身后之报应，则名是也。"[①]孔子曰："君子疾没世而名不称焉。"又曰："立身行道，扬名于后世，以显父母孝之终也。"[②]是故名也者，孔教特立之大义，所以赏善罚恶者也。《春秋》之义，善善恶恶，贤贤贱不肖，一字之褒，荣于华衮；一字之贬，严于斧钺，盖以名为教也，故谓之名教也。《论语》曰："齐景公有马千驷，死之日，民无德而称焉。伯夷、叔齐饿于首阳之下，民到于今称之。"[③]此身后之报应也，亦自作自受者也。

注释

①出自《孟子·尽心上》。
②出自《孝经·开宗明义章》。
③出自《论语·季氏》篇。

言报应之在子孙者，莫着于《易经》：“积善之家，必有余庆；积不善之家，必有余殃。”[①]此言报应之在子孙者也。是非独宗教家觉世之言而已，实有科学家之至理存焉，所谓遗传性是也。积善之家，其遗传之善性必深，又加以家庭之善教育，安得不有余庆乎？积不善之家，其遗传之恶性深，又加以家庭之恶教育，安得不有余殃乎？此一定之报应也。虽然，若纯以天道之报应言之，则吾又当以《春秋》之义释之矣。《公羊传》曰：“君子之善善也长，恶恶也短。恶恶止其身，善善及子孙。”据此以谈，则上帝之罚恶也。止及其身，而赏善也；及其子孙，此亦上帝之仁爱也。

注释

①出自《坤卦·文言》。

第九，孔教之传布。

《论语》曰：“人能弘道，非道弘人。”《系辞》曰：“苟非其人，道不虚行。”《中庸》曰：“待其人而后行。”故宗教非能自行也，必有待于传教者。孔子之教，自孔子时而已大盛，门人七十，弟子三千，徒侣六万。盖骎骎乎气逼帝王矣，是故孔子曰：“盖周文武起丰镐而王，今费虽小，傥庶几乎。”[①]又曰：“夫召我者而岂徒哉？如有用我者，吾其为东周乎。”[②]楚令尹子西亦曰：“孔丘得据土壤，贤弟子为佐，非楚之福也。”[③]自孔子卒后，七十子之徒，散游诸侯，大者为师傅卿相，小者友教士大夫。或隐而不见，故曾子居鲁，子张居陈，澹台子羽居楚，子夏居西河，子贡终于齐。如田子方、段干木、吴起、禽滑厘之属，皆受业于子夏之伦，为王者师。呜呼，孔徒之传教，可谓盛矣！当孔子一百四十五年，魏文侯受经于子夏，是孔教立为国教之始。其后滕文公受孟子之教，而孔教中如三年丧及井地之制，多见实行。盖当战国之时孔教大行，鲁、齐、魏、宋、秦五国皆立博士。博士者，国立之孔教宣教师也。据《韩非子·显学》篇则当时之孔教分为八大派，有子张氏之儒、有子思氏之儒、有颜氏之儒、有孟氏之儒、有漆雕氏之儒、有仲良氏之儒、有孙氏之儒、有乐正氏之儒，皆孔教之支派也。然孔徒之中其尤能力张圣道、抵抗异端者，莫如孟子、荀卿。孟、荀者孔教之开国功臣也。及李斯佐始皇以定天下，藏《诗》《书》于博士。民若欲学则，以博士为师。国有大事，则下博士议之。盖孔教之为国教，至秦时而遍天下矣。虽始皇、李斯焚书以愚民，坑儒以诛异己，大悖乎孔教之道，然此乃其欲私孔教于已而禁人异议之过，非秦之欲绝灭孔教也。秦灭汉兴百家之说犹盛。及孔子四百一十二年，董仲舒劝汉武帝罢黜百家、表章六经，而孔教始一统天下矣。董子者，诚孔教之元勋也。嗟乎！观先圣先贤之创业艰难如此，后之学者其能无少尽其任道之责也耶?

注释

①出自《史记·孔子世家》。
②出自《论语·阳货》篇。
③出自《史记·孔子世家》。

第十，孔教之统系。

孔子之教分大同、小康两大派。小康之道由仲弓传之荀卿，及李斯用以相秦而后世皆遵守之，其传最永。大同之道又分两支：一支由有若、子张、子游、子夏传之，而子夏复以传于田子方及庄子；又一支则由曾子传之子思、孟子。然大同之道，其后不著。

西汉今文之学，实为孔教之嫡传。通天人之故，重口说之师，宗教家言，此为最着。董仲舒及刘向，其代表也。然此学至东汉而微，及魏晋而几绝。

古文之学始于刘歆，而盛于东汉。郑玄虽兼今学，实为古学大家。集汉学之大成，非郑玄莫属矣。故孔教之在两汉，可名为经学时代。

魏晋而后，老佛并兴，孔教不绝如线，其奋于隋者则有王通，奋于唐者则有韩愈，略存统绪而已。洎乎五代衰弱益甚。

炎宋肇兴，孔教复振。周、程、张、邵同时并起，而朱子实集宋学之大成。逾元及明，以至于清，皆为朱学。朱子者，诚孔教之马丁·路得也。与朱角立者，为陆九渊，继陆之统者为王守仁。综宋、元、明三朝以及清之初期，皆可名为理学时代。

开清朝之学派者，为顾炎武。注重考据，此其所长也；反对讲学，此其所蔽也。故清之中期，尚可名为经学时代。与顾并起者为黄宗羲，然其后学不著，及清之末造孔教衰弱，而清亦以亡矣。

第十一，孔教之庙堂。

凡宗教必有教堂，孔教之教堂，则学校是矣，或曰文庙，或曰圣庙，或曰学宫。要而言之，则孔教之教堂而已。不能谓惟佛寺、道院、清真寺、福音堂等，始可谓之教堂。而夫子之庙堂，独不可谓之教堂也。春秋释奠，朔望释菜，礼拜有期，仪式有定。儒学之职号曰教官，此皆孔教是宗教之明证。人人皆知，无待赘言矣。

第十二，孔教之圣地。

耶教之耶路撒冷，回教之麦加，孔教之孔林，皆教主之圣地也。孔林之中，树皆异种。盖孔子弟，手各持其方树来种之者，郁葱佳气，万古常新，帝王展奠拜之仪，儒者讲乡射之礼。呜呼，可谓盛矣！

综上所述，孔教之为宗教，固已证据确凿，无可动摇矣。昔孟子有云："予岂好辨哉？予不得已也。"吾今说明孔教是一宗教，本属词费，亦不得已而已。夫以人类之不能无宗教也如彼，而孔教之确是宗教也又如此。嗟我兄弟，邦人诸友，又岂能听人之排击我孔教，而不一为之所乎？昌而明之，是在吾党矣，能言昌孔教者，圣人之徒也。

论中国今日当昌明孔教

孔教之为宗教也，吾既详言之矣。准是以谈，则中国今日当昌明孔教，乃必然之事，无待再计。然今当革命之后，或有以为不当昌明孔教者，则吾今且说必当昌明孔教之故焉。

一、孔教已往之大功

论者之以为中国今日不当昌明孔教也，则以中国近日之积弱归狱于孔教耳。然而此大误矣。夫世界迁流，亦何所终极，区区数百年间之国事，殊不足以定宗教之优劣耳。且中国之示弱于外人也，实自鸦片战争以来，如许之短时期，置之二千余年之教统中，为日几何，而谓可归罪于孔教乎？如必以国弱为孔教之罪，则佛教之印度且已亡矣，犹太教之犹太亦已亡矣，回教之国久已弱矣。今欧美之所尚者为耶教，然而其在于古，不能救罗马之亡，其在于今不能救班葡之弱，及中美南美之乱。盖原因复杂，不能执国事之一果，而课宗教之功罪也。

且夫欧美之强，亦最近之事耳，其所以强之故，皆暗合于孔教者也。我中国所以弱之由，实显悖乎孔教者也。欧美所以强之故，在养民、保民、教民、通民气、同民乐，此《论语》《春秋》所谓重民，孟子所谓与民同欲、乐民乐、忧民忧也。其养民也，此《王制》《孟子》“恤穷民”之义也。其保民也，孟子所谓“保民而王也”。其教民也，此学记家塾、党庠、术序、国学之法也。其通民气也，《洪范》所谓“谋及庶人也”。其同民乐也，则孟子所言“文王之囿，好乐、好货、好色肯与民同”，《易》所谓“七日来复”，“闭关商旅不行”是也。其余类是，更仆难数。若我中国之所以弱，则由于显悖乎孔教矣。尊君抑民，为万恶之渊薮。故前清卒以自亡其国，今亦不必言矣。是故中国之弱，乃不实行孔教之过，而非孔教之无益于中国也。

虽然，吾中国受孔教之益也，亦已多矣。废封建而免割据之分争；废世卿而免贵族之压制；不立巨子，以绝教徒之专横；裁抑君主，以重民权之尊。学校遍立，选举普通，则人人可徒步而至卿相；分田制禄，口分世业，则人人可得地以养身家。天地之性人为贵故，人权独尊，而奴隶之制废矣。天下无生而贵者，故平等相尚，而阶级之制破矣。轻徭薄赋，尚德缓刑，虽无成文之宪法，而有孔教经义以代之。举凡人身自由，信教自由，言论自由，出版自由，集会自由之属，他国于近世以流血而得之者，吾中国早于两千年前，以孔子经义安坐而得之。美哉孔教乎，吾国人之受福良多矣！君君臣臣、父父子子、兄兄弟弟、夫夫妇妇伦纪之修为万国冠，吾民享太平无事之乐者，大地上莫我此也。是故中国之仅得小康也，中国未能大行孔教之故也。然而中国之尚得小康也，皆孔教之赐也。

且夫大地之中，其能享有数千年之文明而不坠者，何国乎？埃及、巴比伦则既亡矣；犹太、印度则既灭矣；希腊、罗马亦不过为稽古者之考据而已矣。近世欧美，新国勃兴，以螟蛉之子，入继希腊。虽能缵续文明，而究非本宗所自有。故大地之中，其能享有数千年之文明而不坠者，惟我中国而已矣。我中国何幸有是？则孔教之赐也。以孔教之精深博大，故能孕育中国之民族而陶铸之。根深蒂固，沦肌浃髓，虽屡遇国难而国终能有以自振，盖孔教者中国之灵魂也。孔教存则国存，孔教昌则国昌，统中国之历史，亦不过孔教之历史而已。吾爱中国，故爱孔教；吾爱孔教，故益爱中国。孔教者中国之代名词。而中国之所以立国者也，吾国今日之所以能俯视全球，哀古国而傲新国者，夫岂徒以禹域之山川、炎黄之胄胤乎？亦曰：有孔教而已矣。大矣哉，孔教之功效也！

二、孔教现在之适用

或曰："孔教于既往诚著功效矣，然今者国体更新，凡事皆大变，孔教必不适与今日之用。故为今日之中国计，不当昌明孔教也。"应之曰："不然，吾谓中国今日当昌明孔教者，正以孔教适用之故。"则且历举其适用之实以证之。

第一，孔教适用于今日之个人。

不知孔教者，每谓孔教以家族为单位，不以个人为单位，此大谬也。《大学》曰："自天子以至于庶人，壹是皆以修身为本。"《孟子》曰："天下之本在国，国之本在家，家之本在身。"①此以个人为单位之证也。盖人人皆天之子，亦人人为天之民，上帝之前，人皆平等而独立，固不能以家族限之也。以乾父坤母之身，而藐焉中处，此其自由为何如耶？然而个人之责任乃大矣，曾子曰："士不可以不弘毅，任重而道远。"②仁以为己任不亦重乎不？死而后已，不亦远乎？重个人之责任也。陆九渊曰："上是天，下是地，人生其间须是做得人方不枉。"又曰："某虽不识一字，亦须还我堂堂地做个人。"盖人生不论造诣如何，亦不过完其做人之量而已，无所加也。自孟子之后，陆王学派，倡自由、自任之说，此孔教之正脉也。苟心性不能自由，则无独立自尊之气，然苟不能自任，则其所谓自由者，必至流荡而无所归。故自由、自任两义，相需而相足也，至其他各种修身之义，不能具引，谨从略。

注释

①出自《孟子·离娄上》。

②出自《论语·泰伯》篇。

第二，孔教适用于今日之家庭。

孔教之五伦，其夫妇、父子、兄弟三伦，皆属于家庭之范围者也。今略指明其适用如左（下）：

夫妇。孔子之道，造端乎夫妇。故《诗》首二南[①]，《书》美二女[②]，《礼》始冠婚[③]，《易》基乾坤[④]，《春秋》讥不亲迎[⑤]，皆所以重夫妇之伦也。孟子谓“男女居室，人之大伦”[⑥]，又以“内无怨女，外无旷夫”[⑦]为太王之治绩。盖饮食男女，人之大欲，孔教因人情而为之节文，故特重婚姻之礼也。世人不能废夫妇之伦，即不能出孔教之外。

注释

①《诗》首二南：《诗经》开始的两篇是《周南》和《召南》。

②《书》美二女：《尚书》的开篇是《尧典》，在《尧典》中，尧把自己的两个女儿嫁给舜。

③《礼》始冠婚：《礼记》的第一篇是《释冠礼》。

④《易》基乾坤：《易经》的开始两卦是《乾卦》和《坤卦》。

⑤《春秋》讥不亲迎：《春秋》记载：鲁僖公死后的第二年，他的继承者鲁文公就娶亲。本文作者认为《春秋》是在说鲁文公没有守三年之丧，因此讽刺鲁文公不应该娶亲。

⑥出自《孟子·万章上》。

⑦出自《孟子·梁惠王》。

且夫孔子之教，男女平等者也。故曰：“妻者，齐也。”[①]又曰：“共牢而食，同尊卑也。”[②]《易》曰：“巽而说，男下女。”[③]此于平等之外，且透过一层矣。盖夫妇本以恩义结合者也。《诗》曰：“宴尔新婚，如兄如弟。”[④]《礼记》曰：“嗣为兄弟。”[⑤]谓婚姻为兄弟，平等亲爱之义也。昔孔子特立亲迎之礼，以敬其妻。而墨子攻之曰：“取妻身迎，只褍为仆，秉辔授绥，如仰严亲。婚礼威仪，如承祭祀。”[⑥]观墨子之所攻，则知孔子尊敬妇女之至矣。是故鲁哀公亦诧而问曰：“冕而亲迎，不已重乎？”[⑦]盖疑孔教之尊女太过也。

注释

①出自《白虎通·嫁娶》。
②《礼记·郊特牲》说："壹与之齐，终身不改，故夫死不嫁。"郑玄注："齐，谓共牢而食，同尊卑也。"牢：房，室。
③出自《易经·咸卦·彖》。
④出自《诗经·邶风·谷风》。
⑤出自《礼记·曾子问》，原文为："某之子有父母之丧，不得嗣为兄弟。"
⑥出自《墨子·非儒下》。娶妻的时候，要亲自迎亲，端正衣裳恭敬如同仆人，拉着马笼头，亲自将车上的拉手绳递给新妇，如同侍奉父母。取：通娶。
⑦出自《礼记·哀公问》。冕：戴好帽子。古代戴帽子表示庄重。

孔子之教，以名为重，而妇人之名，不以既嫁而磨灭，此孔子重女子之人权也。是故《春秋》于伯姬、叔姬、季姬、仲子、成风，皆必书其名。我女同胞乎，当知所以立名矣。

或曰："孔敬之中，男女有别，如此则夫妇不平等矣。"而不知非也。夫男女有别者，女不得混于男之中，而男亦不得混于女之中，何不平等之有。且男女有别，不过据乱世之法，若升平世、太平世，则男女无别矣。《春秋》曰"礼后夫人必有传母"，选老大夫为传，选老大夫妻为母，夫以男子为女子之传，则男女何别之有？何休述井田之制曰："男女同巷，相从夜绩。"[①]又曰："男女有所怨恨，相从而歌。"[②]既曰相从，尚何有男女之别。又曰："男年六十、女五十无子者，官衣食之，使之民间求诗。"[③]则男女均可任輶轩之选矣。今日虽未至太平世，然已为升平世，故男女之别，必当破除，方合于孔子"有教无类"之旨。大合男女，宣讲圣教，此今日之急务也。

注释

①出自《春秋公羊传解诂》。

②出自《春秋公羊传解诂》。
③出自《春秋公羊传解诂》。

或曰："《诗》云'取妻如之何，必告父母'，又云'匪媒不得'，如此则婚姻不自由矣。"而不知非也。父母至尊亲，凡事多禀命而行，况娶妻之大事乎。即告之亦何至损失自由乎？古有媒氏之官，所以为男女之绍介者也，藉以通言语，亦何至不自由乎？凡父母之命，媒妁之言，皆不过别嫌明微，厚男女之别而已，无所谓侵人自由也。盖据乱世之法，男女非有行媒不相知名。非受币，不交不亲。亲迎之前，男女既未尝谋面，亦何从而自由结婚乎？今之西人可谓自由结婚矣，然而男女之相见也，必有为之绍介者焉，此亦男女非有行媒不相知名之意也。其结婚也，亦必禀命父母，而不然者，则谓之私奔焉。至若教堂之仪式，地方官之凭证，皆其不可少者也。故结婚之自由，实以中国为最，何也？以其不须经官也。若夫滥用职权之父母，取子女婚嫁之权而专制之，不问子女之志愿，是乃父母之过，而非孔教之失也。且昔日为宗法社会，父母尚有权以干涉子女之婚嫁，今日为军国社会，故子女有全权以保障结婚之自由，而父母乃不过名义上之主婚者耳。是故为今日之婚礼计，无论男女，皆宜自行择配，择定而告于父母。或父母代择，而以子女之同意为主。盖先与以择婚之自由，然后可责以守约之义务也。其行礼也，则宜举行亲迎，男女同至孔子之庙而定婚焉，此亦婚礼之进化也。

或又曰："依孔教之经说：天子娶十二女、诸侯九、大夫三、士二、庶人一，然则孔教殆主一夫多妻者也？"而不知亦非也。孔子之教，实以一夫一妻为主，《易》曰："二女同居，其志不同行。"[①] 又曰："二女同居，其志不相得。"[②] 又曰："三人行，则损一人；一人行，则得其友。"[③] 注曰：天地相应，乃得化醇。男女匹配，故得化生。阴阳不对，生可得乎？故六三独行，乃得其友，二阴俱行，则必疑矣。疏曰：疑则失其适匹之义也。此可见孔教主张一夫一妻之制矣。然孔子生当封建时代，天子、诸侯、大夫皆世袭，天子、诸侯且为天下国家主权之所在。其继嗣也，所关甚大，而又不得再娶，故特许其多娶数女，使其免无子之患焉。且此种限度，实是孔子改良之制。盖当是时天子必不止娶十二女，诸侯必不止九，大夫必不止三，士必不止二也，是故妾媵[4]者，封建时代不得已之法也。一妻者世卿废后所当行之法也。今中国已为共和，人皆庶民，一夫一妇乃当然之则，孔子一夫一妻之制，正可适于时用矣。

注释

①出自《易经·睽卦·彖》。
②出自《易经·革卦·彖》。
③出自《易经·彖卦》六三的卦辞。
④媵：yìng，音同“映”，古诸侯嫁女，以侄娣从嫁称媵；后指纳妾。

《经解》[1]曰：“昏姻之礼废，则夫妇之道苦，而淫辟之罪多。”验之今日浮慕自由之男女，其信然矣。诚有欲享夫妇之乐而免淫辟之罪者乎，则孔教不可不讲也。从孔子之教，则择婚之时，慎之于始，不至有易合易离之弊，而夫妇之好固矣。

注释

①《经解》：《礼记》中的篇目。

虽然，夫妇者以情义结合也，苟能情好日笃，百年偕老，此善之善者也。若夫恩义已绝，不能同居，则合之为两伤，诚不若离之为两美。孔光[1]云：“夫妇之道，有义则合，无义则离。”[2]此之谓也。

注释

①孔光：公元前65—公元5年，西汉鲁人，字子夏，治经学，熟悉汉朝的制度法令。
②出自《汉书·孔光列传》。

《郊特牲》曰：“壹与之齐，终身不改，故夫死不嫁。”此理想之婚姻也。

然人事至杂，不能以一义律人，故《丧服传》曰：“夫死妻稚子幼，子无大功之亲，与之适人。”郑注云：“妻稚谓年未满五十，然则再醮之妇，固圣人所不禁矣。”孔教之平易近人而切实可行，固如是也哉。

父子。父子之亲，根于天性，故孔教笃于父子，为各教所无。盖报施之道应如是也。西人之俗，爱妻重于爱父母，于好货财私妻子不顾父母之养，多未能免。盖“人离父母，胶漆其妻，成为一体”（著于《新旧约》），久已成为西方之义理也。夫人少则慕父母，知好色则慕少艾，有妻子则慕妻子。此本人类之常情，无分于中西。惟孔教矫正人情而欲其终身慕父母，故特立孝义，以报父母。此孔教之特质也。世人苟不能免于父母之教养，则孝字即不可废，而孔教即不能外。

孔子曰：“父母生之，续莫大焉”[①]，此言父母之功，莫大乎为社会生子，以继续其种类也。孟子曰：“不孝有三，无后为大。”[②]此言人子之罪，莫大乎不娶无子，绝先祖祀也。孔教之重孝道如此，故中国人以有子为义务，血统相传绵绵不绝。今吾国人口独冠全球，而具有雄长大地之资格者，孔教之赐也。

注释

①出自《孝经·圣治章》。
②出自《孟子·离娄上》。

或疑孔教重孝，则父子不能平等，此不知父子之道者也夫。夫为子止孝，为父止慈，何不平等之有？且父子之间不责善，责善尚不可，岂复有强权以供其滥用乎？《记》[①]曰：“适子冠于阼，以著代也。醮于客位，加有成也。三加弥尊，喻其志也。冠而字之，敬其名也。”此父子平等之义也。从父之令，不得为孝。故当不义则争之，此意志之自由也。小杖则受，大杖则逃，此身体之自由也。《白虎通》曰：“父煞其子当诛何，以为天地之性人为贵。”人皆天所生也，托父母气而生耳，故父不得专也。此裁抑父权，隶天独立之大义也。是故《康诰》以不慈与不孝并罚，于父不能字厥子，乃疾厥子，固不能免罪也。

注释

①《记》：指《礼记》，下面引文出自《郊特牲》。嫡长子在庙堂上主位行加冠礼，这就表明了他的继承人的地位。宾将缁布帽子加在嫡长子的头上，设席于堂上室前的户牖之间，即客位，让嫡长子就位，宾斟酒给他致贺，这是加礼于刚为成人的人。初加缁布帽子，再加皮帽子，三加爵位的帽子，越加越尊贵，这就晓喻了冠者的心志，勉励他力求上进，无愧于他尊贵的冠服。

或疑孔教重孝，则近于偏私。于博爱之道有损，且碍国家主义之发达。而不知非也。夫孝弟为仁之本，以孝为始者，并不以孝为止。此正孔子因人心之同然，而教人以用爱之道，乃所以发挥爱情者也。苟其亲且不爱，而谬谓能爱他人，此必无之事。即能之，亦非君子之所贵也。是故墨氏爱无差等，而施由亲始，究与孔教何异？“立爱自亲始”之语，西人亦常引以为名言，盖孝也者天理人情之至者也，有助于仁，而无损于仁者也。况孔教之所谓“孝”，含义甚广，无所不包，安得有弊乎？若谓有碍国家主义之发达，则如范滂[①]之徒，以救国为主，至于子伏其死，而母欢其义，亦未见家族之与国家必不相容也。盖国之下不能无家，犹之中央政府之下不能无地方政府也。苟其有家，则“孝”字即不能免矣。至若家族主义，以历史与地理之关系，而发达太过，此诚宗法社会之流弊，急当矫正者。然矫正之道，非如卤莽灭裂之徒，倡家庭之革命也。奖励迁徙之自由，则眷恋祖居之念自薄。巩固法律之保护，则托庇族人之意自消。而且婚姻丧葬之礼，睦姻任恤之事，皆托于孔教会以行之。凡人所至如归，各得其所，则族制自破矣。然而人不能无父母，则“孝”字仍不能不讲也。

注释

①范滂：公元137—169年，字孟博，汝南征羌（今河南郾城东南）人。他疾恶如仇，为官清厉，反对宦官专权，最后被宦官迫害致死。

兄弟。兄弟之伦，本来平等，怡怡之义，尤见亲爱，急难御侮，亦属至情，故孔教之适用可无待言。

第三，孔教适用于今日之国家。

孔子之为大政治家，既为天下所公认。则孔教之适用于今日之国家也，夫复何疑？顾今当革命之后，易君主为民主，无识者或疑孔教有不能适用之处，则且揭其大略以告之。

泛论君臣之伦。孔子之教，有君臣一伦。盖凡同事者皆可名曰君臣也，主其事者谓之君，辅而行之者谓之臣。凡商店之东伙，官僚之堂属，皆君臣之类也。《左传》曰：“王臣公，公臣大夫，大夫臣士，士臣皂，皂臣舆，舆臣隶，隶臣僚，僚臣仆，仆臣台。”①盖人无贵贱，惟以其相统属者为君臣。虽以皂隶之卑，而皆可以为君，皆可以有臣，故君臣之伦，无可废者也。

注释

①出自《左传·昭公七年》。臣：统治。皂、舆、隶、僚、仆、台：都是平民或者是奴隶。

且夫平等云者，不过情理之公，于法律上保持其平，以免畸轻畸重耳。若夫差等云者，乃事势之宜，非此即不足以收臂指之效。盖位同则不能相先，势同则不能相使也，故在立法言之，则人皆平等。在行法言之，则位有差等，此君臣之伦所以立也。

今中国改大皇帝为大总统，诚可谓政治之进化矣。然大皇帝为国家之元首，大总统亦为国家之元首，虽其名号殊，其实权殊，而其为元首则一也。美为民主，而其阁员也。用英国尚书之名，法为民主而其阁员也袭。昔日大臣之号，盖君臣之伦。只有进化而并无绝灭，是故虽以庄子之放达不羁，犹曰君臣之义无所逃于天地之间。

且夫君臣之道，并无损于平等自由之理者也。君使臣以礼，臣事君以忠，何不平等之有？道合则留，不合则去。而且不事王侯，高尚其事，何不自由之有？昔者穆公问于子思曰：“为旧君反服古与？”①子思曰：“古之君子，进人以礼，退人以礼，故有旧君反服之礼。今之君子进人，进人若将加诸膝，退人若将队诸渊，毋为戎首，不亦善乎？又何反服之礼之有。”孟子告齐宣王曰：“君之视臣如土芥，则臣视君如寇仇。”[②]故孔教中之君臣，其实不过相对之名词。《春秋说》曰：“天子为三公下阶，卿前席，大夫兴席，士式几，则君不甚尊也。臣可以为戎首，可以视君如寇仇，则臣不甚卑也。”黄梨洲[③]《原臣》曰:”治天下犹曳大木然，君与巨共曳木之人也。”臣之与君，名异而实同，夫岂一为人臣，遂失其平等自由也哉？

注释

①为旧君反服古与：出自《檀弓下》。与下面子思的回答同出一处。
②出自《孟子·离娄下》。
③黄梨洲：就是黄宗羲。

重民主义。《论语》与《春秋》皆着重民之义，盖国以民为本也。或疑孔教尊君太过，因以后世专制之毒归罪于孔子，此大谬也。夫孔子者，渴望共和者也，痛恶专制者也，提倡革命者也，且欲身行革命者也。昔孔子之告子游以“大道之行，天下为公。选贤与能，为大同”[①]“以天下为家，大人世及，以正君臣，为小康”[②]。虽以禹、汤、文、武、成王、周公之圣，而不满意焉，此其渴望共和为何如哉。是故《诗》之四始，皆始于文王，尊升平世之立宪君主也。《书》始于尧舜，尊太平世之共和民主也。《春秋》则始文王而终尧舜焉，此皆孔子渴望共和之意也。且人亦知孔教之所谓君者何如乎？天下归往谓之王，能群人者谓之君，《大学》曰：“民之所好好之，民之所恶恶之，此之谓民之父母。”故君也者民意之代表而已，美其名则曰民之父母，道其实则曰民之仆役。苟或不慎，得罪于民，则已失其为君之资格，人人得而诛之，并无所谓神圣不可侵犯者，故《礼运》曰：“在执者去，众以为殃。”《大学》曰：“辟则为天下僇。”孟子曰：“闻诛一夫纣，未闻弑君。”[③]此孔子痛恶专制之意也，《易》曰“汤武革命，顺乎天而应乎人。”[④]又孔子论《诗》，至于“殷士肤敏，裸将于京”[⑤]，喟然叹曰：“大哉天命！善不可不传于子孙。是以富贵无常，不如是，则王公其何以戒，慎民氓何以劝勉。”[⑥]此孔子提倡革命，以警戒人君，而劝勉平民也。夫中国自汉高以前，从来有以庶人为天子者。而孔子乃独以之劝勉民氓，又曰："革之时，义大矣哉。"故孔子者革命论之始祖也。然谓其欲身行革命者何也？昔孔子欲应公山弗扰之召曰："盖周文武起丰镐而王，今费虽小傥，庶几乎？"又曰："夫召我者，而岂徒哉？如有用我者，吾其为东周乎！"夫欲藉手于区区之费，以追踪文武。又欲自为东周，帝王思想，如是其显露。谓非欲身行革命不可矣，特其得位之后，恐为传贤之尧舜，而不为传子之文武耳。其后十年，佛肸以中牟畔，召孔子，子又欲往。盖孔子目无鲁、晋之君，而不为周天子留余地也久矣。是何也？则孔子以民为贵，以君为轻也。但能有益于民则为之，奖奸翊篡，所不辞也。是故不幸而公山弗扰及佛肸皆非其人，而令孔子不果往耳。而不然者，孔子以素王之资，假费与中牟以行真王之事，我中国及全世界之被其泽者，岂有量乎！浅者不察，谬以尊君罪孔，或仰孟而绌孔，而不知孔子重民，实为孟子之所自出。甚矣，知圣之难也！

注释

①出自《礼记·礼运》。
②出自《礼记·礼运》。
③出自《孟子·梁惠王下》。
④出自《易经·革卦·彖》。
⑤出自《诗经·大雅·文王》。这句话的意思是殷朝的官吏美丽聪明，在周京灌酒行礼祭神。
⑥出自《汉书·楚元王传》。民氓：平民百姓。

或疑孔子重民，何以《春秋》亦著尊王之义，此则应乎时势之要求，而即所以重民也。夫孔子之时，岂非封建时代乎？周失其纲，徒存虚号，列国纷争，互相搂伐，世卿执政，陪臣窃权。当时之民，止有兵甲赋役之义务，更无一毫权利之可言。盖当时之君，非独周天子也。诸侯大夫，皆为世袭之君，即皆有世役之民，此贵族政治，所以大为民害也。孔子欲除民害，故讨大夫，退诸侯，去多君而留一君，以定天下于一统。其手段在尊君，而其目的在重民。盖君主政治，扫除贵族，而一君为政。德泽下流，比之贵族政治，其民之苦乐不可以道里计也。西人之专制政治，始于十七八世纪，而我国则始于秦始皇，其进化不可谓不早矣。是即孔子尊王之说之功效也。至若西人于改建专制政治之后，一度革命，遂至于立宪或共和者，此亦因其前半之进化较迟，故后半之进化较速也。秦汉之交，实为我中国之大革命，倘使其时，民智已开，则汉高或已为共和之民主，否亦必为立宪之君主矣。无奈机会未熟，秦皇一统天下，不过十二年而崩，吾民虽无贵族之专横，而饱受秦始皇之暴虐，未获专制之益。而大革命已骤至，无由以增进其程度。且刘项之徒，只图一己之富贵，而不顾万民之乐利。故虽革秦之命，而不能不因秦之政，以后历朝，虽屡屡革命，而卒未有能出于秦始皇专制政治之外者，亦以地广民众，全国民智，尚未大开，安于所习故也。然而历朝之中，其享国之久暂，率以得民之久暂为断。盖中国者，以君主之形式，而行民主之精神者也。是故中国之久轭于专制者，则后儒不知身行革命，而第以革命事业付诸权臣与奸民之过。无中等社会出而革命，必不能为后世开太平矣。然而中国之尚得尊重民权者，则以有孔子之义理在也。

且夫专制者，政治进化所必经之阶级也。中国之弊，不在专制，而在久于专制。今易为共和，则又一进化矣。然因君主之制既废，遂谓君臣之伦亦废者，浅见寡闻者也。因君主之制既废，遂谓孔子之教当废者，非圣无法者也。君主之制，在孔子圣法中不过随时救民之一制耳。夏葛冬裘，是时为帝，本不可相非者也。今乃以一制不适于时之故，遂疑万法之皆非，岂不谬哉？

孔子之治法，千条万绪，皆以重民为主。法无所谓善，民欲之即善；亦无所谓恶，民恶之即恶。故吾今不必条举孔子之治法，以证其适用，惟揭其重民主义以概括之，避繁重也。若略举其例，则《洪范》谓“三人占则从二人”之言，此服从多数之法也。《论语》谓“有教无类”，此融合民族之法也。《繁露》谓孔子“为鲁司寇，断狱屯屯，与众共之，不敢自专，是以死者不恨，生者不怨”，此设员陪审之法也。其余孔教中言政者太多，恕不赘及。

爱国主义。世人每以孔子为偏于世界主义，此未深考也。孔子之道，无所不包，岂有遗漏国家主义者乎？《春秋》之义，分为三世，今日国争如是之急，其为据乱世，不必讳矣。而《春秋》则曰：“据乱世内其国而外诸夏。”内其国者，爱国之谓也，即自私其国而不许外人之干涉也。以今日大势言之，惟吾中国为内，而凡中国之外，如日、英、法、俄、德、美等国，皆属诸夏，而为外国也。能内其国，方可谓之爱国，不能内其国，即是外其国，如此即为卖国之汉奸，亡国之罪魁。不自内其国，而以其国公之于诸夏也，夫谓公之于诸夏者何也？即瓜分也。至于瓜分则是外其国而内诸夏矣，岂非大悖于孔教也哉？故欲讲爱国之义者，不可以不知孔教也。桓公十年，《春秋》曰："齐侯、卫侯、郑伯来战于郎。"何注云："兵近都城，明举国无大小当戮力拒之。"此孔子保国之义也。无分大小，人人有责也。庄公九年，《春秋》曰："及齐师战于干时，我师败绩。"《公羊传》曰："内不言败，此其言败何？伐败也。曷为伐败？复仇也。"是故国争之战，虽败犹荣，此孔子爱国之义也。僖公三年，《春秋》曰："徐人取舒。"盖孔子恶其无备也，此孔子守国之义也。僖公五年，《春秋》曰："晋人执虞公。"《公羊传》曰："虞已灭矣，其言执之何？不与灭也。曷为不与灭？灭者亡国之善词也，灭者上下之同力者也。"何注云："言灭者臣子与君戮力一心，共死之词也。"此孔子尊重灭字，以见上下皆当同力以殉国之义也。僖公十九年，《春秋》曰："梁亡。"《公羊传》曰："此未有伐者，其言梁亡何？自亡也。其自亡奈何？鱼烂而亡也。"此孔子明国之可以自亡，而不劳人侵伐也。故今日中国，苟不昌明孔教以救国，则鱼烂自亡之期，正不远耳。及其亡也，河山如故，而地图易色，乃并不得言灭焉。盖非上下同力者也，又非一心共死者也，是则可哀也矣。《韩诗外传》曰："荆伐陈，陈西门坏，因其降民使修之，孔子过而不式。子贡执辔而问曰：'礼过三人则下，二人则式[①]，今陈之修门者众矣，夫子不为式，何也？'孔子曰：'国亡而弗知，不智也；知而不争，非忠也；亡而不死，非勇也。修门者虽众，不能行一于此，吾故弗式也。'"由此观之，亡国之民，诚为孔子之所贱恶矣。夫既为一国之民，即当知一国之事，岂可以亡国之大事而不知乎？孔子虽重礼让，然一语及救国，则以争为主，盖国之存亡，关系极大，此而不争，诚不可谓忠也。世人每谓孔子多言忠君而罕言忠国，然此条之所谓忠，非忠国而何？尽忠于国，争以救国为事，而不许他人之亡我国家，此孔子忠国之义也。若虽争之而不能存之，则致命遂志，以一死报国，此亦救国者最后之办法也。孔子曰："志士不忘在沟壑，勇士不忘丧其元。"[②]孔子者诚天下之大勇也，岂不深恶乎国亡而不死者哉？夫陈之降民，而至于修门，则亦卑贱之庶民耳。而孔子乃责以知亡之智，争亡之忠，死节之勇，岂非顾亭林[③]所谓"天下兴亡，匹夫有责"者耶？乃世人止知引亭林之言，而不知其为孔教之大义，反以为孔教于国家主义少发明也，亦未深知孔教耳。

注释

①式：通“轼”，以手抚轼，为古人表示敬意的一种礼节。

②出在《孟子·滕文公下》和《孟子·万章下》。两文的原文一样，为：“齐景公田，招虞人以旌，不至，将杀之。志士不忘在沟壑，勇士不忘丧其元。孔子奚取焉？取非其招不往也。”

③顾亭林：就是顾炎武。

《檀弓》曰：“战于郎，公叔禺人与其邻童汪踦往，皆死焉。鲁人欲勿殇童汪踦，问于仲尼，仲尼曰：‘能执干戈以卫社稷，虽欲勿殇也，不亦可乎？’”夫汪踦童子耳，然既能卫国则有成人之德，自当以成人之礼葬之，此孔子尊敬卫国之人也。

昔田常欲伐鲁，孔子闻之，谓门弟子曰：“夫鲁，坟墓所处，父母之国，国危如此，二三子何为莫出？”[①]故子贡一出而存鲁、乱齐、破吴、强晋、而霸越，孔子及其弟子保国之事实也。夫孔子以聚徒讲学为事者也，然一闻国危，即命二三子出而救国。盖既生乱世有国界，则人生之大事业，莫大于救国，此孔教之大义也。宋儒不知此义，而高谈性命，此宋后之中国所以弱乎。观于子贡一出而五国皆变，彼子贡非有恶于齐与吴，而乱之、破之也；亦非有爱于晋与越，而强之、霸之也，其目的不过存鲁而已。以存鲁为目的，而其余四国之利害，不暇计焉，此亦救国者无可如何之事势也。夫孔子之弟子，不过匹夫耳，然国危即救，则救国者岂有分于贵贱乎？况今日为共和时代，人人同是国民乎，苟有欲措新中国于泰山之安者，则孔教不可不讲也。

注释

①出自《史记·仲尼弟子列传》。二三子何为莫出：你们为什么不为国出战？

孔教之施于国家也，对内则重民，对外则爱国，有此两大主义，而其余条理，胥由是生矣。今日为民主时代，又为国争时代，孔教之适用，岂待问哉？

第四，孔教使用于今日之社会。孔教为一种完全之社会法，其使用于今日社会，本无疑义，今不过略明其概耳。

朋友之伦。孔教以五伦统全社会之人，故凡在君臣、父子、兄弟、夫妇四伦之外者，皆入于朋友之伦。而以信字治之，此不易之道也。盖世界无论如何，终不能无朋友之伦，且五伦之中，惟朋友之人数最众。苟无信以结合之，则不能一朝居矣。忠信笃敬，蛮貊可行。而不然者，乃不能行于州里，此孔教之所以不可须臾离也。

博爱之道。孔教以天下为父，故《谷梁传》曰："人非天不生。"既以天为父，则无论民物，皆吾同胞矣。盖万物皆本乎天也，此乃孔教之大处。然陈义甚高，而行之也每有时地之限，故苟能以民为同胞，亦可谓之博爱矣。昔子夏述孔子之言曰："四海之内皆兄弟也。"① 《礼运》载孔子之言曰："圣人耐以天下为一家，中国为一人"，博爱之谓也。后儒能发挥此义者，莫如张横渠之《西铭》。其言曰："乾称父，坤称母。予兹藐焉，乃混然中处。故天地之塞，吾其体。天地之帅，吾其性。民吾同胞，物吾与也。……凡天下疲癃残疾，茕独鳏寡，皆吾兄弟之颠连而无告者也。"吾儒苟明斯义，则救济社会之爱力，自日增矣。

注释

①出自《论语·颜渊》篇。

社会政策。《系辞》曰："何以聚人曰财。"理财者社会上最大之事也。吾昔尝用英文著有《孔门理财之学》一书，今不能备举，惟略述其社会政策之一二，以见孔教之切于人生日用焉。孔教之社会政策，有着手于土地者焉，如井田之制是也；有着手于货物者焉，如称物平施之法是也；有着手于金融者焉，如补不足、助不给之法是也；有着手于赋税者焉，如征商以抑垄断是也；有着手于天然之专利者焉，如名山大泽不以封是也；有着手于人群之阶级者焉，如食禄之家不得与民争利是也。凡此诸端，有其法至今尚可行者，有法虽不可行，而其意可用者。合孔教之社会主义观之，孔子诚社会主义之鼻祖也。乃闻今之社会党颇有排击孔子之意，是先攻其祖矣，不亦异哉？诚有欲实行社会政策者乎？则孔教不可不昌也。

慈善事业。孔教之慈善事业，有属于公家者，如《王制》所谓“鳏寡孤独皆有常饩”是也；有属于私家者，如子贡所谓“博施济众”是也。吾辈以私人之资格，自当趋重私家之慈善事业，使无人不得其所焉。今国内善堂之属，固皆孔教中人所开也，诚宜专奉孔子，以崇教主。而一切慈善事业，皆用孔教之名义以行之，庶于圣教有光也。

第五，孔教适用于今日之世界。孔教以世界为鹄，故《礼运》始于“大同”，《大学》终于“平天下”，《春秋》归于“天下远近、大小若一”，是故孔教适用于今日世界。可不烦言，若略举之，则《大学》平天下之道，以絜矩[①]为主，所谓“恕”也，此国际之道德也。《春秋》详于征伐会盟之礼，此战时及平时之国际公法也。《春秋》无义战，《礼运》“讲信修睦”，此禁攻寝兵之义也。《中庸》“车同轨、书同文、行同伦”，此万国事物伦理画一之义也。《论语》“有教无类”，《春秋》“夷而进于中国则中国之，中国而夷狄则夷狄之”，中国、夷狄之分，即今所谓文明与野蛮也，文、野无定名，不以地域、不以人种，而惟以礼义为断，此芟除种界之义也。孔教适用于今日之世界，不其大哉！

注释

①絜矩：一般称为“絜矩之道”，是儒家的伦理思想之一，指君子的一言一行要有示范作用。絜：量度。矩：制作方形物件的工具。

三、孔教将来之进化

孔教不独适用于今日已也，且适用于异日焉，故孔教将来之进化不可不知也。然今日时机未至，吾亦不必详言，仅略举其目而已。

一曰混合全球也。破除国界，《春秋》所谓“大一统”，《礼运》所谓

“天下为公”也。

二曰变化种色也。改良人种，以同一世界之人类，《论语》所谓“有教无类”也，至于颜色皆变，乃真可谓同化矣。

三曰大振女权也。女子与男子各各独立，《礼运》所谓“女有归”也。

四曰同为天民也。破除家界，直隶于天，《礼运》所谓“不独亲其亲，不独子其子”也。

五曰公营生业也。此近世所谓社会主义，即《礼运》所谓“货恶其弃于地，不必藏诸己；力恶其不出于身，不必为己”，又《春秋》何注所谓“天地所生，非一家之有，有无当相通”是也。

六曰博爱众生也。戒杀放生，《玉藻》所谓“君子远庖，厨凡有血气之类，弗身践也”，又《繁露》曰“至于昆虫草木莫不爱，不爱何足谓仁”，故孔教之仁与佛同道也。

七曰同止至善也。改良人性，至于人性皆善，《礼运》所谓“谋闭不兴，盗窃乱贼不作”，《春秋》所谓“人人有士君子之行也”。

凡此诸端，皆孔教将来之进化也。

四、孔教所以必当昌明之故

孔教既有已往之大功，现在之适用，将来之进化，则孔教之当昌明，不待言矣。然吾今且言其不得不昌明之故焉。

孔教之大一统也，二千余年于兹矣，国民之相忘于孔教之道术，犹鱼之相忘于江湖也。是故行之而不着，习矣而不察，终身由之而不知其道者甚众。今则诸教并立，凡为教民，皆当知其本教之道，否则为人所侵犯焉。此不得不昌明孔教者一也。

孔教固极美备，然行之既久，后王后儒各以意提倡其所好，苟欲探本于孔子，固非将孔教改良不可矣。况今当革命之后，其教义之不适时用者，尤非更变不可，《系辞》曰：“不可以为典要，惟变所适。”《中庸》曰：“溥博渊泉，而时出之。”此之谓也。若墨守孔子一时有为而发之言，而不变通尽利，是非孔子之意也。子曰：“书不尽言，言不尽意。”[①]吾党又安能不寻孔意之所在乎？《诗》曰：“周虽旧邦，其命维新。”[②]吾令亦曰：“孔虽旧教，其意维新。”此不得不昌明孔教者二也。

注释

①出自《周易·系辞下》。

②出自《诗经·大雅·文王》。

自有孔教以来，未有若今日之厄者也。夫崇拜教主，本天下之通义，乃释奠、释菜，均不举行。而广东教育司、中央教育部，且议停祀孔子矣。彼谬谓“划宗教于教育之外”，而不知孔教固合宗教与教育为一，同时以学校为教堂者也。划而出之，是徒摈斥孔教而已。孔教合宗教与教育为一，故文庙为地方之学宫，亦同时为孔教之教堂。乃四川重庆教育分司竟毁坏孔庙矣，夫以地方官长，而敢于毁拆教堂，真乃犬彘之不若、豺虎之不食，是而可忍，孰不可忍！孔林者，孔教之圣地也。昔耶教以耶路撒冷之故，兴十字军，阅年二百，死人无数，其重圣地也。如是乃风闻孔林之树木，竟被人斩伐矣、耗矣，哀哉！孔教之经典，中国最精之国粹也，乃全国学校，除大学外，竟皆不读经矣。夫中国四万万人，其入经科大学者几何？是徒使最大多数之国民，皆无机会以读经，三十年后，将皆不知孔教为何物而已，岂非焚书坑儒之祸，复见于今日也哉？吾留美既久，知美国学校无不读耶经者。游欧太匆促，无暇深考，在沪问诸英德人，则英国、德国之学校，亦无不读耶经者。吾中国摈斥宗教，唾弃国粹，谬谓步趋西人，而乃适得其反。甚矣，不知自立者不能学人也。至于谓孔教为非宗教家，则更从根本上以推翻孔教，是犹谓中华民国为非国，谓大总统为非人也，岂能忍受乎？是故欲保守崇拜教主之习惯，保守遍布全国之教堂，保守秋毫无损之圣地，保守尽人皆读之圣经，保守神圣不可侵犯之教名，以保守我信孔教之自由者，皆莫急切于今日。此不得不昌明孔教者三也。

人类之有宗教思想也，性也，不能无者也。自野蛮半化以至文明最高之民族，无不有教，无不有其所奉之教主。其无教者，惟禽兽斯已耳，非人类也。今乃有孔教非教之邪说，然则中国不将为无教之国乎？吾数万万同胞，不将为无教之禽兽乎？孔教既非教，然则将用何教以代孔教乎？以中国人之饮食男女也，则不能以佛教代之也。且以中国人之尊祖敬宗也，又不能以耶教代之也。然则止有驱中国之人，尽为无教之禽兽而已。吾辈既不甘为禽兽，且不忍同胞之被迫而为禽兽，更不忍数千年相传之国教至吾辈而亡。此不得不昌明孔教者四也。

近世哲学方盛，神权将衰，故惟孔教之深于哲学，乃足立于优胜之地位。且中国进化最早，非孔教之精深博大，不足以满吾国人之意。故中国苟能无教则已，若不能无教，则惟孔教为最宜。盖教旨既美富，且深入于中国之人心，而又为我国之产物也。我若不昌明孔教，则人将以我为无教，而越俎代谋，于是事故纷纷矣。此不得不昌明孔教者五也。

欲有所取，必先有所与。今以吾国人之多淫祀也，亦在不能不废除之列矣。然而信教自由，既未便毁其祠庙；即能毁其祠庙，其祀于家者，能入屋而一一干涉之乎？故欲除祀祖以外，而尽废诸神，以独尊上帝及孔子，则非昌明孔教不为功矣。盖既祀祖先以报本，祀上帝以敬天，祀孔子以尊师，则生人宗教之欲，其亦有所养矣。故淫祀不废而自废也。此不得不昌明孔教者六也。

吾国人之宗教思想，本来薄弱。自宋儒谈道太高，凡汉儒之宗教家言，悉屏弃之，于孔教既留一大缺憾。然宋明儒者，聚徒讲学，于身心性命之说，时时讲求，犹有孔教德育之义也。前清士夫，既不讲学，而所谓汉学者，又不过章句、训诂、名物、度数之末。心学既亡，德育大坏，乃适值西力东渐之际，举国岌岌，颓然自丧，于是信仰孔教之心，遂若存若亡矣。然孔子之名号尚在，犹足以维系乎人心。及革命以后，愚悍之夫，竟公然以排斥孔子为事。于是数千年之礼教，一旦扫地以尽，全国之人，乃至无一信仰，争夺相杀，习为固然，恐吓诈骗，自鸣得意。呜呼！礼义廉耻，是谓四维，四维不张，国乃灭亡。吾惧我中国之灭亡于无礼义廉耻也。此孔教之不得不昌明者七也。

人情莫亲父母，莫乐夫妇，此二伦者，全社会之基础也。今乃有广东之心社者，夫妇相弃，合而即散，如鸟兽之孳尾焉。父子相弃。生而不养，如枭獍之相食焉。猖狂自肆，毫无忌惮，惟以纵淫为主，此不独败坏风俗之忧，乃绝灭种族之祸也。苟欲固父子、夫妇之伦，使家人足以相保、种族足以自存，则非孔教不为功矣。此不得不昌明孔教者八也。

凡社会之治也，不徒藉手于法律已也，必有藉于宗教，以监察人之神明，而节制人之行动，然后社会乃治焉。今中国之秩序乱矣，以孔子为数千年之教主，尚不能保其尊严，则好勇疾贫之徒，其孰不狡焉思逞，使非急昌孔教以振救之中国之秩序，未知何日回复也。此不得不昌明孔教者九也。

孔教之在中国也，根深蒂固，二千余年。虽彼狂悖之徒，妄以蚍蜉撼树之功夫，攻击孔教。然而遗老尚存，耆英可会，卫道之热，人有同情，特莫为之招，则隐而未发耳。乘老成尚在之时，谋孔教中兴之事，此千载一时之机会也，时乎时乎不再来。此不得不昌明孔教者十也。

孔教既久为国教，则国民已久为孔徒，是故教民之多，遍于全国。苟欲团结一国之心思材力，以宗于一尊，而涌现统一国家之真相者，舍孔教末由也。而不然者，虚有民数，并无宗仰，则一盘散沙而已。从不得不昌明孔教者十一也。

凡一国之中，必有一国民之特性，所谓国于天地，必有与立也。世有特性存而国亡者矣，犹太是也，未有特性亡而国能独存者也。犹太人以保存特性之故，故国虽亡而尚能以其种显。若我中国而无国民之特性也，则国亡而种亦随之，虽使遗裔尚存乎，血统则是，神魂则非矣，是最可痛心者也。是故诚欲保国、诚欲保种，则不可不先保国民之特性。吾国民之特性为何？则孔教是矣。此不得不昌明孔教者十二也。

所谓爱国者，非谓爱其土地人民已也，犹有文化焉。土地人民之爱，爱于有形；文化之爱，爱于无形。惟有无形之爱，故能于有形之爱，结不解之缘也。今有甲乙二人于此，其爱情之量相若焉，然使甲之乡土，有名贤高士之风，乙之乡土，为野老村夫之俗，则乙之爱其乡土，必不如甲之深。又使甲之兄弟，为好勇斗狠之暴徒；乙之兄弟，为好学能文之善士，则甲之爱其兄弟，必不如乙之切。盖虽乡土之爱、兄弟之爱，出于至情，亦以其文化之高下为深浅。则国家之爱，亦犹是也。夫使中国而无孔教也，吾知吾同胞之爱中国，必有以异于今也。乃今竟排孔教而去之，然则中国之可爱者，岂徒在广土众民也乎？以孔子为中国之第一人，而必甘心排斥之，使吾民并至圣而不知所以崇拜，然则吾国之全部历史，岂尚值一顾也哉？对于孔教尚无感情，而惟以破坏为事，然则爱中国之心，能有存者几何矣？诚有欲激发吾国民之爱国心者乎？则孔教其选也。此不得不昌明孔教者十三也。

今世列国之竞争也，不独竞于武力，亦竞于文明、宗教道德、言语文学、政治艺术，均为文明之证据。而为有国者所必争，得之则荣，失之则辱，此关于国家之位置者甚大也。我中国武力虽弱，尚可以文明豪于世中，宗教道德、言语文学天下莫强焉。已往之政治，得失参半，今且一跃而为共和矣。艺术未精，学之而已。岂不足以自豪也哉？乃今以中国最精之孔教，而竟唾弃之，是断丧我中国文明之根本也。枝叶未有害，本实先拨，然则我中国不其返于野蛮乎？孔教既亡，吾之所以夸示列国者，果安在矣？是直犹太、印度之不如矣。此不得不昌明孔教者十四也。

国与国交通，教亦与教交通，此世界将至大同之征也。然人有教而自昌之，且因以膨胀于外。我有教而自亡之，并不能保存于内，人之度量相越，不亦远哉。故今欲联合诸教，共翼世道，交换教义，以止至善，远传教旨，以务报施者，非先自昌孔教不可也。此不得不昌明孔教者十五也。

五、昌孔教并无流弊

孔教不得不昌明之故，既如上所云矣。顾或疑昌孔教亦有流弊，则吾且条驳其说焉。

或曰："昌孔教有碍于外交也。耶教民与孔教民每不相安，故多闹教案。今若大昌孔教，是推其波而助之澜也。外人闻之，将以我之士夫，为仇教之主动，必招其忌，是使外交界多生枝节也。"应之曰："不然，晚清之教案，政刑下修之结果耳，非两教教民之不能相安也。昌明孔教，乃正本清源之办法，岂复有教案也哉？我昌我教，与外教何仇？岂畏人指为仇教，遂弃我教而不昌乎？亦犹我爱我国，与外国何仇？岂畏人指为仇洋，遂弃我国而不爱乎？以此种媚外之劣根性，而当国争之世，无怪夫外交之多事也。夫各敬其教主，犹之各敬其父，岂自敬其父亦恐得罪与邻人乎？不然，以媚外之故，而夺我最大多数之信教自由，则民之怨毒，必有所泄，反恐演为闹教矣。"

或曰"昌孔有悖与政教分离之义也"，而不知非也。夫罗马教有教皇以执政权，其僧徒又成为一种贵族，积怒贾怨，故有政教之争。而欧美之政治家，乃殷殷然以政教分离为事。若孔教既无教皇，又无大僧，为孔徒者，同属平民，而无一毫之特别之权利。夫孔教既未当侵国家之政权，国家亦未尝与孔教有齟齬。然则无病呻吟、嗷嗷然曰"政教分离"，果何为者？且耶教为单纯宗教，与政治无关，故能分离。若孔教乃美富宗教，多与政治相关，故不能分离。统孔教之全体，言政治者，至少居其一半。而中国之社会，乃全以孔教为基础，而建屋与其上，故中国断不能划孔教与政治之外，除非欲尽破坏中国之文明耳。此不独不智而已，势亦有所不行也。

或曰“昌孔教有碍于科学之发达也”，而不知非也。西人之宗教，专主神道，尚无碍科学之发达，况孔教乎？或又疑“科学大明，则群教皆废，故今日之昌孔教，徒为多事”，而不知亦非也。盖孔教即科学也，《论语》“知之为知之，不知为不知[①]”、《春秋阙疑》[②]，此皆科学家之法也。盖孔教者，宗教之最上乘，愈久愈明，而万古不废者也。以此之故，故能合宗教与教育为一，而以学校为教堂。

注释

①知之为知之，不知为不知：出自《论语·为政》篇。

②《春秋阙疑》，怀疑是《春秋质疑》或《春秋蓄疑》的笔误，这两本书分别由明代的杨于庭和清代刘阴枢著，主要是对《春秋》内所指的事实进行辩驳，所以陈焕章称符合“科学精神”。

或曰“昌孔教有碍于思想之自由也”，亦非也。《大学》八条[①]，“格、致”为先。《洪范》五事[②]，“思、睿”作圣。《系辞》曰“天下同归而殊途，一致而百虑。天下何思何虑”，又曰“仁者见之谓之仁，智者见之谓之智”。孟子曰“夫道若大路然”[③]，“归而求之有余师”[④]。故诚能入孔子之教，则海阔从鱼跃，天空任鸟飞，斯亦极思想自由之乐者矣。夫人苟自命不凡，则好自为之，亦孰能限其所至。乃必欲先推倒孔子，而后彼之思想，方可自由，是则忘恩负义、狂悖无知之徒，非能有一毫之思想者也。为孔子者，不必推倒文王为；诸葛者，不必推到管、乐。若必谓排斥孔子、绝灭孔教，而后中国人方有思想之自由，则是以五千年文明之古国，不如变为生番野蛮之为愈也。有是理乎？夫我国人之所以能顾盼自豪、神思英发、摅怀旧之蓄念、发思古之幽情者，正以有孔教耳。若无孔教而为野人，则思想单简，并常识而无之，何自由之足云？

注释

①《大学》八条：物格、知至、诚意、正心、修身、齐家、治国、平天下。

②《洪范》五事：《尚书·洪范》之原文为："五事：一曰貌，二曰言，三曰视，四曰听，五曰思。貌曰恭，言曰从，视曰明，听曰聪，思曰睿。恭作肃，从作乂，明作哲，聪作谋，睿作圣。"

③出自《孟子·告子下》。

④出自《孟子·告子下》。

或曰"昌孔教有碍于信教之自由也"，亦非也。孔子曰："与其洁也，不保其往也；与其进也，不与其退也。"[①]孟子曰："夫子之设科也，往者不追，来者不拒。苟以是心至，斯受之而已矣。"[②]此敷教在宽，而听人之信教自由也。或曰"吾恐信别教者，因提倡孔教之故，遂不能得自由也"，更非也。《中庸》曰："万物并育而不相害，道并行而不相悖。"《王制》曰："修其教不易其俗，齐其政不易其宜。"盖惟孔教甚大，故能兼容诸教而不相碍也。是故释、道、耶、回，同处中国千余年中，并无教祸。盖普天下万国，其信教自由之最古最久者，莫如中国也。今以革命之故，明着信教自由之条文，则信别教者，其亦可谓毫发无憾矣。乃以曲媚别教之故，竟不惜尽夺信孔教者之权利，以为稍一提倡孔教，便与信教自由之理不合。呜呼！信教自由之条文，岂专为排斥孔教而设乎？信别教者可享自由，岂信孔教最大多数之国民，独不应享自由乎？故各昌各教，以听国民之自择，乃所谓信教自由也。

注释

①出自《论语·述而》篇，原文为：与其进也，不与其退也，唯何甚？人洁己以进，与其洁也，不保其往也。

②出自《孟子·尽心下》。

六、昌孔教之办法

昌明孔教，既应于时势之要求，然则其办法当若之何？是虽事体重大，非一手一足之力所能奏效。然人各有责，故谨述吾之所见焉。

一曰遍立孔教会也。会之名号必当用“孔教”二字，乃有正人心、息邪说、距跛行、放淫辞之功用。其总会先立于沪，后或迁于首都。各县皆立支会，各市乡皆立分会，外洋各埠亦设支会、分会。合若干支会设一支会联合部，总以教泽普及为主。

二曰特立教会籍也。中国自古为大一统，故中国之民无国籍；孔教亦自古为大一统，故孔教之民无教籍。今诸国并也，则当有国籍；诸教并立，则当有教籍。故凡入会者，皆为入教，当注名于教会之籍。注籍之费，务取其轻，以普及为主。拟无论男女在十六岁以下者，收银五分；十六岁以上者，收银一角。

三曰特设教旗也。吾昔于孔子二千四百六十年岁次己酉，在纽约制定孔教旗，为各商店恭祝圣诞之用，沿用已数年矣。其旗为黑、白、赤三色，取三统、三世之义也。于白色之中，画一木铎。白为殷色，孔子殷人，亦甚称也。于来复之日，及圣诞等节，无论家屋店铺，皆以教旗与国旗同升，则敬教之心，油然生矣。若制造徽章，则用木铎为标识亦宜。

四曰以孔子纪年也。以孔子纪年，始于太史公。吾昔作《孔门理财学》全书皆以孔子纪年，尊教主也。今拟除关于政事用民国纪元外，其余各种人事，皆兼用孔子纪年。

五曰遍祀上帝而以孔子配也。人人皆上帝之子，故人人可以祀上帝。孟子曰：“虽有恶人，斋戒沐浴，则可以祀上帝。”①然《公羊传》曰：“自内出者，无匹不行；自外至者，无主不止。”故以孔子配上帝，《中庸》所谓配天也。我国人家，皆有香火堂以祀祖，今加以上帝及孔子，则三本备矣。

注释

①出自《孟子·离娄下》。齐戒：斋戒，古人在祭祀之前要吃素。

六曰学校皆祀孔子也。孔教以学校为教堂，故必须祀孔子。

七曰学校讲经也。每日于未授各课之前，师生齐集礼堂，由教师讲经一章。事毕，乃退归各讲堂。

八曰来复日集众讲教也。凡孔教会皆设讲员，至来复日，则先向孔子行礼，而后宣讲。至宣讲之地，则凡有文庙者，用文庙之明伦堂，若在大城，则除文庙外，兼用各种公地。其从前讲圣谕广训之机关，则改为讲孔教。凡讲教之会，皆男女同堂。

九曰庆祝孔子诞也。古人庚子陈经，今耶教以耶稣诞日为莫大之纪念日。乃吾国中央教育会，竟废孔子诞之纪念，吾诚不解纪念孔子圣诞，果有何害于教育也？故吾人诚宜尽情庆祝以尊教主。自今以后，名圣诞日为大成节，届时开全国大会于阙里，由四方组织谒圣团以赴之。

十曰以教会主吉凶之礼也。昔墨子之非儒曰："夫夏乞麦禾。五谷既收，大丧是随。子姓皆从。得厌饮食，毕治数丧。足以至矣。因人之家翠以为口，恃人之野以为尊。富人有丧，乃大说喜曰'此衣食之端也'。"据此言之，则古之儒者治丧，本与今日释、道无异，即在今日贵州亦尚有儒者治丧，与释、道竞业，盖宗教之徒，应如是业。今拟凡孔教会中人，皆以本会之知礼者主持一切典礼，庶将来可以养成一种礼学专家，而于化民成俗之道得焉矣。

十一曰发愤传教也。今诸教并立，必须传教方足以自保。然论者或有惑于"礼闻来学，不闻往教"[①]之说，此不可不明白解释之也。夫《曲礼》之所谓"礼闻取于人，不闻取人。礼闻来学，不闻往教"者，言人君取师受学之法也。"取于人"谓自到师门，"取其道艺"来学者谓当就师处，北面伏膺，不可屈师来就己。此郑、孔之注疏也。孟子曰："故将大有为之，君必有所不召之臣。欲有谋焉，则就之。其尊德乐道，不如是不足与有为也。"[②]故不往教之礼，不过儒家之所以自尊其教，而屈服当世之人君耳，是乃传教于特别阶级之一种手段。所谓教亦多术者也，非普通办法也。虽然，孔子栖栖皇皇，席不暇暖，所干者七十余君。孟子亦游说齐、梁之君，则孔孟虽对于人君，固亦常常往教矣。夫言岂一端而已哉，亦各有所当也。今中国共和告成，人皆平等，固不可媚人而贱己，亦安可尊己而卑人？故往教之礼，最为适用，所谓礼从宜也。孔子曰："吾非斯人之徒而与谁与？天下有道，丘不与易。"[③]吾愿普天下之孔教中人，皆发愤以传教也。

注释

①出自《礼记·曲礼上》。
②出自《孟子·公孙丑下》。
③出自《论语·微子》篇。

以上所列，粗具办法。若其斟酌损益，当以俟世之君子焉。

儒家哲学（节选）

梁启超

导语

梁启超，字卓如，号任公，广东省新会人。他自幼在家中接受传统教育，1889 年中举，同年结识康有为，投其门下。1891 年就读于万木草堂，接受康有为的思想学说并由此走上改良维新的道路，时人合称“康梁”。“戊戌变法”失败后，他与康有为一同流亡日本，政治思想上逐渐走向保守，但是他仍是近代文学革命运动的理论倡导者。梁启超提出“诗界革命”口号后，又提出“小说界革命”的口号，并在创作上进行了积极的有意义的尝试。而其在散文上的成就却非常突出，他的散文议论纵横、气势磅礴，笔端常带感情，极富鼓动性。以梁启超散文为代表的新文体是对桐城派以来散文的一次解放，它的出现为中国古典散文向现代散文尤其是“五四”时期的白话文转化做了必要的准备。值得注意的是，梁启超还是一位学者，他在清末民国初期的学术史上也占有一席之地。他编著的《饮冰室合集》共 148 卷，1500 多万字，其中多有脍炙人口之作，如：《饮冰室文集》《中国近三百年学术史》《中国历史研究法》《墨经校释》《清代学术概论》等。

本文从“哲学”的角度出发，发现中国传统的文化指称“哲学”并不合适，尤其是儒家的思想，“哲学”是一种爱智之学，宇宙论、本体论和认识论发达。而儒家学说的功用是“修己安人”，目的是“内圣外王”。因此，用“儒家道术”来称呼儒家学说，倒是非常合适。本文成文于 1927 年，梁启超用世界的眼光看待西方哲学和儒家学说，虽然在一片反儒的声音中，但是并没有妄自菲薄，而是看到了儒家文化在现代发展的意义，表现了作者独特的眼光。

第一章 儒家哲学是什么

“哲学”二字，是日本人从欧文翻译出来的名词，我国人沿用之，没有更改。原文为Philosophy，由希腊语变出，即爱智之意。因为语原为爱智，所以西方人解释哲学，为求知识的学问，求的是最高的知识，统一的知识。

西方哲学之出发点，完全由于爱智。所以西方学者，主张哲学的来历，起于人类的好奇心。古代人，看见自然界形形色色，有种种不同的状态，遂生惊讶的感想，始而怀疑，既而研究，于是成为哲学。

西方哲学，最初发达的为宇宙论、本体论，后来才讲到论理学、认识论。宇宙万有，由何而来？多元或一元？唯物或唯心？造物及神是有是无？有神如何解释？无神如何解释？……是为宇宙论所研究的主要问题。

此类问题，彼此两方，持之有故，言之成理，辩论终久不决。后来以为先决问题，要定出个辨论及思想的方法和轨范：知识从何得来？如何才算精确？还是要用主观的演绎法，先立原理，后及事实才好？还是采客观的归纳法，根据事实，再立原理才好？这样一来，就发生了论理学。

再进一步，我们凭什么去研究宇宙万有？人人都回答道凭我的知识。但“知识本身”到底是什么东西呢？若不穷究本源，恐怕所研究的都成砂上楼阁了。于是发生一种新趋向，从前以知识为“能研究”的主体，如今却以知识为“所研究”的对象，这叫作认识论。认识论发生最晚，至康德以后，才算完全成立。认识论研究万事万物，是由知觉来的真？还是由感觉来的真？认识的起原如何？认识的条件如何？认识论在哲学中，最晚最有势力。有人说除认识论外，就无所谓哲学，可以想见其位置的重要了。

这样说来，西洋哲学由宇宙论或本体论趋重到论理学，更趋重到认识论，彻头彻尾都是为“求知”起见，所以他们这派学问称为“爱智学”，诚属恰当。

中国学问不然，与其说是知识的学问，毋宁说是行为的学问。中国先哲虽不看轻知识，但不以求知识为出发点，亦不以求知识为归宿点。直译的Philosophy，其含义实不适于中国。若勉强借用，只能在上头加上个形容词，称为人生哲学。中国哲学以研究人类为出发点，最主要的是人之所以为人之道：怎样才算一个人？人与人相互有什么关系？

世界哲学大致可分三派：印度、犹太、埃及等东方国家，专注重人与神的关系；希腊及现代欧洲，专注重人与物的关系；中国专注重人与人的关系。中国的学问，无论那一时代，那一宗派，其趋向皆在此一点，尤以儒家为最博深切明。

儒家哲学范围广博，概括说起来，其用功所在，可以《论语》“修己安人”一语括之；其学问最高目的，可以《庄子》“内圣外王”一语括之。做修己的功夫，做到极处，就是内圣；做安人的功夫，做到极处，就是外王。至于条理次第，以《大学》上说得最简明。《大学》所谓“格物致知诚意正心修身”，就是修己及内圣的功夫；所谓“齐家治国平天下”，就是安人及外王的功夫。

然则学问分做两橛吗？是又不然。《大学》结束一句“一是皆以修身为本”。格致诚正，只是各人完成修身工夫的几个阶级，齐家治国平天下，只是各人以已修之身去齐他治他平他，所以“自天子以至于庶人”都适用这种工作。《论语》说“修己以安人”，加上一个“以”字，正是将外王学问纳入内圣之中，一切以各人的自己为出发点。以现在语解释之，即专注重如何养成健全人格。人格锻炼到精纯，便是内圣；人格扩大到普遍，便是外王。儒家千言万语，各种法门，都不外归结到这一点。

以上讲儒家哲学的中心思想，以下再讲儒家哲学的范围。孔子尝说：“智仁勇三者，天下之达德也”。“知者不惑，仁者不忧，勇者不惧。”自儒家言之，必三德具备，人格才算完成。这样看来，西方所谓爱智，不过儒家三德之一，即智的部分。所以儒家哲学的范围，比西方哲学的范围，阔大得多。

儒家既然专讲人之所以为人，及人与人之关系，所以他的问题，与西欧问题，迥然不同。西方学者唯物唯心多元一元的讨论，儒家很少提及；西方学者所谓有神无神，儒家亦看得很轻。《论语》说：“子不语怪力乱神。”孔子亦说：“未知生，焉知死？”把生死神怪，看得很轻，这是儒家一大特色，亦可以说与近代精神相近，与西方古代之空洞谈玄者不同。

儒家哲学的缺点，当然是没有从论理学认识论入手。有人说他空疏而不精密。其实论理学、认识论，儒家并不是不讲，不过因为方面太多，用力未专，所以一部分的问题，不如近代人说得精细。这一则是时代的关系，再则是范围的关系，不足为儒家病。

东方哲学辩论得热闹的问题是些什么？如：

一、性之善恶，孟、荀所讨论。

二、仁义之内外，告、孟所讨论。

三、理欲关系，宋儒所讨论。

四、知行分合，明儒所讨论。

此类问题，其详细情形，到第五章再讲。这里所要说明的，就是中国人为什么注重这些问题。他们是要讨论出一个究竟，以为各人自己修养人格或施行人格教育的应用，目的并不是离开了人生，翻腾这些理论当玩意儿。其出发点既与西方之以爱智为动机者不同，凡中国哲学中最主要的问题，西欧古今学者，皆未研究，或研究的路径不同。而西方哲学中最主要的问题，有许多项，中国学者认为不必研究；有许多项，中国学者认为值得研究，但是没有研究透彻。

另外有许多问题，是近代社会科学所研究的，儒家亦看得很重。在外王方面，关于齐家的如家族制度问题；关于治国的，如政府体制问题；关于平天下的，如社会风俗问题。所以要全部了解儒家哲学的意思，不能单以现代哲学解释之。儒家所谓外王，把社会学、政治学、经济学等都包括在内；儒家所谓内圣，把教育学、心理学、人类学等都包括在内。

因为这个缘故，所以标题“儒家哲学”四字，很容易发生误会。单用西方治哲学的方法，研究儒家，研究不到儒家的博大精深处。最好的名义，仍以“道学”二字为宜。先哲说：“道者非天之道非地之道，人之所谓道也。”又说：“道不远人，远人不可以为道。”道学只是做人的学问，与儒家内容最吻合。但是《宋史》有一个《道学传》，把道学的范围，弄得很窄，限于程朱一派。现在用这个字，也易生误会，只好亦不用他。

要想较为明显一点，不妨加上一个“术”字，即《庄子·天下篇》所说“古之道术有在于是者”的“道术”二字。道字本来可以包括术，但再分细一点，也不妨事。道是讲道之本身，术是讲如何做去，才能圆满。儒家哲学，

一面讲道，一面讲术，一面教人应该做什么事，一面教人如何做去。

就前文所举的几个问题而论，如性善恶问题，讨论人性本质，是偏于道的；如知行分合问题，讨论修养下手功夫，是偏于术的。但讨论性善恶，目的在教人如何止于至善以去其恶，是道不离术；讨论知行，目的在教人从知入手或从行入手以达到理想的人格境界，是术不离道。

外王方面亦然。“民德归厚”是道，用“慎终追远”的方法造成他便是术。“政者正也”是道，用“子帅以正”的方法造成他便是术。“平天下”“天下国家可均”是道，用“所恶于上毋以使下，所恶于下毋以事上……”的“挈矩”方法造成他便是术。道术交修，所谓“六通四辟小大精粗其运无乎不在”。儒家全部的体用实在是如此。

由此言之，本学程的名称，实在以“儒家道术”四字为最好。此刻我们仍然用“儒家哲学”四字，因为大家都用惯了，“吾从众”的意思。如果要勉强解释，亦未尝说不通。我们所谓哲，即圣哲之哲，表示人格极其高尚，不是欧洲所谓 Philosophy 范围那样窄。这样一来，名实就符合了。

第二章　为什么要研究儒家哲学

为什么要研究儒家道术？这个问题，本来可以不问。因为一派很有名的学说，当然值得研究，我们从而研究之，那本不成问题。不过近来有许多新奇偏激的议论，在社会上渐渐有了势力，所以一般人对于儒家哲学，异常怀疑，年轻人的脑筋中，充满了一种反常的思想，如所谓“专打孔家店”，“线装书应当抛在茅坑里三千年”等等。此种议论，原来可比得一种剧烈性的药品。无论怎样好的学说，经过若干时代以后，总会变质，掺杂许多凝滞腐败的成分在里头。譬诸人身血管变成硬化，渐渐与健康有妨碍，因此，须有些大黄芒硝一类瞑眩之药泻他一泻。所以那些奇论，我也承认他们有相当的功用。但要知道，药到底是药，不能拿来当饭吃。若因为这种议论新奇可喜，便根本把儒家道术的价值抹杀，那便不是求真求善的态度了。现在社会上既然有了这种议论，而且很占些势力，所以应当格外仔细考察一回。我们要研究儒家道术的原因，除了认定为一派很有名的学说而研究之以外，简括说起来，还有下列五点：

一、中国偌大国家，有几千年的历史。到底我们这个民族，有无文化？如有文化，我们此种文化的表现何在？以吾言之，就在儒家。

我们这个社会，无论识字的人与不识字的人，都生长在儒家哲学空气之中。中国思想儒家以外，未尝没有旁的学派，如战国的老墨，六朝、唐的道佛，近代的耶回，以及最近代的科学与其他学术。凡此种种，都不能拿儒家范围包举他们，凡此种种，俱为形成吾人思想的一部分，不错。但是我们批评一个学派，一面要看他的继续性，一面要看他的普遍性。自孔子以来，直至于今，继续不断的，还是儒家势力最大；自士大夫以至台舆皂隶普遍崇敬的，还是儒家信仰最深。所以我们可以说，研究儒家哲学，就是研究中国文化。

诚然儒家以外，还有其他各家，儒家哲学，不算中国文化全体；但是若把儒家抽去，中国文化，恐怕没有多少东西了。中国民族之所以存在，因为中国文化存在，而中国文化，离不了儒家。如果要专打孔家店，要把线装书抛在茅坑里三千年，除非认过去现在的中国人完全没有受过文化的洗礼，这话我们肯甘心吗？

中国文化，以儒家道术为中心，所以能流传到现在。如此的久远与普遍，其故何在？中国学术，不满人意之处尚多，为什么有那些缺点？其原因又何在？吾人至少应当把儒家道术，细细研究，从新估价。当然，该有许多好处，不然，不会如此悠久绵远。我们很公平的先看他好处是什么，缺点是什么，有好处把他发扬，有缺点把他修正。

二、鄙薄儒家哲学的人，认为是一种过去的学问，旧的学问。这个话，究竟对不对？一件事物到底是否以古今新旧为定善恶的标准，这是一个很大的问题。

我们不能说新的完全是好的，旧的完全是坏的；亦不能说古的完全都是，今的完全都不是。古今新旧，不足以为定善恶是非的标准。因为一切学说，都可以分为两类，一种含有时代性，一种不含时代性，即《礼记》所谓“有可与民变革者，有不可与民变革者”。

有许多学说，常因时代之变迁而减少其价值。譬如共产与非共产，就含有时代性。究竟是共产相利，还是集产相利？抑或劳资调和相利？不是含时代性就是含地方性。有的在现在适用，在古代不适用；有的在欧洲适用，在中国不适用。

有许多学说，不因时代之变迁而减少其价值。譬如不患寡而患不均；不患贫而患不安；利用厚生，量入为出；养人之欲，给人之求；都不含时代性，亦不含地方性。古代讲井田固然适用，近代讲共产亦适用；中国重力田，固然适用，外国重工商，亦能适用。

儒家道术，外王的大部分，含有时代性的居多，到现在抽出一部分不去研究他也可以。还有内圣的全部，外王的一小部分，绝对不含时代性。如智仁勇三者，为天下之达德，不论在何时何国何派，都是适用的。

关于道的方面，可以说含时代性的甚少。关于术的方面，虽有一部分含时代性，还有一部分不含时代性。譬如知行分合问题，朱晦庵讲先知后行，王阳明讲知行合一，从两种方法都可用，研究他们的方法，都有益处。儒家道术，大部分不含时代性，不可以为时代古思想旧而抛弃之。

三、儒家哲学，有人谓为贵族的非平民的，个人的非社会的。不错，儒家道术，诚然偏重私人道德，有点近于非社会的，而且两千年来诵习儒学的人都属于“士大夫”阶级，有点近于非平民的。但是这种现象，是否儒学所专有？是否足为儒学之病？我们还要仔细考察一回。

文化的平等普及，当然是最高理想，但真正的平等普及之实现，恐怕前途还远着哩。美国是最平民的国家，何尝离得了领袖制度？俄国是劳农的国家，还不是一切事由少数委员会人物把持指导吗？因为少数人诵习受持，便说是带有贵族色彩，那么，恐怕无论何国家，无论何派学说，都不能免，何独责诸中国，责诸儒家呢？况且文化这件东西，原不能以普及程度之难易定其价值之高低。李白、杜甫诗的趣味，不能如白居易诗之易于普及享受，白居易诗之趣味，又不能如盲女弹词之易于普及享受，难道我们可以说《天雨花》比《白氏长庆集》好，长庆集又比李杜集好吗？现代最时髦的平民文学、平民美术，益处虽多，然把文学美术的品格降低的毛病也不小，这是不能否认的事实。何况哲学这样东西，本来是供少数人研究的。主张“平民哲学”，这名词是否能成立，我不能不怀疑。

儒家道术，偏重士大夫个人修养，表面看去，范围似窄，其实不然。天下事都是士大夫或领袖人才造出来的，士大夫的行为，关系全国的安危治乱及人民的幸福疾苦最大。孟子说得好：“惟仁者宜在高位，不仁而在高位，是播其恶于众也。”今日中国国事之败坏，那一件不是由在高位的少数个人制造出来？假如把许多掌握权力的马弁强盗，都换成多读几卷书的士大夫，至少不至闹到这样糟。假使穿长衫的穿洋服的先生们，真能如儒家理想所谓“人人有士君子之行”，天下事有什么办不好的呢？我们受高等教育的年轻人，将来都是社会领袖，造福造祸，就看我们现在的个人修养何如。儒家道术专注重此点，能说他错吗？

四、有人说自汉武帝以来，历代君主，皆以儒家作幌子，暗地里实行高压政策，所以儒家学向，成为拥护专制的学问，成为奴辱人民的学问。

诚然历代帝王，假冒儒家招牌，实行专制，此种情形，在所难免。但是我们要知道，几千年来，最有力的学派，不唯不受帝王的指使，而且常带反抗的精神。儒家开创大师，如孔、孟、荀都带有很激烈的反抗精神，人人知道的，可以不必细讲。东汉为儒学最盛时代，但是《后汉书·党锢传》，皆属儒家大师，最令当时帝王头痛。北宋二程，列在元佑党籍，南宋朱熹，列在庆元党籍，当时有力的人，摧残得很厉害。又如明朝的王阳明，在事业上虽曾立下大功，在学问上到处都受摧残。由此看来，儒家哲学也可以说是伸张民权的学问，不是拥护专制的学问；是反抗压迫的学问，不是奴辱人民的学问。所以历代儒学大师，非唯不受君主的指使，而且常受君主的摧残。要把贼民之罪加在儒家身上，那真是冤透了。

五、近人提倡科学，反对玄学，所以有科学玄学之争。儒家本来不是玄学，误被人认是玄学，一同排斥，这个亦攻击，那个亦攻击，几于体无完肤。

玄学之应排斥与否，那是另一问题。但是因为排斥玄学，于是排斥儒家，这就未免太冤。儒家的朱、陆，有无极太极之辩，诚然带点玄学色彩，然这种学说，在儒家道术中地位极其轻微，不能算是儒家的中心论点。自孔、孟以至陆、王，都把凭空虚构的本体论搁置一边，那能说是玄学呢？

再说无极太极之辩，实际发生于受了佛道的影响以后，不是儒家本来面目。并且此种讨论，仍由扩大人格出发，乃是方法，不是目的，与西洋之玩弄光景者不同。所以说，玄学色彩，最浅最淡，在世界要算中国，在中国要算儒家了。

儒家与科学，不特两不相背，而且异常接近。因为儒家以人作本位，以自己环境作出发点，比较近于科学精神，至少可以说不违反科学精神。所以我们尽管在儒家哲学上，力下工夫，仍然不算逆潮流、背时代。

据以上五种理由，所以我认为研究儒家道术，在今日实为有益而且必要。

原　儒

章太炎

导语

章太炎（公元 1869—1936 年），名炳麟，初名学乘，字枚叔，后改名绛，号太炎，浙江余杭人。他是清末民初民主革命家、思想家、著名学者，其研究范围涉及小学、历史、哲学、政治等，著述甚丰。从 1897 年任《时务报》撰述开始，致力于革命事业，几经挫折后，于 1917 年脱离革命，在苏州以讲学为业。晚年愤日本侵略中国，赞助抗日救亡运动。在学术上，早年接受西方近代机械唯物主义和生物进化论，在他的著作中阐述了西方哲学、社会学和自然科学等方面的新思想、新内容，主要表现在《訄书》中。在文学、历史学、语言学等方面，均有成就，所著《新方言》《文始》《小学答问》，上探语源，下明流变，颇多创获。关于儒学的著作有《儒术新论》《订孔》等。其宣扬革命的诗文影响也很大，但文字古奥难解。他一生著作颇多，约有 400 余万字，著述除刊入《章氏丛书》《续编》外，遗稿又刊入《章氏丛书三编》。

本文提出了有三类“儒”：“达”“类”“私”，每类儒都有不同的范围和代表人物，这个观点颇为新颖。世之所谓儒家，仅指孔子创立的儒家学派，但是在本文中，那仅仅是儒之“私”名；按本文之观点，儒之“达”者包括道、墨、刑法、阴阳、神仙之伦；而儒之“类”名者，为六艺之人。这种说法对近现代人们对儒家的认识有很大的影响。

说儒

儒有三科，关“达”“类”“私”之名。达名为儒，儒者，术士也。(《说文》）太史公《儒林列传》曰：“秦之季世”，“坑术士”，而世谓之坑儒。司马相如言：“列仙之儒，居山泽间。形容甚臞[①]。”(《汉书·司马相如传》语，《史记》儒作传，误）赵太子悝[②]亦语庄子曰：“夫子必儒服而见王，事必大逆。”(《庄子·说剑》篇）此虽道家方士言儒也。《盐铁论》曰：“齐宣王褒儒尊学，孟轲、淳于髡之徒受上大夫之禄，不任职而论国事。盖齐稷下先生千有余人，愍王矜功不休，诸儒谏不从，各分散。慎到、捷子亡去，田骈如薛，而孙卿适楚。”(《论儒》）王充《儒增》《道虚》《谈天》《说日》《是应》，举儒书所称者，有鲁班刻鸢[③]，由基中杨[④]李广射寝石、矢没羽[⑤]，荆轲以匕首擿[⑥]秦王、中铜柱入尺，女娲销石[⑦]，共工触柱[⑧]，觟（觽）[⑨]治狱，屈轶[⑩]指佞，黄帝骑龙[⑪]，淮南王犬吠天上、鸡鸣云中[⑫]，日中有三足乌，月中有兔蟾蜍[⑬]。是诸名籍，道、墨、刑法、阴阳、神仙之伦、旁有杂家所记，列传所录，一谓之儒，明其皆公族。

注释

①臞：qú，音同“渠”，消瘦。

②赵太子悝：赵文王之子。

③鲁班刻鸢：春秋时鲁国的巧匠鲁班，传说用木制作了一个鸟，飞来三天三夜才落下来。

④由基中杨：战国楚人养由基，善于射箭，在一百步之外射柳叶，百发百中。

⑤李广射寝石、矢没羽：李广，西汉陇西（今甘肃陇西）人，抗击匈奴的名将，匈奴称其为“飞将军”，善于射箭。有一次李广巡视，把草丛中的一石头误为猛虎，将箭射入石中。

⑥擿：zhì，通“掷”。

⑦女娲销石：传说共工撞到不周山之后，使天柱折断，大地沦陷，女娲销炼五色石以补天，又用鳌腿撑住。

⑧共工触柱：《淮南子·天文训》记载：“昔者共工与颛顼争为帝，怒而触不周之山。”

⑨觟（觽）：传说中的一种神兽，用它来断案，它能用角触用罪的人。

⑩屈轶：传说中黄帝时草名，可入朝以指奸佞。

⑪黄帝骑龙：传说黄帝最后骑龙升天。

⑫淮南王犬吠天上、鸡鸣云中：传说淮南王得道成仙后，把家中的鸡犬都带上了天。

⑬日中有三足乌，月中有兔蟾蜍：三足乌，古代神话中太阳中的神鸟。兔蟾蜍，就是白兔。《艺文类聚》引刘向《五经通义》云："日中有三足乌，月中有兔与蟾蜍。"

儒之名盖出于需。需者，云上于天，而儒亦知天文、识旱潦。何以明之？鸟知天将雨者曰"鹬[①]"（《说文》）舞旱暵[②]者以为衣冠，（《释鸟》：翠鹬，是鹬即翠。《地官·舞师》：教皇舞，帅而舞旱暵之事。《春官·乐师》有皇舞。故书皇皆作"翌"。郑司农云：翌舞者，以羽覆冒头上，衣饰翡翠之羽，寻旱暵求雨而服翡翠者，以翠为知雨之鸟故。）鹬冠者，亦曰术氏冠。（《汉·五行志》注引《礼图》）又曰圜冠。庄周言儒者冠圜冠者知天时，履句屦者知地形，缓佩玦者事至而断。（《田子方》篇文，《五行志》注引《逸周书》，文同《庄子》，圜字作鹬。《续汉书·舆服志》云，鹬冠前圜）明灵星舞子吁嗟以求雨者谓之儒，故曾晳之狂而志舞雩，原宪之狷而服华冠。（华冠，亦名建华冠。《晋书·舆服志》以为即鹬冠。华皇亦一声之转）皆以忿世为巫，辟易放志于鬼道。（阳狂为巫，古所恒有，曾、原二生之志，岂以灵保自命哉。董仲舒不喻斯旨，而崇饰土龙，乞效虾蟆，燔豭荐脯，以事求雨，其愚亦甚。）古之儒知天文占候，谓其多技，故号遍施于九能，请有术者悉晐[③]之矣。

注释

①鹬：yù，音同"郁"，一种候鸟，嘴细长，腿长，体色暗淡，常在淡水边或水田中吃小鱼、贝类、昆虫。

②暵：hàn，音同"汉"，干旱。

③晐：gāi，音同"该"，赅备，兼容。

类名为儒，儒者，知礼乐射御书数。《天官》曰：儒以道得民。说曰：

儒，诸侯保氏，有六艺以教民者。《地官》曰：联师儒。说曰：师儒，乡里教以道艺者。此则躬备德行为师，效其材艺为儒。养由基射白猿，应矢而下；尹需[①]学御三年，受秋驾。《吕氏》曰：皆六艺之人也。（《吕氏春秋·傅志》篇）明二子皆儒者，儒者则足以为桢干矣。

注释

①尹需：传说中上古时代善于驾车的人。

私名为儒。《七略》曰："儒家者流，盖出于司徒之官，助人君顺阴阳明教化者也。游文于六经之中，留意于仁义之际，祖述尧、舜，宪章文、武，宗师仲尼，以重其言，于道为最高。"周之衰，保氏失其守，史籀之书[①]，商高之算[②]，蜂门[③]之射，范氏[④]之御，皆不自儒者传。故孔子曰："吾犹及史之阙文也，有马者借人乘之，今亡矣夫。"[⑤]盖名契乱，执辔调御之术，亦浸不正。自诡鄙事，言君子不多能，为当世名士显人隐讳。及《儒行》称十五儒，《七略》疏晏子以下五十二家，皆粗明德行政教之趣而已，未及六艺也。其科于《周官》为师，儒绝而师假摄其名。然自孟子、孙卿，多自拟以天子三公。智效一官，德征一国则劣矣。而末流亦弥以哗世取宠。及郦生、陆贾、平原君[⑥]之徒，餔歠[⑦]不廉，德行亦败，乃不如刀笔吏。

注释

①史籀之书：相传是周代教学童识字的书。《汉书艺文志》着录，称周宣王太史所作，但没有说何人所作。许慎的《说文解字叙》说为周宣王太史籀所作。现代王国维认为《史籀篇》是首句为篇名，并非实名。

②商高：西周的数学家，《周髀算经》中记载了他的"勾三股四弦五"的勾股定理。在西方称为"毕达哥拉斯定理"。但是毕达哥拉斯比商高要晚五个多世纪。

③蜂门：传说中上古时代善于射箭的一个人。

④范氏：传说中上古时代善于驾车的人。

⑤出自《论语·卫灵公》篇。

⑥平原君：姓赵名胜，战国赵无灵王子，惠文王弟，封于东武城，号平原君。三任赵相。号称食客三千。

⑦餔歠：餔：bù，音同“布”，食，吃。歠：chuò，音同“辍”，同“啜”。

是三科者，皆不见五经家。往者，商瞿、伏胜、谷梁赤、公羊高、浮丘伯、高堂生诸老，《七略》格之，名不登于儒籍。（若《孙卿书叙录》云：“韩非号韩子，又浮丘伯，皆受业为名儒。”此则韩非、浮丘并得名儒之号，乃达名矣。《盐铁论·毁学》篇云：包丘子修道白屋之下，乐其志，或亦非专治经者。）儒者游文，而五经家专致，五经家骨鲠守节过儒者，其辩智弗如。（传经之士，古文家吴起、李克[①]、虞卿[②]、孙卿而外，知名于七国者寡。儒家则孟子、孙卿、鲁连[③]、宁越[④]皆有显闻。盖五经家不务游说，其才亦未逮也。至汉则五经家复以其术取宠，本末兼陨。然古文家独异是。古文家务求是，儒家务致用，亦各有适。兼之者李克、孙卿数子而已。五经家两无所当，顾欧两据其长，《春秋》断狱之言，遂为厉于天下）此其所以为异。自太史公始以儒林题齐、鲁诸生，徒以润色孔氏遗业，又尚习礼乐弦歌之音，乡饮大射，事不违艺，故比而次之。及汉有董仲舒、夏侯始昌[⑤]、京房、翼奉之流，多推五胜，又占天官风角，与鹬冠同流。草窃三科之间，往往相乱。晚有古文家出，实事求是，征于文不征于献，诸在口说，虽游、夏犹黜之，斯盖史官之流，与儒家益绝矣。

注释

①李克：就是李悝。

②虞卿：战国时游说之士，赵成王时为上卿，详见《史记·平原君虞卿列传》。

③鲁连：即鲁仲连，战国时的齐国人，他慷慨有大志，周游列国做许多好事而不图报。

④宁越：春秋时中牟人，为周威王师。

⑤夏侯始昌：夏侯胜的族叔，传夏侯胜《尚书》。

冒之达名，道、墨、名、法、阴阳、小说、诗赋、经方、本草、蓍龟、形法，此皆术士，何遽不言儒。局之类名，蹴鞠[①]弋道近射，历谱近数，调律近乐，犹虎门[②]之儒所事也。（若以类名之儒言，赵爽[③]、刘徽[④]、祖暅[⑤]之明算，杜夔[⑥]、阮咸[⑦]、万宝常[⑧]之知乐，悉古之真儒矣）今独以传经为儒，以私名则异，以达名类名则偏。要之题号由古今异。儒犹道矣，儒之名于古通为术士，于今专为师氏之守；道之名于古通为德行道艺，于今专为老聃之徒。道家之名，不以题诸方技者，嫌与老氏掍也。传经者复称儒，即与私名之儒淆乱。（《论衡·书解》篇曰：著作者为文儒，说经者为世儒。世儒易为，文儒之业，卓绝不循。彼虚说，此实篇。案所谓文儒者，九流六艺太史之属；所谓世儒者，即今文家。以此为别，似可就部，然世儒之称，又非可加诸刘歆、许慎也。）孔子曰：今世命儒亡常，以儒相诟病。谓自师氏之守以外，皆宜去儒名便。非独经师也。以三科悉称儒，名实不足以相检，则儒常相伐。故有理情性陈王道，而不丽保氏，身不跨马，射不穿札，即与驳者，则以啙窳[⑨]诟之，以尊师匡之，是以类名宰私名也。有审方圆正书名，而不经品庶，不念烝民疾疢，即与驳者，则以他技诟之，以致远匡之，是以私名宰类名也。有综九流齑万物，而不一孔父，不蹩躠[⑩]为仁义，即与驳者，则以左道诟之，以尊师匡之，是以私名宰达名也。今令术士艺人闳眇之学，皆弃捐儒名，避师氏贤者路，名喻则争自息。不然，儒家称师，艺人称儒，其余各名其家，泛言曰学者；旁及诗赋，而泛言曰文学。（文学名，见《韩子》，盖亦七国时泛称也）亦可以无相鏖矣。礼乐世变易，射御于今麤[⑪]粗，无参连白矢、交衢和鸾之技，独书数仍世益精博。凡为学者，未有能舍是者也。三科虽殊，要之以书数为本。

注释

①蹴鞠：古代军中习武之戏。类似于今天的足球赛。

②虎门：即路寝之门。古代帝王视朝于路寝，门外画虎像，故称路寝的门为虎门。

③赵爽：又名婴，字君卿，东汉末至三国时代的吴国人，数学家。赵爽对数学有深刻的研究，他研究过张衡的天文数学著作，也研究过刘洪的《干象

历》，但他在数学上的最大贡献是在研究《周髀算经》中所取得的成就。在赵爽《周髀注》中，他撰成《勾股圆方图说》，附录于《周髀》首章的注文中，勾股图说短短五百多字，附图六张，简练地总结了后汉时期勾股算术的辉煌成就，他不只使勾股定理和其他关于勾股肱的恒等式获得了相当严格的证明，并且对二次方程解法提供了新的意见。

④刘徽：生于公元 250 年左右，不仅是中国数学史上一个非常伟大的数学家，而且在世界数学史上也占有杰出的地位。他的杰作《九章算术注》和《海岛算经》，是我国最宝贵的数学遗产。

⑤祖暅：祖暅是南北朝时代杰出的数学家祖冲之的儿子，字景烁。《缀术》一书经学者们考证，有些条目就是祖暅所作。关于球体体积计算方法的祖暅原理是祖暅一生最有代表性的发现。

⑥杜夔：公元前 220—公元前 188 年，东汉末音乐家，字公良，河南人。

⑦阮咸：西晋人，字仲容，阮籍的侄儿，“竹林七贤”之一，擅弹琵琶。

⑧万宝常：生于南北朝时期的梁国，是一位音乐家。

⑨呰窳：zǐ yǔ，音同“籽羽”，苟且懒惰。

⑩蘖：niè，音同“涅”，开端；萌生。

⑪麤：cū，音同“粗”，不精。

说　儒

胡　适

导语

胡适（1891—1962 年），安徽绩溪人，现代诗人、学者，原名嗣穈，学名洪骍，字适之，笔名有天风、藏晖等。1910 年留学美国，先入康奈尔大学，后转入哥伦比亚大学，师从杜威，深受杜威实验主义哲学的影响。1917 年年初在《新青年》上发表了《文学改良刍议》。1917 年获哲学博士学位，同年回国，任北京大学教授，参加编辑《新青年》，并发表论文《历史的文学观念论》《建设的文学革命论》，出版新诗集《尝试集》，成为新文化运动中的风云人物；1919 年发表《多研究些问题，少谈些主义》，主张改良主义；1920 年离开《新青年》，后创办《努力周报》；1923 年与徐志摩等组织新月社；1924 年与陈西滢、王世杰等创办《现代评论》周刊；1932 年与蒋廷、丁文江创办《独立评论》；1946 年任北京大学校长；1948 年离开北平，后转赴美国；1958 年任中国台湾“中央研究院”院长。胡适一生在哲学、文学、史学、古典文学考证诸方面都有成就，并有一定的代表性。著有《五十年来之中国文学》《胡适文存》《白话文学史》《中国章回小说考证》等。胡适一生的学术活动主要在史学、文学和哲学几个方面，主要著作有《中国哲学史大纲》（上）、《尝试集》《白话文学史》（上）和《胡适文存》（四集）等。他在学术上影响最大的是提倡“大胆的假设、小心的求证”的治学方法。晚年潜心于《水经注》的考证，但未及写出定稿。1962 年在台北病逝。

胡适的这篇文章，可以说是“一石激起千层浪”，引起了重重争议，那么他的这篇文章为什么会引起如此大的反响呢？我们来看看他在文中提出了什么样的观点。在文中，胡适认为儒是已经亡国的殷民族的教士，他们穿殷服、行殷礼，也就是所谓的儒服、儒礼；原来的殷的占卜、祭祀之人，到周沦落为为人治丧相礼的“儒”；殷虽然灭亡了，但是他们仍然心存复国的愿望，他们期待着“五百年必有王者兴”之预言的圣人出现，孔子恰好符合预言的条件，且孔子自己也承认了这种“预言”，胡适又把孔子与基督教的耶稣来比附，于是孔子就成为了殷遗民的“素王”；孔子虽然没有变成“中兴之主”，但是他却把“儒”的阴柔之性变成了阳刚之气，同时他把“儒”的内容扩大到“仁以己为任”；还认定老子也是一个老儒，且是正宗之儒。本文很符合胡适的“大胆的假设”的风格，假设的确大胆，但是求证是不是就小心呢？

一、问题的提出。

二、论儒是殷民族的教士；他们的衣服是殷服，他们的宗教是殷礼，他们的人生观是亡国遗民的柔逊的人生观。

三、论儒的生活：他们的治丧相礼的职业。

四、论殷商民族亡国后有一个“五百年必有王者兴”的预言；孔子在当时被人认为是应运而生的圣者。

五、论孔子的大贡献：（一）把殷商民族的部落性的儒扩大到“仁以己为任”的儒；（二）把柔懦的儒改变到刚毅进取的儒。

六、论孔子与老子的关系；论老子是正宗的儒。附论儒与墨者的关系。

一

二十多年前，章太炎先生作《国故论衡》，有《原儒》一篇，说“儒”有广狭不同的三种说法：

> 儒有三科，关“达”，“类”，“私”之名（《墨子·经上》篇说名有三种：达，类，私。如“物”是达名，“马”是类名，“舜”是私名）。

达名为儒。儒者，术士也。（《说文》）太史公《儒林列传》曰，“秦之季世坑术士”，而世谓之坑儒。司马相如言“列仙之儒居山泽间，形容甚臞”。

（《汉书·司马相如传》语。《史记》儒作传，误。）……王充《儒增》《道虚》《谈天》《说日》《是应》，举“儒书”，所称者有鲁般刻鸢，由基中杨，李广射寝石矢没羽，……黄帝骑龙，淮南王犬吠天上鸡鸣云中，日中有三足乌，月中有兔蟾蜍。是诸名籍道、墨、刑法、阴阳、神仙之伦，旁有杂家所记，列传所录，一谓之儒，明其皆公族。“儒”之名盖出于“需”，需者云上于天，而儒亦知天文，识旱潦。何以明之？鸟知天将雨者曰鹬，（《说文》）舞旱叹者以为衣冠。鹬冠者亦曰术氏冠，（《汉·五行志》注引《礼图》）又曰圜冠。庄周言儒者冠圜冠者知天时，履句屦者知地形，缓佩玦者事至而断。（《田子方篇》文。《五行志》注引《逸周书》文同。《庄子》圜字作鹬。《续汉书·舆服志》云：“鹬冠前圜。”）明灵星舞子吁嗟以求雨者谓之儒。……古之儒知天文占候，谓其多技，故号遍施于九能，诸有术者悉赅之矣。

类名为儒。儒者知礼乐射御书数。《天官》曰，“儒以道得民”。说曰，“儒，诸侯保氏有六艺以教民者”。《地官》曰，“联师儒”。说曰，“师儒，乡里教以道艺者”。此则躬备德行为师，效其材艺为儒。……

私名为儒。《七略》曰，“儒家者流，盖出于司徒之官，助人君顺阴阳明教化者也。游文于六经之中，留意于仁义之际，祖述尧舜，宪章文武，宗师仲尼，以重其言，于道为最高”。周之衰，保氏失其守，史籀之书，商高之算，蜂门之射，范氏之御，皆不自儒者传。故孔子……自诡鄙事，言君子不多能，为当世名士显人隐讳。及《儒行》称十五儒，《七略》疏晏子以下五十二家，皆粗明德行政教之趣而已，未及六艺也。其科于《周官》为师，儒绝而师假摄其名。……

今独以传经为儒，以私名则异，以达名类名则偏。要之题号由古今异，儒犹道矣。儒之名于古通为术士，于今专为师氏之守。道之名于古通为德行道艺，于今专为老聃之徒。……

太炎先生这篇文章在当时真有开山之功，因为他是第一个人提出“题号由古今异”的一个历史见解，使我们明白古人用这个名词有广狭不同的三种说法。太炎先生的大贡献在于使我们知道“儒”字的意义经过了一种历史的变化，从一个广义的，包括一切方术之士的“儒”，后来竟缩小到那“祖述尧舜，宪章文武，宗师仲尼”的狭义的“儒”。这虽是太炎先生的创说，在大体上是完全可以成立的。《论语》记孔子对他的弟子说：

> 女为君子儒，毋为小人儒。

这可见当孔子的时候，“儒”的流品是很杂的，有君子的儒，也有小人的儒。向来的人多蔽于成见，不能推想这句话的含义。若依章太炎的说法，当孔子以前已有那些广义的儒，这句话就很明白了。

但太炎先生的说法，现在看来，也还有可以修正补充之处。他的最大弱点在于那“类名”的儒。（其实那术士通称的“儒”才是类名。）他在那最广义的儒之下，另立一类“六艺之人”的儒。此说的根据只有《周礼》的两条郑玄注。无论《周礼》是否可信，《周礼》本文只是一句“儒以道得民”和一句“联师儒”，这里并没有儒字的定义。郑玄注里说儒是“有六艺以教民者”，这只是一个东汉晚年的学者的说法，我们不能因此就相信古代（周初）真有那专习六艺的儒。何况《周礼》本身就很可疑呢？

太炎先生说“儒之名于古通为术士”，此说自无可疑。但他所引证都是秦汉的材料，还不曾说明这个广义的儒究竟起于什么时代，他们的来历是什么，他们的生活又是怎样的，他们同那狭义的孔门的儒有何历史的关系，他们同春秋、战国之间的许多思想潮流又有何历史的关系。在这些问题上，我们不免都感觉不满足。

若如太炎先生的说法，广义的儒变到狭义的儒，只是因为“周之衰，保氏失其守”，故书算射御都不从儒者传授出来，而孔子也只好“自诡鄙事，言君子不多能，为当世名士显人隐讳”。这种说法，很难使我们满意。如果《周礼》本不可信，如果“保氏”之官本来就是一种乌托邦的制度，这种历史的解释就完全站不住了。

太炎先生又有《原道》三篇，其上篇之末有注语云：

> 儒家、法家皆出于道，道则非出于儒也。

若依此说，儒家不过是道家的一个分派，那么，“儒”还够不上一个“类名”，更够不上“达名”了。若说这里的“儒”只是那狭义的私名的儒，那么，那个做儒、法的共同源头的“道”和那最广义的“儒”可有什么历史关系没有呢？太炎先生说，“儒、法者流削小老氏以为省”（《原道上》），他的证据只有一句话：

> 孔父受业于征藏史，韩非传其书。（《原道上》）

姑且假定这个渊源可信，我们也还要问：那位征藏史（老聃）同那广义的“儒”又有什么历史关系没有呢？

为要补充引申章先生的说法，我现今提出这篇尝试的研究。

二

“儒”的名称，最初见于《论语》孔子说的：

> 女为君子儒，毋为小人儒。

我在上文已说过，这句话使我们明白当孔子时已有很多的儒，有君子，有小人，流品已很杂了。我们要研究这些儒是什么样的人。

我们先看看“儒”字的古义。《说文》：

> 儒，柔也，术士之称。从人，需声。

术士是有方术的人；但为什么“儒”字有“柔”的意义呢？“需”字古与“耎”相通；《广雅·释诂》：“耎，弱也。”耎即是今“輭”字，也写作“软”字。“需”字也有柔软之意；《考工记》：“革，欲其荼白而疾浣之，则坚；欲其柔滑而腥脂之，则需。”郑注云：“故书，需作劀。郑司农云，‘劀读为柔需之需，谓厚脂之韦革柔需’。”“《考工记》又云：“厚其帑则木坚，薄其帑则需。”此两处，“需”皆与“坚”对举，需即是柔耎之耎。柔软之需，引伸又有迟缓濡滞之意。《周易·彖传》，“需，须也。”《杂卦传》：“需，不进也。”《周易》“泽上于天”（☱ ☰）为夬，而“云上于天”（☵ ☰）为需；夬是已下雨了，故为决断之象，而需是密云未雨，故为迟待疑滞之象。《左传》哀六年：“需，事之下也。”又哀十四年：“需，事之贼也。”

凡从需之字，大都有柔弱或濡滞之义。“嬬，弱也。”“孺，乳子也。”“懦，驽弱者也。”（皆见《说文》）《孟子》有“是何濡滞也”。凡从耎之字，皆有弱义。“偄，弱也”（《说文》）；段玉裁说偄即是懦字。稻之软而黏者为“稬”，即今糯米的糯字。《广雅·释诂》：“媆，弱也。”大概古时“需”与“耎”是同一个字，古音同读如弩，或如糯。朱骏声把从耎之字归入“乾”韵，从“需”之字归入“需”韵，似是后起的区别。

“儒”字从需而训柔，似非无故。《墨子·公孟》篇说：

> 公孟子戴章甫，搢忽，儒服而以见子墨子。

又说：

> 公孟子曰，君子必古言服，然后仁。

又《非儒》篇说：

> 儒者曰，君子必古言服，然后仁。

《荀子·儒效》篇说：

> 逢衣浅带，（《韩诗外传》作“博带”）解果其冠，……是俗儒者也。

大概最古的儒，有特别的衣冠，其制度出于古代（说详下），而其形式——逢衣，博带，高冠，搢笏——表出一种文弱迂缓的神气，故有“儒”之名。

所以“儒”的第一义是一种穿戴古衣冠，外貌表示文弱迂缓的人。

从古书所记的儒的衣冠上，我们又可以推测到儒的历史的来历。《墨子》书中说当时的“儒”自称他们的衣冠为“古服”。周时所谓“古”，当然是指那被征服的殷朝了。试以“章甫之冠”证之。《士冠礼记》云：

> 章甫，殷道也。

《礼记·儒行》篇记孔子对鲁哀公说：

> 丘少居鲁，衣逢掖之衣；长居宋，冠章甫之冠。丘闻之也：君子之学也博，其服也乡。丘不知儒服。

孔子的祖先是宋人，是殷王室的后裔，所以他临死时还自称为“殷人”。（见《檀弓》）他生在鲁国，生于殷人的家庭，长大时还回到他的故国去住过一个时期。（《史记·孔子世家》不记他早年居宋的事。但《儒行篇》所说无作伪之动机，似可信。）他是有历史眼光的人，他懂得当时所谓“儒服”其实不过是他的民族和他的故国的服制。儒服只是殷服，所以他只承认那是他的“乡”服，而不是什么特别的儒服。

从儒服是殷服的线索上，我们可以大胆的推想：最初的儒都是殷人，都是殷的遗民，他们穿戴殷的古衣冠，习行殷的古礼。这是儒的第二个古义。

我们必须明白，殷商的文化的中心虽在今之河南，——周之宋卫（卫即殷字，古读殷如衣，郼、韦古音皆如衣，即殷字）——而东部的齐鲁皆是殷文化所被，殷民族所居。《左传》（《晏子春秋》外篇同）昭公二十年，晏婴对齐侯说：“昔爽鸠氏始居此地，季萴因之，有逢伯陵因之，蒲姑氏因之。而后太公因之。”依《汉书·地理志》及杜预《左传注》，有逢伯陵是殷初诸侯，蒲姑氏（《汉书》作薄姑氏）是殷周之间的诸侯。鲁也是殷人旧地。《左传》昭公九年，周王使詹桓伯辞于晋曰：“……及武王克商，蒲姑、商奄，吾东土也。”孔颖达《正义》引服虔曰：“蒲姑，齐也；商奄，鲁也。”又定公四年，卫侯使祝佗私于苌弘曰：“……昔武王克商，成王定之。……分鲁公以大路大旗，夏后氏之璜，封父之繁弱（大弓名），殷民六族——条氏，徐氏，萧氏，索氏，长勺氏，尾勺氏——使帅其宗氏，辑其分族，将其类丑。（丑，众也）以法则周公，用即命于周；是使之职事于鲁，以昭周公之明德；分之土田陪敦，祝宗卜史，备物典策，官司彝器，因商奄之民，命以伯禽，而封于少皞之虚。”这可见鲁的地是商奄旧地，而又有新徙来的殷民六族。所以鲁有许多殷人遗俗，如“亳社”之祀，屡见于《春秋》。傅斯年先生前几年作《周东封与殷遗民》（附录）一文，证明鲁“为殷遗民之国”。他说：

> 《春秋》及《左传》有所谓“亳社”者，是一件很重要的事。“亳社”屡见于《春秋经》。以那样一个简略的二百四十年间之“断烂朝报”，所记皆是戎祀会盟之大事，而亳社独占一位置，则亳社在鲁之重要可知。且《春秋》记“亳社（《公羊》作蒲社）灾”在哀公四年，去殷商之亡已六百余年，（姑据《通鉴外纪》）……亳社犹有作用，是甚可注

> 意之事实。且《左传》所记亳社，有两事尤关重要。哀七年，“以邾子益来，献于亳社……邾于殷为东夷，此等献俘，当与宋襄公“用鄫子于次睢之社，欲以属东夷”一样，周人谄殷鬼而已。又定六年，“阳虎又盟公及三桓于周社，盟国人于亳社。”这真清清楚楚指示我们：鲁之统治者是周人，而鲁之国民是殷人。殷亡六七百年后之情形尚如此！

傅先生此论，我认为是最有见地的论断。

从周初到春秋时代，都是殷文化与周文化对峙而没有完全同化的时代。最初是殷民族仇视那新平定殷朝的西来民族，所以有武庚的事件，在那事件之中，东部的薄姑与商奄都加入合作。《汉书·地理志》说：

> 齐地……汤时有逢公柏陵，殷末有薄姑氏，皆为诸侯，国此地。至周成王时，蒲姑氏与四国共作乱，成王灭之，以封师尚父，是为太公。（《史记·周本纪》也说：“东伐淮夷，残奄，迁其君薄姑。”《书序》云：“成王既践奄，将迁其君于薄姑。周公告召公，作《将蒲姑》。”但皆无灭蒲姑以封太公的事。）

《史记》的《周本纪》与《齐太公世家》都说太公封于齐是武王时的事。《汉书》明白的抛弃那种旧说，另说太公封齐是在成王时四国乱平之后。现在看来，《汉书》所说，似近于事实。不但太公封齐在四国乱后；伯禽封鲁也应该在周公东征四国之后。“四国”之说，向来不一致：《诗毛传》以管，蔡，商，奄为四国；孔颖达《左传正义》说杜注的“四国”为管，蔡，禄父（武庚），商奄。《尚书·多方》开端即云：

> 惟五月丁亥，王来自奄，至于宗周。周公曰：“王若曰：猷告尔四国多方：惟尔殷侯尹民……”

此时武庚、管、蔡已灭，然而还用“四国”之名，可见管、蔡、武庚不在“四国”之内。“四国”似是指东方的四个殷旧部，其一为殷本部，其二为商奄，（奄有大义，“商奄”犹言“大商”，犹如说“大罗马”“大希腊”。）其三为薄姑，其四不能确定，也许即是“徐方”。此皆殷文化所被之地。薄姑灭，始有齐国；商奄灭，始有鲁国。而殷本部分为二：其一为宋，承殷之后，为殷文化的直接继承者；其一为卫，封给康叔，是新朝用来监视那残存的宋国的。此外周公还在洛建立了一个成周重镇。

我们现在读《大诰》《多士》《多方》《康诰》《酒诰》《费誓》等篇，我们不能不感觉到当时的最大问题是镇抚殷民的问题。在今文《尚书》二十九篇中，这个问题要占三分之一的篇幅。（《书序》百篇之中，有《将蒲姑》，又有《亳姑》。）其问题之严重，可以想见。看现在的零碎材料，我们可以看出两个步骤：第一步是倒殷之后，还立武庚，又承认东部之殷旧国。第二步是武庚四国叛乱之后，周室的领袖决心用武力东征，灭殷四国，建立了太公的齐国，周公的鲁国。同时又在殷墟建立了卫国，在洛建立了新洛邑。然而周室终不能不保留一个宋国，大概还是承认那个殷民问题的严重性，所以不能不在周室宗亲（卫与鲁）、外戚（齐）的包围监视之下保存一个殷民族文化的故国。

所以在周初几百年之间，东部中国的社会形势是一个周民族成了统治阶级，镇压着一个下层被征服被统治的殷民族。傅斯年先生说“鲁之统治者是周人，而鲁之国民是殷人”（引见上文）。这个论断可以适用于东土全部。这形势颇像后世东胡民族征服了中国，也颇像北欧的民族征服了罗马帝国。以文化论，那新起的周民族自然比不上那东方文化久远的殷民族，所以周室的领袖在那开国的时候也不能不尊重那殷商文化。《康诰》最能表示这个态度：

> 王曰：呜呼，封，汝念哉……往敷求于殷先哲王，用保乂民。汝丕远惟商考成人，宅心知训……

同时为政治上谋安定，也不能不随顺着当地人民的文化习惯。《康诰》说：

> 汝陈时臬司，师兹殷罚有伦。……
> 汝陈时臬事，罚蔽殷彝，用其义刑义杀。……

此可证《左传》定公四年祝佗说的话是合于历史事实的。祝佗说成王分封鲁与卫，“皆启以商政，疆以周索”；而他封唐叔于夏虚，则“启以夏政，疆以戎索”。（杜注：“皆，鲁、卫也；启，开也。居殷故地，因其风俗，开用其政。疆理土地以周法。索，法也。”）但统治者终是统治者，他们自有他们的文化习惯，不屑模仿那被征服的民族的文化。况且新兴的民族看见那老民族的灭亡往往由于文化上有某种不适于生存的坏习惯，所以他们往往看不起征服民族的风俗。《酒诰》一篇便是好例：

> 王曰，封，我西土……尚克用文王教，不腆于酒，故我至于今，克受殷之命。

这是明白的自夸西土民族的胜利是因为没有堕落的习惯。

再看他说：

> 古人有言曰："人无于水监，当于民监。"今惟殷坠厥命，我其可不大监抚于时。

这就是说：我们不要学那亡国民族的坏榜样！但最可注意的是《酒诰》的末段对于周的官吏，有犯酒禁的，须用严刑：

> 汝勿佚，尽执拘以归于周，予其杀。

但殷之旧人可以不必如此严厉办理：

> 又惟殷之迪诸臣惟工，乃湎于酒，勿庸杀之，姑惟教之。

在这处罚的歧异里，我们可以窥见那统治民族一面轻视又一面放任那被征服民族的心理。

但殷民族在东土有了好几百年的历史，人数是很多的；虽没有政治势力，他们的文化的潜势力是不可侮视的。孔子说过：

> 周因于殷礼，所损益可知也。

这是几百年后一个有历史眼光的人的估计，可见周朝的统治者虽有"所损益"，大体上也还是因袭了殷商的制度文物。这就是说，"殪戎殷"之后，几百年之中，殷商民族文化终久逐渐征服了那人数较少的西土民族。

殷周两民族的逐渐同化，其中自然有自觉的方式，也有不自觉的方式。不自觉的同化是两种民族文化长期接触的自然结果，一切民族都难逃免，我们不用说他。那自觉的同化，依我们看来，与"儒"的一个阶级或职业很有重大的关系。

在那个天翻地覆的亡国大变之后，昔日的统治阶级沦落作了俘虏，作了奴隶，作了受治的平民。《左传》里祝佗说：

> 分鲁公以……殷民六族——条氏，徐氏，萧氏，索氏，长勺氏，尾勺氏，——使帅其宗氏，辑其分族，将其类丑，以法则周公，用即命于周；是使之职事于鲁，以昭周公之明德。分之土田陪敦，祝宗卜史，备物典策，官司彝器。……分康叔以……殷民七族——陶氏，施氏，繁氏，锜氏，樊氏，饥氏，终葵氏。……

这是殷商亡国时的惨状的追述。这十几族都有宗氏，都有分族类丑，自然是胜国的贵族了；如今他们都被分给那些新诸侯去“职事”于鲁、卫，——这就是去做臣仆。那些分封的彝器是战胜者的俘获品，那些“祝宗卜史”是亡国的俘虏。那战胜的统治者吩咐他们道：

> 多士，昔朕来自奄，予大降尔四国民命。我乃明致天罚，移尔遐逖，比事臣我宗，多逊……今予惟不尔杀……亦惟尔多士攸服奔走臣我多逊，尔乃尚有尔士，尔乃尚宁干止。尔克敬，天惟畀矜尔。尔不克敬，尔不啻不有尔土，予亦致天之罚于尔躬！（《多士》；参看《多方》。）

这是何等严厉的告诫奴虏的训词！这种奴虏的生活是可以想见的了。

但我们知道，希腊的知识分子做了罗马战胜者的奴隶，往往从奴隶里爬出来做他们的主人的书记或家庭教师。北欧的野蛮民族打倒了罗马帝国之后，终于被罗马天主教的长袍教士征服了，倒过来做了他们的徒弟。殷商的知识分子，——王朝的贞人、太祝、太史，以及贵族的多士，——在那新得政的西周民族之下，过的生活虽然是惨痛的奴虏生活，然而有一件事是殷民族的团结力的中心，也就是他们后来终久征服那战胜者的武器，——那就是殷人的宗教。

我们看殷墟（安阳）出土的遗物与文字，可以明白殷人的文化是一种宗教的文化。这个宗教根本上是一种祖先教。祖先的祭祀在他们的宗教里占一个很重要的地位。丧礼也是一个重要部分。（详下）此外，他们似乎极端相信占卜：大事小事都用卜来决定。如果《鸿范》是一部可信的书，那么，占卜之法到了殷商的末期已起了大改变，用龟卜和用兽骨卜之法之外，还有用蓍草的筮法，与卜并用。

这种宗教需用一批有特别训练的人。卜筮需用“卜筮人”；祭祀需用祝官；丧礼需用相礼的专家。在殷商盛时，祝宗卜史自有专家。亡国之后，这些有专门知识的人往往沦为奴虏，或散在民间。因为他们是有专门的知识技能的，故往往能靠他们的专长换得衣食之资。他们在殷人社会里，仍旧受人民的崇敬；而统治的阶级，为了要安定民众，也许还为了他们自己也需要这种有知识技能的人，所以只需那些“多士攸服奔走臣我多逊”，也就不去过分摧残他们。这一些人和他们的子孙，就在那几百年之中，自成了一个特殊阶级。他们不是那新朝的“士”；“士”是一种能执干戈以卫社稷的武士阶级，是新朝统治阶级的下层。他们只是“儒”。他们负背着保存故国文化的遗风，故在那几百年社会骤变，民族混合同化的形势之中，他们独能继续保存殷商的古衣冠，——也许还继续保存了殷商的古文字言语。（上文引的《墨予·公孟》篇与《非儒》篇，都有“古言服”的话。我们现在还不明白殷周民族在语言文字上有多大的区别。）在他们自己民族的眼里，他们是“殷礼”（殷的宗教文化）的保存者与宣教师。在西周民族的眼里，他们是社会上多才艺的人，是贵族阶级的有用的清客顾问，是多数民众的安慰者。他们虽然不是新朝的“士”，但在那成周、宋、卫、齐、鲁诸国的绝大多数的民众之中，他们要算是最高等的一个阶级了。所以他们和“士”阶级最接近，西周统治阶级也就往往用“士”的名称来泛称他们。《多士》篇开端就说：

> 惟三月，周公初于新邑洛，用告商王士。
> 王若曰：尔殷遗多士！

下文又说：

> 王若曰：尔殷多士！
> 王若曰：告尔殷多士！

《多方》篇有一处竟是把“殷多士”特别分开来了：

> 王曰：呜呼，猷告尔有方多士，暨殷多士。

《大雅·文王》之诗更可以注意。此诗先说周士：

> 陈锡哉周，侯（维）文王孙子。文王孙子，本支百世。凡周之士，不显亦世。世之不显，厥犹翼翼。思皇多士，生此王国。王国克生，维周之桢。济济多士，文王以宁。

次说殷士：

> 商之孙子，其丽不亿。上帝既命，侯（维）于周服。侯服于周，天命靡常。
>
> 殷士肤敏，祼将于京。厥作祼将，常服黼冔。王之荩臣，无念尔祖。

前面说的是新朝的士，是“文王孙子，本支百世”后面说的是亡国的士，是臣服于周的殷士。看那些漂亮的，手腕敏捷的殷士，在那王朝大祭礼里，穿戴着殷人的黼冔（《士冠礼记》：“周弁，殷冔，夏收。”）捧着鬯酒，替主人送酒灌尸。这真是一幕“青衣行酒”的亡国惨剧了！（《毛传》以“殷士”为“殷侯”，殊无根据。《士冠礼记》所谓“殷冔”，自是士冠）

大概周士是统治阶级的最下层，而殷士是受治遗民的最上层。一般普通殷民，自然仍旧过他们的农工商的生活，如《多方》说的“宅尔宅，畋尔田”。《左传》昭十六年郑国子产说，“昔我先君桓公与商人皆出自周，庸次比偶，以艾杀此地，斩之蓬蒿藜藋，而共处之。世有盟誓，以相信也，曰：‘尔无我叛，我无强贾，毋或匄夺；尔有利市宝贿，我勿与知。’恃此质誓，故能相保，以至于今。”徐中舒先生曾根据此段文字，说：“此‘商人’即殷人之后而为商贾者。”又说，“商贾之名，疑即由殷人而起。（《国学论丛》一卷一号，页一一一）此说似甚有理。“商”之名起于殷贾，正如“儒”之名起于殷士。此种遗民的士，古服古言，自成一个特殊阶级；他们那种长袍大帽的酸样子，又都是彬彬知礼的亡国遗民，习惯了“犯而不校”的不抵抗主义，所以得着了“儒”的浑名。儒是柔懦之人，不但指那逢衣博带的文绉绉的样子，还指那亡国遗民忍辱负重的柔道人生观。（傅斯年先生疑心“儒”是古代一个阶级的类名，亡国之后始沦为寒士，渐渐得着柔懦的意义。此说亦有理，但此时尚未有历史证据可以证明“儒”为古阶级）

柔逊为殷人在亡国状态下养成的一种遗风，与基督教不抵抗的训条出于亡国的犹太民族的哲人耶稣，似有同样的历史原因。《左传》昭公七年所记孔子的远祖正考父的鼎铭，虽然是宋国的三朝佐命大臣的话，已是很可惊异的柔道的人生观了。正考父曾“佐戴、武、宣”三朝；据《史记·十二诸侯年表》，宋戴公元年当周宣王二十九年（前 799 年），武公元年当平王六年（前 765 年），宣公元年当平王二十四年（公元前 747 年）。他是西历前八世纪前半的人，离周初已有三百多年了。他的鼎铭说：

一命而偻，再命而伛，三命而俯，循墙而走，亦莫余敢侮。饘于是，鬻于是，以糊余口。

这是殷民族的一个伟大领袖的教训。儒之古训为柔，岂是偶然的吗？

不但柔道的人生观是殷士的遗风，儒的宗教也全是“殷礼”。试举三年之丧的制度作一个重要的例证。十几年前，我曾说三年之丧是儒家所创，并非古礼；当时我曾举三证：

（1）《墨子·非儒篇》说儒者之礼曰：“丧父母三年……”此明说三年之丧是儒者之礼。

（2）《论语》记宰我说三年之丧太久了，一年已够了。孔子弟子中尚有人不认此制合礼，可见此非当时通行之俗。

（3）孟子劝滕世子行三年之丧，滕国的父兄百官皆不愿意，说道：“吾宗国鲁先君莫之行，吾先君亦莫之行也。”鲁为周公之国，尚不曾行过三年之丧。

（《中国哲学史大纲》上，页一三二）

我在五六年前还信此说，所以在《三年丧服的逐渐推行》（《武汉大学文哲季刊》第一卷二号）一篇里，我还说“三年之丧只是儒家的创制”。我那个看法，有一个大漏洞，就是不能解释孔子对宰我说的：

夫三年之丧，天下之通丧也。

如果孔子不说诳，那就是滕国父兄百官扯谎了。如果“鲁先君莫之行”，如果滕国“先君亦莫之行”，那么，孔子如何可说这是“天下之通丧”呢？难道是孔子扯了谎来传教吗？

傅斯年先生前几年作《周东封与殷遗民》，他替我解决了这个矛盾。他说：

> 孔子之“天下”，大约即是齐、鲁、宋、卫，不能甚大。……三年之丧，在东国，在民间，有相当之通行性，盖殷之遗礼，而非周之制度。当时的“君子（即统治者）三年不为礼，礼必坏；三年不为乐，乐必崩”，而士及其相近之阶级则渊源有自，“齐以殷政”者也。试看关于大孝，三年之丧，及丧后三年不做事之代表人物，如太甲，高宗，孝己，皆是殷人。而“君薨，百官总己以听于冢宰者三年”，全不见于周人之记载。

傅先生的说法，我完全可以接受，因为他的确解答了我的困难。我从前说的话，有一部分是不错的，因为三年之丧确是“儒”的礼；但我因为滕、鲁先君不行三年丧制，就不信“天下之通丧”之说，就以为是儒家的创制，而不是古礼，那就错了。傅先生之说，一面可以相信滕、鲁的统治阶级不曾行此礼，一面又可以说明此制行于那绝大多数的民众之中，说它是“天下之通丧”也不算是过分的宣传。

我可以替傅先生添一些证据。鲁僖公死在他的三十三年十一月乙巳（十二日），次年（文公元年）夏四月葬僖公，又次年（文公二年）冬“公子遂如齐纳币”，为文公聘妇。《左传》说，“礼也”。《公羊传》说，“讥丧娶也。娶在三年之外，则何讥乎丧娶？三年之内不图昏。”此可证鲁侯不行三年丧。此一事，《左传》认为“礼也”，杜预解说道：“僖公丧终此年十一月，则纳币在十二月也。”然而文公死于十八年二月，次年正月“公子遂如齐逆女；三月，遂以夫人妇姜至自齐。”杜预注云：“不讥丧娶者，不待贬责而自明也！”此更是鲁侯不行三年丧的铁证了。《左传》昭公十五年：

> 六月乙丑，王太子寿卒。
>
> 秋八月戊寅，王穆后崩。
>
> 十二月，晋荀跞如周葬穆后。籍谈为介。既葬，除丧，以文伯（荀跞）宴，樽以鲁壶。王曰，“伯氏，诸侯皆有以镇抚王室，晋独无有，何

也……籍谈归，以告叔向，叔向曰“王其不终乎？吾闻之，所乐必卒焉。今王乐忧……王一岁而有三年之丧二焉。（杜注：“天子绝期，唯服三年，故后虽期，通谓之三年。”）于是乎以丧宾宴，又求彝器，乐忧甚矣。

……三年之丧，虽贵遂服，礼也。王虽弗遂，宴乐以早，亦非礼也。……”

这可证周王朝也不行三年丧制。《孟子》所记滕国父兄百官的话可算是已证实了。

周王朝不行此礼，鲁、滕诸国也不行此礼，而孔子偏大胆地说：“三年之丧，天下之通丧也。”《论语》记子张问：“书云，‘高宗谅阴，三年不言。’何谓也？”孔子直对他说：“何必高宗？古之人皆然。君薨，百官总己以听于冢宰，三年。”《檀弓》有这样一段：

子张之丧，公明仪为志焉。褚幕，丹质，蚁结于四隅，殷士也。

孔子、子张都是殷人，在他们的眼里嘴里，“天下”只是那大多数的殷商民众，“古之人”也只是殷商的先王。这是他们的民族心理的自然表现，其中自然也不免带一点殷人自尊其宗教礼法的宣传意味。到了孟子，他竟说三年丧是“自天子达于庶人，三代共之”的了。到《礼记·三年问》的作者，他竟说三年丧“是百王之所同，古今之所壹也，未有知其所由来者也！”果然，越到了后来，越“未有知其所由来者也”，直到傅斯年先生方才揭破了这一个历史的谜！

三年之丧是“儒”的丧礼，但不是他们的创制，只是殷民族的丧礼，——正如儒衣儒冠不是他们的创制，只是殷民族的乡服。《孟子》记滕国的父兄百官反对三年之丧时，他们说：

且志曰，“丧祭从先祖，曰，吾有所受之也。”

这句话当然是古政治家息事宁人的绝好原则，最可以解释当时殷、周民族各自有其丧祭制度的政治背景。统治阶级自有其周社，一般“国人”自有其亳社；前者自行其“既葬除服”的丧制，后者自行其“天下之通丧”。

三

我们现在要看看“儒”的生活是怎样的。

孔子以前，儒的生活是怎样的，我们无从知道了。但我疑心《周易》的“需”卦，似乎可以给我们一点线索。儒字从需，我疑心最初只有一个“需”字，后来始有从人的“儒”字。需卦之象为云上于天，为密云不雨之象，故有“需待”之意。（《彖传》：需，须也。）《象传》说此卦象为“君子以饮食宴乐”。《序卦传》说：“需者，饮食之道也。”《彖传》说：

> 需，须也，险在前也。刚健而不陷，其义不困穷矣。

程颐《易传》说此节云：

> 以险在于前，未可遽进，故需待而行也。以乾之刚健，而能需待不轻动，故不陷于险，其义不至于困穷也。

这个卦好像是说一个受压迫的人，不能前进，只能待时而动，以免陷于危险；当他需待之时，别的事不能做，最好是自糊其口，故需为饮食之道。这就很像殷商民族亡国后的“儒”了。这一卦的六爻是这样的：

> 初九，需于郊，利用恒，无咎。
> 《象》曰：“需于郊”，不犯难行也。“利用恒，无咎”，未失常也。
> 九二，需于沙，小有言，终吉。
> 《象》曰：“需于沙”，衍（愆）在中也。虽“小有言”，以吉终也。
> 九三，需于泥，致寇至。
> 《象》曰：“需于泥”，灾在外也。自我“致寇”，敬慎不败也。
> 六四，需于血，出自穴。
> 《象》曰：“需于血”，顺以听也。
> 九五，需于酒食，贞吉。
> 《象》曰：“酒食贞吉”，以中正也。
> 上六，入于穴，有不速之客三人来，敬之，终吉。

《象》曰："不速之客来，敬之，终吉"，虽不当位，未大失也。

这里的"需"，都可作一种人解；此种人的地位是很困难的，是有"险在前"的，是必须"刚健而不陷"的。儒在郊，完全是在野的失势之人，必须忍耐自守，可以无咎。儒在沙，是自己站不稳的，所以说"衍（愆）在中也"。儒在泥，是陷在危险困难里了，有了外侮，只有敬慎，可以不败。儒在血，是冲突之象，他无力和人争，只好柔顺的出穴让人，故《象传》说为"顺以听也"。儒在酒食，是有饭吃了，是他最适宜的地位。他回到穴里去，也还有麻烦，他还得用谨慎的态度去应付。——"需"是"须待"之象，他必须能忍耐待时；时候到了，人家"须待"他了，彼此相"需"了，他就有饭吃了。

《周易》制作的时代，已不可考了。《系辞传》有两处试提出作《易》年代的推测：一处说：

《易》之兴也，其当殷之末世，周之盛德邪？当文王与纣之事邪？是故其辞危。危者使平，易者使倾。其道甚大，百物不废，惧以终始，其要无咎。此之谓《易》之道也。

又一处说：

《易》之兴也，其于中古乎？作《易》者其有忧患乎？是故《履》，德之基也；《谦》，德之柄也；《复》，德之本也；《恒》，德之固也；《损》，德之修也；《益》，德之裕也；《困》，德之辨也；《井》，德之地也；《巽》，德之制也。《履》和而至，《谦》尊而光，《复》小而辨于物，《恒》杂而不厌，《损》先难而后易，《益》长裕而不设，《困》穷而通，《井》居其所而不迁，《巽》称而隐。《履》以和行，《谦》以制礼，《复》以自知，《恒》以一德，《损》以远害，《益》以兴利，《困》以寡怨，《井》以辨义，《巽》以行权。

《易》卦爻辞已有"箕子之明夷"（《明夷》五爻），"王用享于岐山"（《升》四爻）的话，似乎不会是"文王与纣"的时代的作品。"文王囚居羑里而作《易》"的说法，也是更后起之说。《系辞》还是猜度的口气，可见得《系辞》

以前尚没有文王作《易》的说法。《系辞》的推测作《易》年代，完全是根据于《易》的内容的一种很明显的人生观，就是“其辞危”，“惧以终始，其要无咎”。从第一卦的“君子终日乾乾夕惕若厉，无咎”，到第六十四卦的“有孚于饮酒，无咎”，全书处处表现一种忧危的人生观，教人戒惧修德，教人谦卑巽顺，其要归在于求“无咎”，在于“履虎尾不咥人”。《系辞》的作者认清了这一点，所以推测“作《易》者其有忧患乎?”这个观察是很有见地的。我们从这一点上也可以推测《易》的卦爻辞的制作大概在殷亡之后，殷民族受周民族的压迫最甚的一二百年中。书中称“帝乙归妹”（《泰》五爻），“高宗伐鬼方，三年克之”，更可见作者是殷人。所谓“周易”，原来是殷民族的卜筮书的一种。经过了一个不短的时期，方才成为一部比较最通用的筮书。《易》的六十四卦，每卦取自然界或人事界的一个现象为题，其中无甚深奥的哲理，而有一些生活常识的观察。“需”卦所说似是指一个受压迫的智识阶级，处在忧患险难的环境，待时而动，谋一个饮食之道。这就是“儒”。(《蒙》卦的初爻说：“发蒙，利用刑人，用说（脱）桎梏以往，吝。”这里说的也很像希腊的俘虏在罗马贵族家里替他的主人教儿子的情形。)

孔子的时候，有“君子儒”，也有“小人儒”。我们先说“小人儒”的生活是怎样的。

《墨子·非儒》篇有一段描写当时的儒：

> 夫（夫即彼）繁饰礼乐以淫人，久丧伪哀以谩亲；立命缓贫而高浩居（毕沅据《孔子世家》，解浩居为傲倨），倍本弃事而安怠傲。贪于饮食，惰于作务，陷于饥寒，危于冻馁，无以违（避）之。是若人气，鼸鼠藏，而羝羊视，贲彘起。(贲即奔字）君子笑之，怒曰，“散人焉知良儒!”
>
> 夫（彼）□□□□（孙诒让校，此处疑脱“春乞□□”四字)，夏乞麦禾。五谷既收，大丧是随，子姓皆从，得厌饮食。毕治数丧，足以至□矣。因人之家睟（财）以为□，恃人之野以为尊。富人有丧，乃大说喜曰，“此衣食之端也!”

这虽然是一个反儒的宗派说的话，却也有儒家自己的旁证。《荀子·儒效篇》说：

逢衣浅（《韩诗外传》作博）带，解果其冠，（杨倞注引《说苑》淳于髡述“邻圃之祠田，祝曰，蟹螺者宜禾，污邪者百车。”“蟹螺盖高地也，今冠盖亦比之。”）略法先王而足乱世术；缪学杂举，不知法后王而壹制度，不知隆礼义而杀诗书。……呼先王以欺愚者，而求衣食焉。得委积足以掩其口，则扬扬如也。随其长子，事其便辟，举（王念孙云：举读为相与之与）其上客，馋（傯）然若终身之虏而不敢有他志。——是俗儒者也。

用战国晚期荀卿的话来比较墨子的话，我们可以相信，在春秋时期与战国时期之间，已有这种俗儒，大概就是孔子说的“小人儒”。

从这种描写上，我们可以看出他们的生活有几个要点：第一，他们是很贫穷的，往往“陷于饥寒，危于冻馁”；这是因为他们不务农，不作务，是一种不耕而食的寄生阶级。第二，他们颇受人轻视与嘲笑，因为他们的衣食须靠别人供给；然而他们自己倒还有一种倨傲的遗风，“立命，缓贫，而高浩居”，虽然贫穷，还不肯抛弃他们的寄食——甚至于乞食——的生活。第三，他们也有他们的职业，那是一种宗教的职业：他们熟悉礼乐，人家有丧祭大事，都得请教他们。因为人们必须请他们治丧相礼，所以他们虽然贫穷，却有相当崇高的社会地位。骂他们的可以说他们“因人之野以为尊”；他们自己却可以说是靠他们的知识做“衣食之端”。第四，他们自己是实行“久丧”之制的，而他们最重要的谋生技能是替人家“治丧”。他们正是那殷民族的祖先教的教士，这是儒的本业。

从这种“小人儒”的生活里，我们更可以明白“儒”的古义：儒是殷民族的教士，靠他们的宗教知识为衣食之端。

其实一切儒，无论君子儒与小人儒，品格尽管有高低，生活的路子是一样的。他们都靠他们的礼教的知识为衣食之端，他们都是殷民族的祖先教的教士，行的是殷礼，穿的是殷衣冠。在那殷、周民族杂居已六七百年，文化的隔离已渐渐泯灭的时期，他们不仅仅是殷民族的教士，竟渐渐成了殷、周民族共同需要的教师了。

《左传》昭公七年记孟僖子自恨不能相礼，“乃讲学之。苟能礼者，从之。”《左传》又说，孟僖子将死时，遗命要他的两个儿子何忌与说去跟着孔子“学礼焉以定其位”。孔子的职业是一个教师，他说：

> 自行束脩上，吾未尝无诲焉。

束脩十脡脯，是一种最薄的礼物。《檀弓》有“古之大夫，束脩之问不出竟”的话，可证束脩是赠礼。孔子有“博学”“知礼”的名誉，又有“学而不厌，诲人不倦”的精神，故相传他的弟子有三千之多。这就是他的职业了。

孔子也很注重丧祭之礼，他作中都宰时，曾定制用四寸之棺，五寸之椁。（见《檀弓》有若的话）他承认三年之丧为“天下之通丧”，又建立三年之丧的理论，说这是因为“子生三年然后免于父母之怀”。（《论语》十七）这都可表示他是殷民族的宗教的辩护者，正是“儒”的本色。《檀弓》记他临死之前七日，对他的弟子子贡说：

> 夏后氏殡于东阶之上，则犹在阼也。殷人殡于两楹之间，则与宾主夹之也。周人殡于西阶之上，则犹宾之也。而丘也，殷人也。予畴昔之夜，梦坐奠于两楹之间。夫明王不兴，而天下其孰能宗予？予殆将死也？

看他的口气，他不但自己临死还自认是殷人，并且还有“天下宗予”的教主思想。（看下章）

他和他的大弟子的生活，都是靠授徒与相礼两种职业。大概当时的礼俗，凡有丧事，必须请相礼的专家。《檀弓》说：

> 杜桥之母之丧，宫中无相，君子以为沽也。（《七经考文》引古本足利本，有“君子”二字，他本皆无）

“沽”是寒贱之意。当时周民族已与殷民族杂居了六百年，同化的程度已很深了，所以鲁国的大夫士族也传染到了注重丧礼的风气。有大丧的人家，孝子是应该讯“昏迷不复自知礼”了，所以必须有专家相导。这正是儒的“衣食之端”。杜桥之母之丧，竟不用“相”，就被当时的“君子”讥为寒伧了。

孔子为人相丧礼，见于《檀弓》：（参看下文第六章引《曾子问》记孔子“从老聃助葬”）

> 国昭子之母死，问于子张曰：“葬及墓，男子妇人安位？”子张曰：

“司徒敬子之丧，夫子相，男子西乡，妇人东乡。”

据《檀弓》，司徒敬子是卫国大夫。孔子在卫国，还为人相丧礼，我们可以推想他在鲁国也常有为人家相丧礼的事。《檀弓》说：

孔子之故人曰原壤，其母死，夫子助之沐椁。原壤登木曰：“久矣予之不托于音也。”歌曰：

狸首之斑然，

执女手之卷然。

夫子为弗闻也者而过之。从者曰：“子未可以已乎?”夫子曰：“丘闻之，亲者毋失其为亲也，故者毋失其为故也。”

这一个不守礼法的朋友好像不很欢迎孔二先生的帮忙；但他顾念故人，还要去帮他治椁。

他的弟子为人相礼，《檀弓》记载最多。上文引的国昭子家的母丧，即是子张为相。《檀弓》说：

有若之丧，悼公吊焉。子游摈，由左。

摈即是相。又说：

子蒲卒，哭者呼“灭!”子皋曰，“若是野哉!”哭者改之。

这似是因为子皋相礼，所以他纠正主人之失。《檀弓》又记：

孔子之丧，公西赤为志焉。饰棺墙，置翣，设披，周也。设崇，殷也。绸练设旐，夏也。

子张之丧，公明仪为志焉。褚幕丹质，蚁结于四隅，殷士也。

按《士丧礼》的《既夕礼》，饰柩，设披，都用“商祝”为之。可见公西赤与公明仪为“志”，乃是执行《士丧礼》所说的“商祝”的职务。（郑玄注，“志谓章识”。当参考《既夕礼》，可见郑注不确）从此点上，可以推知当时的“儒”不但是“殷士”，其实又都是“商祝”。《墨子・非儒》篇写那些儒者靠为人治丧为衣食之端，此点必须和《檀弓》与《士丧礼》《既夕礼》合并起来看，我们方才可以明白。《士丧礼》与《既夕礼》（即《士丧礼》的下篇）使我们知道当时的丧礼须用“祝”，其职务最繁重。《士丧礼》二篇中明说用“商祝”凡十次，用“夏祝”凡五次，泛称“祝”凡二十二次。旧注以为泛称“祝”者都是“周祝”，其说甚无根据。细考此两篇，绝无用周祝之处；其泛称“祝”之处，有一处确指“夏祝”（“祝受巾巾之”），有两处确指“商祝”。（“祝又受米，奠于贝北”；又下篇“祝降，与夏祝交于阶下。）其他不明说夏与商之处，大概都是指“商祝”，因为此种士丧礼虽然偶有杂用夏、周礼俗之处，其根本的礼节仍是殷礼，故相礼的祝人当然以殷人为主。明白了当时丧礼里“商祝”的重要，我们才可以明白《檀弓》所记丧家的“相”，不仅是宾来吊时的“摈者”（《士丧礼》另有“摈者”），也不仅是指导礼节的顾问。其实还有那最繁重的“祝”的职务。因为这种职务最繁重，所以那些儒者可以靠此为“衣食之端”。

在《檀弓》里，我们已可以看见当孔子的大弟子的时代，丧礼已有了不少的争论。

（一）小敛之奠，子游曰，“于东方”。曾子曰，“于西方”。

（二）卫司徒敬子死，子夏吊焉，主人未小敛，绖而往。子游吊焉，主人既小敛，子游出，绖而反哭。子夏曰，“闻之也欤?”曰，“闻诸夫子：主人未改服，则不绖。”

（三）曾子袭裘而吊，子游裼裘而吊。曾子指子游而示人曰，“夫夫也，为习于礼者，如之何其裼裘而吊也!”主人既小敛，袒，括发，子游趋而出，袭裘带绖而入。曾子曰，“我过矣，我过矣；夫夫是也。”

（四）曾子吊于负夏，主人既祖，填池，（郑注，填池当为奠彻，声之误也。）推柩而反之，降妇人而后行礼。从者曰，“礼与?”曾子曰，“夫祖者，且也。且，胡为其不可以反宿也?”从者又问诸子游曰，“礼与?”子游曰“饭于牖下，小敛于户内，大敛于阼，殡于客位，祖于庭，葬于墓，所以即远也。故丧事有进而无退。”

（五）公叔木有同母异父之昆弟死，问于子游，子游曰，“其大功乎?”狄仪有同母异父之昆弟死，问于子夏，子夏曰“我未之前闻也。鲁人则为之齐衰。”狄仪行齐衰。今之齐衰，狄仪之问也。

我们读了这些争论，真不能不起“累寿不能尽其学，当年不能行其礼”的感想。我们同时又感觉这种仪节上的斤斤计较，颇不像孔子的学风。孔子自己是能了解“礼之本”的，他曾说：

礼，与其奢也，宁俭。丧，与其易也，宁戚。（“易”字旧说纷纷，朱子根据《孟子》“易其田畴”一句，训易为治，谓“节文习熟”。）

《论语》的记者似乎没有完全了解这两句话，所以文字不大清楚。但心粗胆大的子路却听懂了，他说：

吾闻诸夫子：丧礼，与其哀不足而礼有余也，不若礼不足而哀有余也。祭礼，与其敬不足而礼有余也，不若礼不足而敬有余也。（《檀弓》）

这才是孔子答林放问的“礼之本”。还有一位“堂堂乎”的子张也听懂了，他说：

士见危授命，见得思义，祭思敬，丧思哀，其可已矣。（《论语》十九）

“祭思敬，丧思哀”，也就是“礼之本”。我们看孔子对子路说：“啜菽饮水尽其欢，斯之谓孝；敛手足形，还葬而无椁，称其财，斯之谓礼”；（《檀弓》；同书里，孔子答子游问丧具，与此节同意。）又看他在卫国时，遇旧馆人之丧，“一哀而出涕”，就“脱骖而赙之”，——这都可见他老人家是能见其大的，不是拘泥仪文小节的。最可玩味的是《檀弓》记的这一件故事：

孔子在卫，（也是一个殷文化的中心。）送葬者，而夫子观之，曰，“善哉！足以为法矣。……其往也如慕，其反也如疑。”子贡曰，“岂若速反而虞乎?”（既葬，“迎精而反，日中祭之于殡宫，以安之”为虞祭。）曰“小子识之，我未之能行也。”

孔子叹赏那人的态度，而他的弟子只能计较仪节的形式。所以他那些大弟子，都是“习于礼者”，只能在那些达官富人的丧事里，指手画脚的评量礼节，较量袭裘与裼裘的得失，辩论小敛之奠应在东方或在西方。《檀弓》所记，已够使人厌倦，使人失望，使人感觉孔子的门风真是及身而绝了！

我们读了这种记载，可以想象那些儒者的背景。孔子和这班大弟子本来都是殷儒商祝，孔子只是那个职业里出来的一个有远见的领袖，而他的弟子仍多是那个治丧相礼的职业中人，他们是不能完全跳出那种“因人之野以为尊”的风气之外的。孔子尽管教训他们：

女为君子儒，毋为小人儒。

但“君子”“小人”的界限是很难划分的。他们既须靠治丧相礼为“衣食之端”，就往往不能讲气节了。如齐国国昭子之母之丧，他问子张：

丧及墓，男子妇人安位？

子张说：

司徒敬子之丧，夫子相，男子西乡，妇人东乡。

可是主人不赞成这个办法，他说：

噫，毋曰我丧也斯沾。（此句郑玄读：“噫，毋！曰我丧也斯沾。”说曰：“噫，不寤之声。毋者，禁止之辞。斯，尽也。沾读曰觇，觇，视也。国昭子自谓齐之大家，有事人尽视之。”陈澔从郑说。郝敬与姚际恒读“我丧也斯沾尔专之”为一句，释“沾尔”为沾沾尔，见杭大宗《续礼记集说》。我不能赞成旧说，改拟如此读法。他好像是说：“噫，别叫人说咱家的丧事那么贫样！”沾当是“沽”的小误。《檀弓》说：“杜桥之母之丧，宫中无相，君子以为沽也。”）尔专之。宾为宾焉，主为主焉。妇人从男子，皆西乡。

主人要那么办，“夫子”的大帽子也压不住，那位“堂堂乎张也”也就没有法子，只好依着他去做了。其实这班大儒自己也实在有招人轻侮之道。《檀弓》又记着一件很有趣的故事：

季孙之母死，哀公吊焉。曾子与子贡吊焉。阍人为君在，弗内也。曾子与子贡入于其厩而修容焉。子贡先入，阍人曰，“乡者已告矣。”曾

> 子后入，阍人辟之。涉内溜，卿大夫皆辟位，公降一等而揖之。——君子言之曰：“尽饰之道，斯其行者远矣。”

季孙为当时鲁国的最有权力的人，他的母丧真可说是“大丧”了。这两位大儒巴巴地赶来，不料因国君在内，阍人不让他们进去，他们就进季孙的马厩里去修容；子贡修饰好了，还瞒不过阍人，不得进去；曾子装饰得更好，阍人不敢拦他，居然混进去了。里面的国君与大夫，看见此时有吊客进来，料想必是尊客，都起来致敬，国君还降一等揖客。谁想这不过是两位改装的儒者赶来帮主人治丧相礼的呵！我们看了这种圣门的记载，再回想《墨子·非儒》篇描写的“五谷既收，大丧是随，子姓皆从，得厌饮食”，“富人有丧，乃大说喜”的情形，我们真不能不感觉到“君子儒”与“小人儒”的区别是很微细的了！

以上记“儒”的生活，我们只用那些我们认为最可信的史料。有意毁谤儒者，而描写不近情理的材料，如《庄子》记“大儒以诗礼发冢”的文字，我们不愿意引用。如果还有人觉得我在上文描写“儒”的生活有点近于有心毁谤孔门圣贤，那么，我只好请他平心静气想想孔子自己说他的生活：

> 出则事公卿，入则事父兄；丧事不敢不勉，不为酒困，——何有于我哉？（《论语》九）

在这里，我们可以看见一个“儒”的生活的概略。纵酒是殷民族的恶习惯（参看前章引《酒诰》一段），论语里写孔子“不为酒困”，“唯酒无量，不及乱”，还可见酗酒在当时还是一个社会问题。“丧事不敢不勉”，是“儒”的职业生活。“出则事公卿”，也是那个不学稼圃的寄生阶级的一方面。

四

在前三章里，我们说明了“儒”的来历。儒是殷民族的礼教的教士，他们在很困难的政治状态之下，继续保存着殷人的宗教典礼，继续穿戴着殷人的衣冠。他们是殷人的教士，在六七百年中渐渐变成了绝大多数人民的教师。他们的职业还是治丧，相礼，教学；但他们的礼教已渐渐行到统治阶级里了，他们的来学弟子，已有周鲁公族的子弟了；（如孟孙何忌，南宫适）向他们问礼的，不但有各国的权臣，还有齐、鲁、卫的国君了。

这才是那个广义的“儒”。儒是一个古宗教的教师，治丧相礼之外，他们还要做其他的宗教职务。《论语》记孔子的生活，有一条说：

乡人傩，“孔子”朝服而立于阼阶。

傩是赶鬼的仪式。《檀弓》说：

岁旱，穆公召县子而问焉，曰，“天久不雨，吾欲暴尪而奚若?”曰，“天久不雨而暴人之疾子，毋乃不可与?”，“然则吾欲暴巫而奚若?”“天则不雨而望之愚妇人，于以求之，毋乃已疏乎?”“徙市则奚若?”曰，“天子崩，巷市七日。诸侯薨，巷市三日。为之徙市，不亦可乎?”

县子见于《檀弓》凡六次，有一次他批评子游道：“汰哉叔氏，专以礼许人!”这可见县子大概也是孔子的一个大弟子。（《史记·仲尼弟子传》有县成，字子祺。《檀弓》称县子琐。）天久不雨，国君也得请教于儒者。这可见当时的儒者是各种方面的教师与顾问。丧礼是他们的专门，乐舞是他们的长技，教学是他们的职业，而乡人打鬼，国君求雨，他们也都有事，——他们真得要无所不知无所不能的了。《论语》记达巷党人称孔子“博学而无所成名”，孔子对他的弟子说：

吾何执？执御乎？执射乎？吾执御矣。

《论语》又记：

大宰问于子贡曰：“夫子圣者欤？何其多能也?”子贡曰，“固天纵之将圣，又多能也。”子闻之曰，“大宰知我乎？吾少也贱，故多能鄙事。君子多乎哉？不多也。”

儒的职业需要博学多能，故广义的“儒”为术士的通称。

但这个广义的，来源甚古的“儒”，怎样变成了孔门学者的私名呢？这固然是孔子个人的伟大成绩，其中也有很重要的历史的原因。孔子是儒的中兴领袖，而不是儒教的创始者。儒教的伸展是殷亡以后五六百年的一个伟大的历史趋势；孔子只是这个历史趋势的最伟大的代表者，他的成绩也只是这个五六百年的历史运动的一个庄严灿烂的成功。

这个历史运动是殷遗民的民族运动。殷商亡国之后，在那几百年中，人数是众多的，潜势力是很广大的，文化是继续存在的。但政治的势力都全在战胜的民族的手里，殷民族的政治中心只有一个包围在“诸姬”的重围里的宋国。宋国的处境是很困难的；我们看那前八世纪宋国一位三朝佐命的正考父的鼎铭：“一命而偻，再命而伛，三命而俯，循墙而走”，这是何等的柔逊谦卑！宋国所以能久存，也许是靠这种祖传的柔道。周室东迁以后，东方多事，宋国渐渐抬头。到了前七世纪的中叶，齐桓公死后，齐国大乱，宋襄公邀请诸侯的兵伐齐，纳齐孝公。这一件事成功（前642年）之后，宋襄公就有了政治的大欲望，他想继承齐桓公之后作中国的盟主。他把滕子、婴齐捉了；又叫邾人把鄫子捉了，用鄫子来祭次睢之社，“欲以属东夷”。用人祭社，似是殷商旧俗。《左传》昭公十年，“季平子伐莒，取郠，献俘，始用人于亳社”。这样恢复一个野蛮的旧俗，都有取悦于民众的意思。宋襄公眼光注射在东方的殷商旧土，所以要恢复一个殷商宗教的陋俗来巴结东方民众。那时东方无霸国，无人与宋争长；他所虑者只有南方的楚国。果然，在盂之会，楚人捉了宋襄公去，后来又放了他。他还不觉悟，还想立武功，定霸业。泓之战（前638年），楚人大败宋兵，宋襄公伤股，几乎做了第二次的俘虏。当泓之战之前，

> 大司马固谏（大司马是公子目夷，即子鱼。“固”是形容“谏”字的副词。杜预误解“固”为公孙固，《史记·宋世家》作子鱼谏，不误。）曰：“天之弃商久矣。君将兴之，弗可赦也已。”（杜预误读“弗可。赦也已。”此五字当作一句读。子鱼先反对襄公争盟。到了将战，他却主张给楚兵一个痛快的打击，故下文力主趁楚师未既济时击之。丁声树先生说“弗”字乃“不之”二字之合。此句所含“之”字，正指敌人。既要做中兴殷商的大事，这回不可放过敌人了。）

这里忽然提出复兴殷商的大问题来，可见宋襄公的野心正是一个复兴民族的运动。不幸他的“妇人之仁”使他错过机会；大败之后，他还要替自己辩

护，说，

君子不重伤，不禽二毛。……寡人虽亡国之余，不鼓不成列。

“亡国之余”，这也可见殷商后人不忘亡国的惨痛。三百年后，宋君偃自立为宋王，东败齐，南败楚，西败魏，也是这点亡国遗憾的死灰复燃，也是一个民族复兴的运动。但不久也失败了。殷商民族的政治的复兴，终于无望了。

但在那殷商民族亡国后的几百年中，他们好像始终保存着民族复兴的梦想，渐渐养成了一个“救世圣人”的预言，这种预言是亡国民族里常有的，最有名的一个例子就是希伯来（犹太）民族的“弥赛亚”（Messiah）降生救世的悬记，后来引起了耶稣领导的大运动。这种悬记（佛书中所谓“悬记”，即预言）本来只是悬想一个未来的民族英雄起来领导那久受亡国苦痛的民众，做到那复兴民族的大事业。但年代久了，政治复兴的梦想终没有影子，于是这种预言渐渐变换了内容，政治复兴的色彩渐渐变淡了，宗教或文化复兴的意味渐渐加浓了。犹太民族的“弥赛亚”原来是一个复兴英雄，后来却变成了一个救世的教主，这是一变；一个狭义的，民族的中兴领袖，后来却变成了一个救度全人类的大圣人，这一变更远大了。我们现在观察殷民族亡国后的历史，似乎他们也曾有过一个民族英雄复兴殷商的悬记，也曾有过一个圣人复起的预言。

我们试撇开一切旧说，来重读《商颂》的《玄鸟》篇：

天命玄鸟，降而生商，宅殷土芒芒。古帝命武汤，正域彼四方。
方命厥后，奄有九有。商之先后，受命不殆，在武丁孙子。
武丁孙子——武王靡不胜。龙旂十乘，大糦是承。
邦畿千里，维民所止。肇域彼四海，四海来假。
来假祁祁，景员维河。殷受命咸宜，百禄是何。

此诗旧说以为是祀高宗的诗。但旧说总无法解释诗中的“武丁孙子”。也不能解释那“武丁孙子”的“武王”。郑玄解作“高宗之孙子有武功有王德于天下者，无所不胜服”。朱熹说：“武王，汤号，而其后世亦以自称也。言武丁孙子，今袭汤号者，其武无所不胜。”这是谁呢？殷自武丁以后，国力渐衰；史书所载，已无有一个无所不胜服的“武王”了。我看此诗乃是一种预言：

先述那“正域彼四方”的武汤，次预言一个“肇域彼四海”的“武丁孙子——武王”。“大糦”旧说有二：《韩诗》说糦为“大祭”，郑玄训糦为“黍稷”，都是臆说。（朱骏声《说文通训定声》误记《商颂·烈祖》有“大糦是承”，训黍稷；又《玄鸟》有“大糦是承”，《韩诗》训为大祭。其实《烈祖》无此句。）我以为“糦”字乃是“囏”字，即是“艰”字。艰字籀文作囏，字损为糦。《周书·大诰》，“有大艰于西土，西土人亦不静。”“大艰”即是大难。这个未来的“武王”能无所不胜，能用“十乘”的薄弱武力，而承担“大艰”；能从千里的邦畿而开国于四海。这就是殷民族悬想的中兴英雄。(郑玄释“十乘”为“二王后，八州之大国”，每国一乘，故为十乘!）

但世代久了，这个无所不胜的“武王”始终没有出现，宋襄公中兴殷商的梦是吹破的了。于是这个民族英雄的预言渐渐变成了一种救世圣人的预言。《左传》（昭公七年）记孟僖子将死时，召其大夫曰：

> 吾闻将有达者，曰孔丘，圣人之后也，而灭于宋。其祖弗父何以有宋而授厉公。及正考父佐戴、武、宣，三命兹益共，故其鼎铭云：“一命而偻，再命而伛，三命而俯。循墙而走，亦莫敢余侮。饘于是，鬻于是，以糊余口。”其共也如是。臧孙纥有言曰：“圣人有明德者，若不当世，其后必有达人。”今其将在孔丘乎?

孟僖子死在昭公二十四年（前518年)，其时孔子已是三十四岁了。如果这种记载是可信的，那就可见鲁国的统治阶级那时已注意到孔子的声望，并且注意到他的家世；说他是“圣人之后”，并且说他是“圣人之后”的“达者”。孟僖子引臧孙纥的话，臧孙纥自己也是当时人称为“圣人”的，《左传》（襄公二十二年）说：

> 臧武仲雨过御叔，御叔在其邑将饮酒，曰，“焉用圣人！我将饮酒而已。雨行，何以圣为!”

臧孙纥去国出奔时，孔子只有两岁。他说的“圣人有明德者，若不当世，其后必有达人”，当然不是为孔丘说的，不过是一种泛论。但他这话也许是受了当时鲁国的殷民族中一种期待圣人出世的预言的暗示。这自然只是我的一个猜想；但孟僖子说，“吾闻将有达者曰孔丘”，这句话的含义是说：“我听外间传说，将要有一位达人起来，叫作孔丘。”这可见他听见了外间民众纷纷说到这个殷商后裔孔丘，是一位将兴的达者或圣人；这种传说当然与臧孙纥的预言无关，但看孟僖子的口气，好像民间已有把那个三十多岁的孔丘认做符合某种悬记的话，所以他想到那位不容于鲁国的圣人臧孙纥的悬记说，“今其将在孔丘乎？”这就是说：这个预言要应在孔丘身上了。这就是说：民间已传说这个孔丘是一位将兴的达者了，臧孙纥也有过这样的话，现在要应验了。

所以我们可以假定，在那多数的东方殷民族之中，早已有一个“将有达者”的大预言。在这个预言的流行空气里，鲁国“圣人”臧孙纥也就有一种“圣人之后必有达者”的预言。我们可以猜想那个民间预言的形式大概是说：“殷商亡国后五百年，有个大圣人出来。”我们试读《孟子》，就可以知道“五百年”不是我的瞎说。孟子在他离开齐国最不得意的时候，对他的弟子充虞说：

> 五百年必有王者兴，其间必有名世者。由周而来，七百有余岁矣。以其数则过矣；以其时考之则可矣。夫天未欲平治天下也。如欲平治天下，当今之世，舍我其谁也？（《公孙丑》下）

在这一段话里，我们可以看出“五百年必有王者兴”乃是古来一句流行的预言，所以孟子很诧异这个“五百年”的预言何以至今还不灵验。但他始终深信这句五百年的悬记。所以《孟子》最后一章又说：

> 由尧舜至于汤，五百有余岁……由汤至于文王，五百有余岁……由文王至于孔子，五百有余岁……由孔子而来，至于今，百有余岁。去圣人之世若此其未远也，近圣人之居若此其甚也，然而无有乎尔，则亦无有乎尔！（《尽心》下）

这样的低徊追忆不是偶然的事，乃是一个伟大的民族传说几百年流行的结果。

孔子生于鲁襄公二十二年（前 551 年），上距殷武庚的灭亡，已有五百多年。大概这个“五百年必有王者兴”的预言由来已久，所以宋襄公（泓之战在前 638 年）正当殷亡后的第五世纪，他那复兴殷商的野心也正是那个预言之下的产儿。到了孔子出世的时代，那预言的五百年之期已过了几十年，殷民族的渴望正在最高度。这时期，忽然殷宋公孙的一个嫡系里出来了一个聪明睿智的少年，起于贫贱的环境里，而贫贱压不住他；生于“野合”的父母，甚至于他少年时还不知道其父的坟墓，然而他的多才多艺，使他居然战胜了一个当然很不好受的少年处境，使人们居然忘了他的出身，使他的乡人异口同声地赞叹他：

> 大哉孔子！博学而无所成名！

这样一个人，正因为他的出身特别微贱，所以人们特别惊异他的天才与学力之高，特别追想到他的先世遗泽的长久而伟大。所以当他少年时代，他已是民间人望所归了；民间已隐隐地、纷纷地传说：“五百年必有圣者兴，今其将在孔丘乎！”甚至于鲁国的贵族权臣也在背后议论道：“圣人之后，必有达者，今其将在孔丘乎！”

我们可以说，孔子壮年时，已被一般人认作那个应运而生的圣人了。这个假设可以解决《论语》里许多费解的谈话。如云：

> 子曰：天生德于予，桓魋其如予何？

如云：

> 子畏于匡，曰：文王既没，文不在兹乎？天之将丧斯文也，后死者不得与于斯文也。天之未丧斯文也，匡人其如予何？

如云：

> 子曰：凤鸟不至，河不出图，吾已矣夫！

这三段说话，我们平时都感觉难懂。但若如上文所说，孔子壮年以后在一般民众心目中已成了一个五百年应运而兴的圣人，这些话就都不难懂了。因为古来久有那个五百年必有圣者兴的悬记，因为孔子生当殷亡之后五百余年，因为他出于一个殷宋正考父的嫡系，因为他那出类拔萃的天才与学力早年就得民众的崇敬，就被人期许为那将兴的达者，——因为这些缘故，孔子自己也就不能避免一种自许自任的心理。他是不满意于眼前社会政治的现状的，

> 斗筲之人，何足算也！

他是很有自信力的，

苟有用我者，期月而已可也，三年有成。

他对于整个的人类是有无限同情心的，

鸟兽不可与同群，吾非斯人之徒与，而谁与？天下有道，丘不与易也。

所以他也不能不高自期许，把那五百年的担子自己挑起来。他有了这样大的自信心，他觉得一切阻力都是不足畏惧的了："桓魋其如予何！""匡人其如予何！""公伯寮其如命何！"他虽不能上应殷商民族歌颂里那个"肇域彼四海"的"武王"，难道不能做一个中兴文化的"文王"吗！

凤鸟与河图的失望，更可以证明那个古来悬记的存在。那个"五百年必有王者兴"的传说当然不会是那样干净简单的，当然还带着许多幼稚的民族神话。"天命玄鸟，降而生商"，正是他的祖宗的"感生帝"的传说。凤鸟之至，河之出图，麒麟之来，大概都是那个五百年应运圣人的预言的一部分。民众当然深信这些；孔子虽然"不语怪力乱神"，但他也不能完全脱离一个时代的民族信仰。他到了晚年，也就不免有时起这样的怀疑：

凤鸟不至，河不出图，吾已矣夫！

"《春秋》绝笔于获麟"，这个传说，也应该作同样的解释。

《公羊传》说：

有以告者曰，"有麇而角者。"孔子曰："孰为来哉！孰为来哉！"反袂拭面，涕沾袍。颜渊死，子曰，"噫，天丧予！"子路死，子曰，"噫，天祝予！"西狩获麟，孔子曰，"吾道穷矣！"

《史记》节取《左传》与《公羊传》，作这样的记载：

鲁哀公十四年春，狩大野，叔孙氏车子鉏商获兽，以为不祥。仲尼视之，曰，"麟也。"取之。曰，"河不出图，雒不出书，吾已矣夫！颜渊死，孔子曰，"天丧予！"及西狩见麟，曰，"吾道穷矣！"

孔子的谈话里时时显出他确有点相信他是受命于天的。“天生德于予”，“天之未丧斯文也”，“天丧予”，“下学而上达，知我者其天乎！”此等地方，若依宋儒“天即理也”的说法，无论如何讲不通。若用民俗学的常识来看此等话语，一切就都好懂了。《檀弓》记孔子将死的一段，也应该如此看法：

> 孔子蚤作，负手曳杖，消摇于门，歌曰：
>
> 泰山其颓乎？
>
> 梁木其坏乎？
>
> 哲人其萎乎？
>
> 既歌而入，当户而坐。子贡闻之，曰：“泰山其颓，则吾将安仰？梁木其坏，哲人其萎，则吾将安放？夫子殆将病也。”遂趋而入。夫子曰：“赐，尔来何迟也！夏后氏殡于东阶之上，则犹在阼也。殷人殡于两楹之间，则与宾主夹之也。周人殡于西阶之上，则犹宾之也。而丘也，殷人也。予畴昔之夜，梦坐奠于两楹之间。夫明王不兴，而天下其孰能宗予，予殆将死也。”盖寝疾七日而殁。

看他将死之前，明知道那“天下宗予”的梦想已不能实现了，他还自比于泰山、梁木。在那“明王不兴，天下其孰能宗予”的慨叹里，我们还可以听见那“五百年必有王者兴”的古代悬记的尾声，还可以听见一位自信为应运而生的圣者的最后绝望的叹声。同时，在这一段话里，我们也可以看见他的同时人、他的弟子和后世的人对他的敬仰的一个来源。《论语》记那个仪封人说：

> 二三子何患于丧（丧是失位，是不得意）乎？天下之无道也久矣。天将以夫子为木铎。

《论语》又记一件很可玩味的故事：

> 南宫适问于孔子曰：“羿善射，奡荡舟，俱不得其死焉。禹、稷躬稼，而有天下。”孔子不答。南宫适出，子曰：“君子哉若人！尚德哉若人！”

南宫适是孟僖子的儿子，是孔子的侄女婿。他问这话，隐隐地表示他对于某方面的一种想望。孔子虽不便答他，却很明白他的意思了。再看《论语》记子贡替孔子辩护的话：

> 仲尼，日月也。……人虽欲自绝，其何伤于日月乎？多见其不知量也。
>
> 夫子之不可及也，犹天之不可阶而升也。夫子之得邦家者，所谓立之斯立，道之斯行，绥之斯来，动之斯和；其生也荣，其死也哀：——如之何其可及也！

这是当时的人对他的崇敬。一百多年后，孟子追述宰我、子贡、有若赞颂孔子的话，宰我说：

> 以予观于夫子，贤于尧舜远矣！

子贡说：

> 见其礼而知其政，闻其乐而知其德，由百世之后，等百世之王，莫之能违也。自生民以来，未有夫子也。

有若说：

> 岂惟民哉？麒麟之于走兽，凤皇之于飞鸟，太山之于丘垤，河海之于行潦，类也。圣人之于民，亦类也。出于其类，拔乎其萃，自生民以来，未有盛于夫子也。

孟子自己也说：

> 自生民以来，未有孔子也。

后来所谓“素王”之说，在这些话里都可以寻出一些渊源线索。孔子自己也曾说过：

> 文王既没，文不在兹乎？

这就是一个无冠帝王的气象。他自己担负起文王以来五百年的中兴重担子来了，他的弟子也期望他像“禹、稷耕稼而有天下”，说他“贤于尧、舜远矣”，说他为生民以来所未有，这当然是一个“素王”了。

孔子是一个热心想做一番功业的人，本来不甘心做一个“素王”的。我们看他议论管仲的话：

> 管仲相桓公，霸诸侯，一匡天下，民到于今受其赐。微管仲，吾其被发左衽矣。岂若匹夫匹妇之为谅也，自经于沟渎而莫之知也？

这一段话最可以表示孔子的救世热肠，也最可以解释他一生栖栖皇皇奔走四方的行为。《檀弓》记他的弟子有若的观察：

> 昔者夫子失鲁司寇，将之荆，盖先之以子夏，又申之以冉有。以斯知不欲速贫也。

《论语》里有许多同样的记载：

> 子欲居九夷。或曰：“陋，如之何？”子曰：“君子居之，何陋之有？”
>
> 子曰：“道不行，乘桴浮于海，从我者其由欤？”

《论语》里记着两件事，曾引起最多的误解。一件是公山弗扰召孔子的事：

> 公山弗扰以费叛，召，子欲往。子路不说，曰：“末之也已，何必公山氏之之也？”子曰：“夫召我者，而岂徒哉？如有用我者，吾其为东周乎？”

一件是佛肸召孔子的事：

> 佛肸召，子欲往。子路曰：“昔者由也闻诸夫子曰：‘亲于其身为不善者，君子不入也。’佛肸以中牟畔，（佛肸是晋国赵简子的中牟邑宰，据中牟以叛。）子之往也，如之何？”子曰：“然，有是言也。不曰坚乎，磨而不磷？不曰白乎，涅而不缁？吾岂匏瓜也哉？焉能系而不食？”

后世儒者用后世的眼光来评量这两件事，总觉得孔子决不会这样看重两个反叛的家臣，决不会这样热衷。疑此两事的人，如崔述（《洙泗考信录》卷二），根本不信此种记载为《论语》所有的；那些不敢怀疑《论语》的人，如孔颖达（《论语正义》十七），如程颐、张栻（引见朱熹《论语集注》九），都只能委曲解说孔子的动机。其实孔子的动机不过是赞成一个也许可以尝试有为的机会。从事业上看，“吾其为东周乎？”这就是说，也许我可以造成一个“东方的周帝国”哩。从个人的感慨上说，“吾岂匏瓜也哉？焉能系而不食？”这就是说，我是想做事的，我不能像那串葫芦，挂在那儿摆样子，可是不中吃的。这都是很近情理的感想，用不着什么解释的。（王安石有《中牟》诗：“颓城百雉拥高秋，驱马临风想圣丘。此道门人多未悟，尔来千载判悠悠。”）

他到了晚年，也有时感慨他的壮志的消磨。最动人的是他的自述：

> 甚矣吾衰也！久矣吾不复梦见周公！

这寥寥两句话里，我们可以听见一个“烈士暮年，壮心未已”的长叹。周公是周帝国的一个最伟大的创始者，东方的征服可说全是周公的大功。孔子想造成的“东周”，不是那平王以后的“东周”，（这个“东周”乃是史家所用名称，当时无用此名的。）乃是周公平定四国后造成的东方周帝国。但这个伟大的梦终没有实现的机会，孔子临死时还说：

> 夫明王不兴，而天下其孰能宗予，予殆将死也？

不做周公而仅仅做一个“素王”，是孔子自己不能认为满意的。但“五百年必有王者兴”的悬记终于这样不满意的应在他的身上了。

犹太民族亡国后的预言，也曾期望一个民族英雄出来，“做万民的君王和司令”（《以赛亚书》五五章，四节，）“使雅各布众复兴，使以色列之中得保全的人民能归回，——这还是小事，——还要作外邦人的光，推行我（耶和华）的救恩，直到地的尽头。”（同书，四九章，六节）但到了后来，大卫的子孙里出了一个耶稣，他的聪明仁爱得了民众的推戴，民众认他是古代先知预言的“弥赛亚”，称他为“犹太人的王”。后来他被拘捕了，罗马帝国的兵“给他脱了衣服，穿上一件朱红色袍子，用荆棘编作冠冕，戴在他头上，拿一根苇子放在他右手里；他们跪在他面前，戏弄他说：‘恭喜犹太人的王阿！’”戏弄过了，他们带他出去，把他钉死在十字架上。犹太人的王“使雅各布众复兴，使以色列归回”的梦想，就这样吹散了。但那个钉死在十字架上的殉道者，死了又“复活”了：“好像一粒芥菜子，这原是种子里最小的，等到长起来，却比各样菜都大，且成了一株树，天上的飞鸟来宿在他的枝上”：他真成了“外邦人的光，直到地的尽头”。

孔子的故事也很像这样的。殷商民族亡国以后，也曾期望“武丁孙子”里有一个无所不胜的“武王”起来，“大糦是承”，“肇域彼四海”。后来这个希望渐渐形成了一个“五百年必有王者兴”的悬记，引起了宋襄公复兴殷商的野心。这一次民族复兴的运动失败之后，那个伟大的民族仍旧把他们的希望继续寄托在一个将兴的圣王身上。果然，亡国后的第六世纪里，起来了一个伟大的“学而不厌，诲人不倦”的圣人。这一个伟大的人不久就得着了许多人的崇敬，他们认他是他们所期待的圣人；就是和他不同族的鲁国统治阶级里，也有人承认那个圣人将兴的预言要应在这个人身上。和他接近的人，仰望他如同仰望日月一样；相信他若得着机会，他一定能“立之斯立，道之斯行，绥之斯来，动之斯和”。他自己也明白人们对他的期望，也以泰山梁木自待，自信“天生德于予”，自许要作文王、周公的功业。到他临死时，他还做梦“坐奠于两楹之间”。他抱着“天下其孰能宗予”的遗憾死了，但他死了也“复活”了：“人能弘道，非道弘人”，他打破了殷、周文化的藩篱，打通了殷、周民族的畛域，把那含有部落性的“儒”抬高了，放大了，重新建立在六百年殷、周民族共同生活的新基础之上：他做了那中兴的“儒”的不祧的宗主；他也成了“外邦人的光”，“声名洋溢乎中国，施及蛮貊，舟车所至，人力所通，……凡有血气者莫不尊亲。”

五

孔子所以能中兴那五六百年来受人轻视的“儒”，是因为他认清了那六百年殷、周民族杂居，文化逐渐混合的趋势，他知道那个富有部落性的殷遗民的“儒”是无法能拒绝那六百年来统治中国的周文化的了，所以他大胆的冲破那民族的界限，大胆的宣言：“吾从周！”他说：

> 夏礼，吾能言之，杞不足征也。殷礼，吾能言之，宋不足征也。文献不足故也。足，则吾能征之矣。

这就是说，夏、殷两个故国的文化虽然都还有部分的保存，——例如《士丧礼》里的夏祝商祝，——然而民族杂居太长久了，后起的统治势力的文化渐渐湮没了亡国民族的老文化，甚至于连那两个老文化的政治中心，杞与宋，都不能继续保存他们的文献了。杞国的史料现在已无可考。就拿宋国来看，宋国在那姬周诸国包围之中，早就显出被周文化同化的倾向来了。最明显的例子是谥法的采用。殷人无谥法，《檀弓》说：

> 幼名，冠字，五十以伯仲，死谥，周道也。

今考《宋世家》，微子启传其弟微仲，微仲传子稽，稽传丁公申，丁公申传湣公共，共传弟炀公熙，湣公子鲋弑炀公而自立，是为厉公。这样看来，微子之后，到第四代已用周道，死后称谥了。——举此一端，可见同化的速度。在五六百年中，文献的丧失，大概是由于同化久了，虽有那些保存古服古礼的"儒"，也只能做到一点抱残守缺的工夫，而不能挽救那自然的趋势。可是那西周民族却在那五六百年中充分吸收东方古国的文化；西周王室虽然渐渐不振了，那些新建立的国家，如在殷商旧地的齐、鲁、卫、郑，如在夏后氏旧地的晋，都继续发展，成为几个很重要的文化中心。所谓"周礼"，其实是这五六百年中造成的殷、周混合文化。旧文化里灌入了新民族的新血液，旧基础上筑起了新国家的新制度，很自然的呈现出一种"粲然大备"的气象。《檀弓》有两段最可玩味的记载：

> 有虞氏瓦棺，夏后氏圣周，殷人棺椁，周人墙置翣。周人以殷人之棺椁葬长殇，以夏后氏之塈周葬中殇下殇，以有虞氏之瓦棺葬无服之殇。
>
> 仲宪言于曾子曰："夏后氏用明器……殷人用祭器，……周人兼用之。……"

这都是最自然的现象。我们今日看北方的出殡，其中有披麻戴孝的孝子，有和尚，有道士，有喇嘛，有军乐队，有纸扎的汽车、马车，和《檀弓》记的同时有四种葬法，是一样的文化混合。孔子是个有历史眼光的人，他认清了那个所谓“周礼”并不是西周人带来的，乃是几千年的古文化逐渐积聚演变的总成绩，这里面含有绝大的因袭夏、殷古文化的成分。他说：

殷因于夏礼，所损益，可知也。周因于殷礼损益，可知也。

这是很透辟的“历史的看法”。有了这种历史见解，孔子自然能看破，并且敢放弃那传统的“儒”的保守主义。所以他大胆地说：

周监于二代，郁郁乎文哉！吾从周。

在这句“吾从周”的口号之下，孔子扩大了旧“儒”的范围，把那个做殷民族的祝人的“儒”变做全国人的师儒了。“儒”的中兴，其实是“儒”的放大。

孔子所谓“从周”，我在上文说过，其实是接受那个因袭夏、殷文化而演变出来的现代文化。所以孔子的“从周”不是绝对的，只是选择的，只是“择其善者而从之，其不善者而改之。”《论语》里说：

颜渊问为邦，子曰：“行夏之时，乘殷之辂，服周之冕。乐则韶舞。放郑声，远佞人；郑声淫，佞人殆。”

这是很明显的折中主义。《论语》又记孔子说：

麻冕，礼也；今也纯。俭，吾从众。拜下，礼也；今拜乎上，泰也。虽违众，吾从下。

这里的选择去取的标准更明显了。《檀弓》里也有同类的记载：

孔子曰：“拜而后稽颡，颓乎其顺也。（郑注，此殷之丧拜也。）稽颡而后拜，颀乎其至也。（郑注，此周之丧拜也。）三年之丧，吾从其至者。”

殷既封而吊，周反哭而吊。孔子曰，殷已悫，吾从周。”

殷练而祔，周卒哭而祔。孔子善殷。

这都是选择折中的态度。《檀弓》又记：

> 孔子之丧，公西赤为志焉：饰棺墙，置翣，设披，周也。设崇，殷也。绸练设旐，夏也。
>
> 子张之丧，公明仪为志焉：褚幕丹质，蚁结于四隅，殷士也。

这两家的送葬的礼式不同，更可以使我们明白孔子和殷儒的关系。子张是“殷士”，所以他的送葬完全沿用殷礼。孔子虽然也是殷人，但他的教义早已超过那保守的殷儒的遗风了，早已明白宣示他的“从周”的态度了，早已表示他的选择三代礼文的立场了，所以他的送葬也含有这个调和三代文化的象征意义。

孔子的伟大贡献正在这种博大的“择善”的新精神。他是没有那狭义的畛域观念的。他说：

> 君子周而不比。

又说：

> 君子群而不党。

他的眼光注射在那整个的人群，所以他说：

> 君子之于天下也，无适也，无莫也，义之与比。

他认定了教育可以打破一切阶级与界限，所以曾有这样最大胆的宣言：

> 有教无类。

这四个字在今日好像很平常，但在二千五百年前，这样平等的教育观必定是很震动社会的一个革命学说。因为“有教无类”，所以孔子说：“自行束脩以上，吾未尝无诲焉”；所以他的门下有鲁国的公孙，有货殖的商人，有极贫的原宪，有在缧线之中的公冶长。因为孔子深信教育可以摧破一切阶级的畛域，所以他终身“为之不厌，诲人不倦”。

孔子时时提出一个“仁”字的理想境界。“仁者人也”，这是最妥帖的古训。“井有仁焉”就是“井有人焉”。“仁”就是那用整个人类为对象的教义。最浅的说法是：

樊迟问仁，子曰：“爱人。”

进一步的说法，“仁”就是要尽人道，做到一个理想的人样子，这个理想的人样子也有浅深不同的说法：

樊迟问仁，子曰：“居处恭，执事敬，与人忠：虽之夷狄，不可弃也。”

这是最低限度的说法了。此外还有许多种说法：

樊迟问仁，子曰：“仁者先难而后获，可谓仁矣。”（比较孔子在别处对樊迟说的“先事后得”）

司马牛问仁，子曰：“仁者其言也讱。为之难，言之得无讱乎？”

颜渊问仁，子曰：“克己复礼为仁。”

仲弓问仁，子曰：“出门如见大宾，使民如承大祭。己所不欲，勿施于人。在邦无怨，在家无怨。”

其实这都是“居处恭，执事敬，与人忠”引申的意义。仁就是做人。用那理想境界的人做人生的目标，这就是孔子的最博大又最平实的教义。我们看他的大弟子曾参说的话：

士不可以不弘毅：任重而道远。仁以为己任，不亦重乎？死而后已，不亦远乎？

“仁以为己任”，就是把整个人类看作自己的责任。耶稣在山上，看见民众纷纷到来，他很感动，说道：“收成是好的，可惜做工的人太少了。”曾子说的“任重而道远”，正是同样的感慨。

从一个亡国民族的教士阶级，变到调和三代文化的师儒；用“吾从周”的博大精神，担起了“仁以为己任”的绝大使命，——这是孔子的新儒教。

“儒”本来是亡国遗民的宗教，所以富有亡国遗民柔顺以取容的人生观，所以“儒”的古训为柔懦。到了孔子，他对自己有绝大信心，对他领导的文化教育运动也有绝大信心，他又认清了那六百年殷、周民族同化的历史实在是东部古文化同化了西周新民族的历史，——西周民族的新建设也都建立在那“周因于殷礼”的基础之上——所以他自己没有那种亡国遗民的柔逊取容的心理。“士不可以不弘毅：任重而道远”，这是这个新运动的新精神，不是那个“一命而偻，再命而伛，三命而俯”的柔道所能包含的了。孔子说：

> 志士仁人，无求生以害仁，有杀身以成仁。

他的弟子子贡问他：伯夷、叔齐饿死在首阳山下，怨不怨呢？孔子答道：

> 求仁而得仁，又何怨？

这都不是柔道的人生哲学了。这里所谓“仁”，无疑的，就是做人之道。孟子引孔子的话道：

> 志士不忘在沟壑，勇士不忘丧其元。

我颇疑心孔子受了那几百年来封建社会中的武士风气的影响，所以他把那柔懦的儒和杀身成仁的武士合并在一块，造成了一种新的“儒行”。《论语》说：

> 子路问成人，子曰：“若臧武仲之知，公绰之不欲。卞庄子之勇，冉求之艺，文之以礼乐，亦可以为成人矣。”曰：“今之成人者何必然。见利思义，见危授命，久要不忘平生之言，亦可以为成人矣。”

“成人”就是“成仁”，就是“仁”。综合当时社会上的理想人物的各种美德，合成一个理想的人格，这就是“君子儒”，这就是“仁”。但他又让一步，说“今之成人者”的最低标准，这个最低标准正是当时的“武士道”的信条。他的弟子子张也说：

> 士见危致命，见得思义，祭思敬，丧思哀，其可已矣。

曾子说：

> 可以托六尺之孤，可以寄百里之命，临大节而不可夺也。君子人欤？君子人也。

这就是“见危致命”的武士道的君子。子张又说：

> 执德不弘，信道不笃，焉能为有？焉能为亡？

子张是“殷士”，而他的见解已是如此，可见孔子的新教义已能改变那传统的儒，形成一种弘毅的新儒了。孔子曾说：

> 刚毅木讷近仁。

又说：

> 巧言令色，鲜矣仁。

他提倡的新儒行只是那刚毅勇敢，担负得起天下重任的人格。所以说：

> 仁者己欲立而立人，己欲达而达人。

又说：

> 君子……修己以敬，……修己以安人，……修己以安百姓。

这是一个新的理想境界，绝不是那治丧相礼以为衣食之端的柔懦的儒的境界了。

孔子自己的人格就是这种弘毅的人格。《论语》说：

> 子曰：“君子道者三，我无能焉：仁者不忧，知者不惑，勇者不惧。”子贡曰：“夫子自道也。”
>
> 子曰：“不怨天，不尤人，下学而上达。知我者其天乎！”
>
> 叶公问孔子于子路，子路不对。子曰：“汝奚不曰，‘其为人也，发愤忘食，乐以忘忧，不知老之将至云尔？’”

《论语》又记着一条有风趣的故事：

> 子路宿于石门，晨门曰：“奚自？”子路曰：“自孔氏。”曰：“是知其不可而为之者欤？”

这是当时人对于孔子的观察。“知其不可而为之”，是孔子的新精神。这是古来柔道的儒所不曾梦见的新境界。

但柔道的人生观，在孔门也不是完全没有相当地位的。曾子说：

> 以能问于不能，以多问于寡；有若无，实若虚；犯而不校：昔者吾友尝从事于斯矣。

这一段的描写，原文只说“吾友”，东汉的马融硬说“友谓颜渊”，从此以后，注家也都说是颜渊了。（现在竟有人说道家出于颜回了）其实“吾友”只是我的朋友，或我的朋友们，二千五百年后人只可以“阙疑”，不必费心去猜测。如果这些话可以指颜渊，那么，我们也可以证明这些话是说孔子。《论语》不是说过吗？

> 子入太庙，每事问。或曰：“孰谓鄹人之子知礼乎？入太庙，每事问！”子闻之曰，“是礼也。”

这不是有意的“以能问于不能，以多问于寡”吗？这不是“有若无，实若虚”吗？

> 子曰，“吾有知乎哉？无知也。有鄙夫问于我，空空如也。我叩其两端而竭焉。”

这不是“以能问于不能，以多问于寡；有若无，实若虚”吗？《论语》又记孔子赞叹“伯夷、叔齐不念旧恶，怨是用希”，这不是“犯而不校”吗？为什么我们不可以说“吾友”是指孔子呢？为什么我们不可以说“吾友”只是泛指曾子“昔者”接近的某些师友呢？为什么我们不可以说这是孔门某一个时期（“昔者”）所“尝从事”的学风呢？

大概这种谦卑的态度，虚心的气象，柔逊的处世方法，本来是几百年来的儒者遗风，孔子本来不曾抹杀这一套，他不过不承认这一套是最后的境界，也不觉得这是唯一的境界罢了。（曾子的这一段话的下面，即是“可以托六尺之孤”一段；再下面，就是“士不可以不弘毅”一段。这三段话，写出三种境界，最可供我们作比较。）在那个标举“成人”“成仁”为理想境界的新学风里，柔逊谦卑不过是其一端而已。孔子说得好：

恭而无礼则劳，慎而无礼则葸，勇而无礼则乱，直而无礼则绞。

恭与慎都是柔道的美德——孟僖子称正考父的鼎铭为“共（恭）”——可是过当的恭慎就不是“成人”的气象了。《乡党》一篇写孔子的行为何等恭慎谦卑！《乡党》开端就说：

孔子于乡党，恂恂如也，似不能言者。其在宗庙朝廷，便便言，唯谨尔。（郑注：便便，辩也。）

《论语》里记他和当时的国君权臣的问答，语气总是最恭慎的，道理总是守正不阿的。最好的例子是鲁定公问一言可以兴邦的两段：

定公问：“一言而可以兴邦，有诸？”

孔子对曰：“言不可以若是其几也。人之言曰，‘为君难，为臣不易。’如知为君之难也，不几乎一言而兴邦乎？”

曰：“一言而丧邦，有诸？”

孔子对曰：“言不可以若是其几也。人之言曰，‘予无乐乎为君，唯其言而莫予违也。’如其善而莫之违也，不亦善乎？如不善而莫之违也，不几乎一言而丧邦乎？”

他用这样婉转的辞令，对他的国君发表这样独立的见解，这最可以代表孔子的“温而厉”，“与人恭而有礼”的人格。

《中庸》虽是晚出的书，其中有子路问强一节，可以用来做参考资料：

子路问强。子曰：“南方之强欤？北方之强欤？抑而强欤？

“宽柔以教，不报无道，南方之强也。君子居之。

“衽金革，死而不厌，北方之强也。而强者居之。

“故君子和而不流，强哉矫。中立而不倚，强哉矫。国有道，不变塞焉，强哉矫。国无道，至死不变，强哉矫。”

这里说的话，无论是不是孔子的原话，至少可以表示孔门学者认清了当时有两种不同的人生观，又可以表示他们并不菲薄那“宽柔以教，不报无道”（即是“犯而不校”）的柔道。他们看准了这种柔道也正是一种“强”道。当时所谓“南人”，与后世所谓“南人”不同。春秋时代的楚与吴，虽然更南了，但他们在北方人的眼里还都是“南蛮”，够不上那柔道的文化。古代人所谓“南人”似乎都是指大河以南的宋国、鲁国，其人多是殷商遗民，传染了儒柔的风气，文化高了，世故也深了，所以有这种宽柔的“不报无道”的教义。

这种柔道本来也是一种“强”，正如《周易·彖传》说的“谦尊而光，卑而不可逾”。一个人自信甚坚强，自然可以不计较外来的侮辱；或者他有很强的宗教信心，深信“鬼神害盈而福谦”，他也可以不计较偶然的横暴。谦卑柔逊之中含有一种坚忍的信心，所以可说是一种君子之强。但他也有流弊。过度的柔逊恭顺，就成了懦弱者的百依百顺，没有独立的是非好恶之心了。这种人就成了孔子最痛恨的“乡原”；“原”是谨愿，乡愿是一乡都称为谨愿好人的人。《论语》说：

> 子曰：“乡原，德之贼也。”

《孟子》末篇对这个意思有很详细的说明：

> 孟子曰：“……孔子曰：‘过我门而不入我室，我不憾焉者，其惟乡原乎？乡原，德之贼也。’”
>
> 万章曰：“何如斯可谓之乡原矣？”
>
> 曰：“何以是嘐嘐也！言不顾行，行不顾言，则曰，‘古之人！古之人！行何为踽踽凉凉？生斯世也，为斯世也，善斯可矣。’阉然媚于世也者，是乡原也。”
>
> 万章曰：“一乡皆称原人焉，无所往而不为原人，孔子以为德之贼，何哉？”
>
> 曰：“非之，无举也；刺之，无刺也。同乎流俗，合乎污世。居之似忠信，行之似廉洁。众皆悦之，自以为是，而不可与入尧舜之道。故曰德之贼也。孔子曰：‘恶似而非者。恶莠，恐其乱苗也。恶佞，恐其乱义也。恶利口，恐其乱信也。恶郑声，恐其乱乐也。恶紫，恐其乱朱也。恶乡原，恐其乱德也。’”

这样的人的大病在于只能柔而不能刚；只能“同乎流俗，合乎污世”，“阉然媚于世”，而不能有踽踽凉凉的特立独行。

孔子从柔道的儒风里出来，要人“柔而能刚”，“恭而有礼”。他说：

> 众好之，必察焉。众恶之，必察焉。

乡原绝不会有“众恶之”的情况的。凡“众好之”的人，大概是“同乎流俗，合乎污世”的人。《论语》另有一条说此意最好：

> 子贡问曰：“乡人皆好之，何如？”
> 子曰：“未可也。”
> “乡人皆恶之，何如？”
> 子曰：“未可也。不如乡人之善者好之，其不善者恶之。”

这就是《论语》说的“君子和而不同”；也就是《中庸》说的“君子和而不流，中立而不倚”。这才是孔子要提倡的那种弘毅的新儒行。

《礼记》里有《儒行》一篇，记孔子答鲁哀公问“儒行”的话，其著作年代已不可考，但其中说儒服是鲁、宋的乡服，可知作者去古尚未远，大概是战国早期的儒家著作的一种。此篇列举“儒行”十六节，其中有一节云：

> 儒有衣冠中，动作慎；其大让如慢，小让如伪；大则如威（畏），小则如愧；其难进而易退也，粥粥若无能也。

这还是儒柔的本色。又一节云：

> 儒有博学而不穷，笃行而不倦，……礼之以和为贵，……举贤而容众，毁方而瓦合，其宽裕有如此者。

这也还近于儒柔之义。但此外十几节，如云：

> 爱其死以有待也，养其身以有为也。
> 非时不见，非义不合。
> 见利不亏其义，见死不更其守。其特立有如此者。
> 儒有可亲而不可劫也，可近而不可迫也，可杀而不可辱也。其过失

可微辨而不可面数也。其刚毅有如此者。

身可危也，而志不可夺也。虽危，起居竟信（伸）其志，犹将不忘百姓之病也。其忧思有如此者。

患难相死也，久相待也，远相致也。

儒有澡身而浴德，陈言而伏。……世治不轻，世乱不沮。同弗与，异弗非也。其特立独行有如此者。

儒有上不臣天子，下不事诸侯，慎静而尚宽，强毅以与人，……砥厉廉隅。虽分国，如锱铢。……其规为有如此者。

这就都是超过那柔顺的儒风，建立那刚毅威严，特立独行的新儒行了。

以上述孔子改造的新儒行：他把那有部落性的殷儒扩大到那“仁以为己任”的新儒；他把那亡国遗民的柔顺取容的殷儒抬高到那弘毅进取的新儒。这真是“振衰而起懦”的大事业。

六

我们现在可以谈谈“儒”与“道”的历史关系了。同时也可以谈谈孔子与老子的历史关系了。

“道家”一个名词不见于先秦古书中，在《史记》的《陈平世家》，《封禅书》，《太史公自序》里，我们第一次见着“道家”一个名词。司马谈父子所谓“道家”，乃是一个“因阴阳之大顺，采儒、墨之善，撮名、法之要”的混合学派。因为是个混合折中的学派，他的起源当然最晚，约在战国的最后期与秦、汉之间。这是毫无可疑的历史事实。（我别有论“道家”的专文。）

最可注意的是秦以前论学术派别的，没有一个人提到那个与儒、墨对立的“道家”。孟子在战国后期论当时的学派，只说“逃墨必归于杨，逃杨必归于儒”。韩非死在秦始皇时，他也只说“世之显学，儒、墨也。”

那么，儒、墨两家之外，那极端倾向个人主义的杨朱可以算是自成一派，其余的思想家——老子、庄周、慎到、田骈、驺衍等——都如何分类呢?

依我的看法，这些思想家都应该归在儒、墨两大系之下。

宋轻、尹文、惠施、公孙龙一些人都应该归于“墨者”一个大系之下。宋轻（宋钘）、尹文主张“见侮不辱，救民之斗；禁攻寝兵，救世之战”，他们正是墨教的信徒，这是显而易见的。惠施主张“泛爱万物”，又主张齐、梁两国相推为王，以维持中原的和平；公孙龙到处劝各国“偃兵”，这也是墨教的遗风。至于他们的名学和墨家的名学也有明显的渊源关系，那更是容易看出的。

其余的许多思想家，无论是齐鲁儒生，或是燕齐方士，在先秦时代总称为“儒”，都属于“儒者”的一大系。所以齐宣王招致稷下先生无数，而《盐铁论》泛称为“诸儒”；所以秦始皇坑杀术士，而世人说他“坑儒”。《庄子·说剑》篇（伪书）也有庄子儒服而见赵王的传说。

老子也是儒。儒的本义为柔，而《老子》书中的教义正是一种“宽柔以教，不报无道”的柔道。“弱之胜强，柔之胜刚，天下莫不知，莫能行。”“上善若水，水利万物而不争。”“夫唯不争，故天下莫与之争。”“报怨以德。”“强梁者不得其死。”“曲则全，枉则直，洼则盈。”……这都是最极端的“犯而不校”的人生观。如果“儒，柔也”的古训是有历史意义的，那么，老子的教义正代表儒的古义。

我们试回想到前八世纪的正考父的鼎铭，回想到《周易》里“谦”，“损”，“坎”，“巽”等教人柔逊的卦爻词，回想到曾子说的“昔者吾友尝从事”的“犯而不校”，回想到《论语》里讨论的“以德报怨”的问题，——我们不能不承认这种柔逊谦卑的人生观正是古来的正宗儒行。孔子早年也从这个正宗儒学里淘炼出来，所以曾子说：

> 以能问于不能，以多问于寡；有若无，实若虚；犯而不校：昔者吾友当从事于斯矣。

后来孔子渐渐超过了这个正统遗风，建立了那刚毅弘大的新儒行，就自成一种新气象。《论语》说：

> 或曰：“以德报怨，何如？”
> 子曰：“何以报德？——以直报怨；以德报德。”

这里“或人”提出的论点，也许就是老子的“报怨以德”，也许只是那个柔道遗风里的一句古训。这种柔道，比“不报无道”更进一层，自有大过人处，自有最能感人的魔力，因为这种人生观的基础是一种大过人的宗教信心，——深信一个“无为而无不为”“不争而善胜”的天道。但孔子已跳过了这种“过情”的境界，知道这种违反人情的极端教义是不足为训的，所以他极力回到那平实中庸的新教义：“以直报怨，以德报德。”

这种讨论可以证明孔子之时确有那种过情的柔道人生观。信《老子》之书者，可以认为当时已有《老子》之书或老子之教的证据。即有尚怀疑《老子》之书者，他们若平心想想，也决不能否认当时实有“犯而不校”的柔道，又实有“以德报怨”的更透进一层的柔道。如果连这种重要证据都要抹杀，硬说今本《老子》里的柔道哲学乃是战国末年世故已深时宋钘、尹文的思想的余波，那种人的固执是可以惊异的，他们的理解是不足取法的。

还有那个孔子问礼于老聃的传说，向来怀疑的人都学韩愈的看法，说这是老子一派的人要自尊其学，所以捏造“孔子，吾师之弟也”的传说。（姚际恒《礼记通论》论《曾子问》一篇，说，“此为老、庄之徒所作无疑。”）现在依我们的新看法，这个古传说正可以证明老子是个“老儒”，是一个殷商老派的儒。

关于孔子见老子的传说，约有几组材料的来源：

（1）《礼记》的《曾子问》篇，孔子述老聃论丧礼四事。

（2）《史记·孔子世家》记南宫敬叔与孔子适周问礼，“盖见老子云”一段。

（3）《史记·老庄申韩列传》，“孔子适周，将问礼于老子，老子曰……”一段。

（4）《庄子》中所记各段。

我们若依这个次序比较这四组的材料，可以看见一个最可玩味的现象，就是老子的人格的骤变，从一个最拘谨的丧礼大师，变到一个最恣肆无礼的出世仙人。最可注意的是《史记》两记此事，在《孔子世家》里老子还是一个很谦恭的柔道学者，而在《老子列传》里他就变作一个盛气拒人的狂士了。这个现象，其实不难说明。老子的人格变化只代表各时期的人对于老子的看法不同。作《曾子问》的人绝对不曾梦见几百年后的人会把老聃变成一个谩骂无礼的狂士，所以他只简单的记了老聃对于丧礼的几条意见。这个看法当然是最早的；因为，如果《曾子问》真是后世“老庄之徒所作”，请问，这班“老庄之徒”为什么要把老子写成这样一个拘谨的丧礼专门大师呢？若如姚际恒所说，《曾子问》全书是“老庄之徒所作无疑”，那么，这班“老庄之徒”捏造了这五十条丧礼节目的讨论，插入了四条老聃的意见，结果反把老聃变成了一个儒家丧礼的大师，这岂不是“赔了夫人又折兵”的大笨事吗？——这类的说法既说不通了，我们只能承认那作《曾子问》的人生在一个较早的时期，只知道老子是一位丧礼大师，所以他老老实实的传述了孔子称引老聃的丧礼意见。这是老、孔没有分家的时代的老子。

司马迁的《孔子世家》是《史记》里最谨慎的一篇，所以这一篇记孔子和老子的关系也还和那最早的传说相去不远：

> （孔子）适周问礼，盖见老子云。辞去，而老子送之曰：“吾闻富贵者送人以财，仁人者送人以言。吾不能富贵，窃仁人之号，送子以言曰：‘聪明深察而近于死者，好议人者也。博辩广大危其身者，发人之恶者也。为人子者，毋以有己。为人臣者，毋以有己。’”

这时代的人已不信老子是个古礼专家了，所以司马迁说“适周问礼，盖见老子云”，这已是很怀疑的口气了。但他在这一篇只采用了这一段临别赠言，这一段话还把老子看作一个柔道老儒，还不是更晚的传说中的老子。

到了《老庄列传》里，就大不同了！

> 孔子适周，将问礼于老子。老子曰：“子所言者，其人与骨皆已朽矣。独其言在耳。……”

这就是说，孔子“将”要问礼，就碰了一个大钉子，开不得口。这就近于后世传说中的老子了。

至于《庄子》《列子》书中所记孔子见老子的话，离最古的传说更远，其捏造的时代更晚，更不用说了。如果老子真是那样一个倨傲谩骂的人，而孔子却要借车借马远道去“问礼”，他去碰钉子挨骂，岂非活该！

总之，我们分析孔子问礼于老子的传说，剥除了后起的粉饰，可以看出几个要点：

(1) 古传说认老子为一个知礼的大师。这是问礼故事的中心，不可忽视。

(2) 古传说记载老子是一位丧礼的专家。《曾子问》记孔子述他的礼论四条，其第二条最可注意：

孔子曰：昔者吾从老聃助葬于巷党，及堩，日有食之，老聃曰："丘止柩就道右，止哭以听变，既明反而后行。"曰，"礼也。"反葬而丘问之曰："夫柩不可以反者也。日有食之，不知其已之迟数，则岂如行哉?"老聃曰："诸侯朝天子，见日而行，逮日而舍奠。大夫使，见日而行，逮日而舍。夫柩不蚤出，不莫宿。见星而行者，唯罪人与奔父母之丧者乎?日有食之，安知其不见星也?且君子行礼，不以人之亲痁患。"吾闻诸老聃云。

这种议论，有何必要而须造出一个老师的权威来作证？岂非因为老聃本是一位丧礼的权威，所以有引他的必要吗？

(3) 古传说里，老子是周室的一个"史"：《老子列传》说他是"周守藏室之史"，《张汤列传》说他是"柱下史"。史是宗教的官，也需要知礼的人。

(4) 古传说又说他在周，成周本是殷商旧地，遗民所居。（古传说又说他师事商容，——作常枞，汪中说为一人——可见古说总把他和殷商文化连在一块，不但那柔道的人生观一项而已。）

这样看来，我们更可以明白老子是那正宗老儒的一个重要的代表了。

聪明的汪中（《述学》补遗，《老子考异》）也承认《曾子问》里的老聃是"孔子之所从学者，可信也"。但他终不能解决下面的疑惑：

夫助葬而遇日食，然且以见星为嫌，止柩以听变，其谨于礼也如是。至其书则曰："礼者，忠信之薄而乱之首也。"下殇之葬，称引周、召、史佚，其尊信前哲也如是。（此一条也见《曾子问》。）而其书则曰："圣人不死，大盗不止。"彼此乖违甚矣。故郑注谓"古寿考者之称"，黄东发《日钞》亦疑之，而皆无以辅其说。（汪中列举三疑，其他二事不关重要，今不论。）

博学的汪中误记了《庄子》伪书里的一句“圣人不死，大盗不止”，硬说是《老子》里的赃物！我们不能不替老子喊一声冤枉。《老子》书里处处抬高“圣人”作个理想境界，全书具在，可以覆勘。所以汪中举出的两项“乖违”，其一项已不能成立了。其他一项，“礼者，忠信之薄，而乱之首”，正是深知礼制的人的自然的反动，本来也没有可疑之处。博学的汪中不记得《论语》里的同样主张吗？孔子也说过：

人而不仁，如礼何？人而不仁，如乐何？

又说过：

礼云，礼云，玉帛云乎哉？乐云，乐云，钟鼓云乎哉？

《论语》又有两条讨论“礼之本”的话：

林放问礼之本。子曰：“大哉问！礼，与其奢也，宁俭。丧，与其易也，宁戚。”（说详上文第三章）

子夏问曰：“‘巧笑倩兮，美目盼兮，素以为绚兮’，何谓也？”子曰：“绘事后素。”曰：“礼后乎？

子曰：“启予者商也，始可与言诗已矣。”

《檀弓》述子路引孔子的话，也说：

丧礼，与其哀不足而礼有余也，不若礼不足而哀有余也。祭礼，与其敬不足而礼有余也，不若礼不足而敬有余也。

这样的话，都明明地说还有比“礼”更为根本的在，明明地说礼是次要的（“礼后”），正可以解释老子“礼者忠信之薄而乱之首”的一句话。老子、孔子都是深知礼意的大师，所以他们能看透过去，知道“礼之本”不在那礼文上。孔子看见季氏舞八佾，又旅于泰山，也跳起来，叹口气说：“呜呼！曾谓泰山不如林放乎！”后世的权臣，搭起禅让台来，欺人寡妇孤儿，抢人的天下，行礼已毕，点头赞叹道：“舜禹之事，吾知之矣！”其实那深知礼意的老聃、孔丘早已看透了！《檀弓》里还记一位鲁人周丰对鲁哀公说的话：

殷人作誓而民始畔，周人作会而民始疑。苟无礼义忠信诚悫之心以莅之，虽固结之，民其不解乎？

这又是老子的话的注脚了。

总之，依我们的新看法，老子出在那个前六世纪，毫不觉得奇怪。他不过是代表那六百年来以柔道取悦于世的一个正统老儒；他的职业正是殷儒相礼助葬的职业，他的教义也正是《论语》里说的“犯而不校”“以德报怨”的柔道人生观。古传说里记载着孔子曾问礼于老子，这个传说在我们看来，丝毫没有可怪可疑之点。儒家的书记载孔子“从老聃助葬于巷党”，这正是最重要的历史证据，和我们上文说的儒的历史丝毫没有矛盾冲突。孔子和老子本是一家，本无可疑。后来孔、老的分家，也丝毫不足奇怪。老子代表儒的正统，而孔子早已超过了那正统的儒。老子仍旧代表那随顺取容的亡国遗民的心理，孔子早已怀抱着“天下宗予”的东周建国的大雄心了。老子的人生哲学乃是千百年的世故的结晶，其中含有绝大的宗教信心——“常有司杀者杀”，“天网恢恢，疏而不失”——所以不是平常一般有血肉骨干的人所能完全接受的。孔子也从这种教义里出来。他的性情人格不容许他走这条极端的路，所以他渐渐回到他所谓“中庸”的路上去，要从刚毅进取的方面造成一种能负荷全人类担子的人格。这个根本上有了不同，其他教义自然都跟着大歧异了。

那个消极的柔儒要“损之又损，以至于无”；而这个积极的新儒要“学如不及，犹恐失之”，“学而不厌，诲人不倦”。那个消极的儒对那新兴的文化存着绝大的怀疑，要人寡欲绝学，回到那“无知无欲”的初民状态；而这个积极的儒却讴歌那“郁郁乎文哉”的周文化，大胆的宣言：“吾从周!”那个消极的儒要人和光同尘，泯灭是非与善恶的执着；而这个刚毅的新儒却要人“无求生以害仁，有杀身以成仁”，要养成一种“笃信好学，守死善道”，“造次必于是，颠沛必于是”的人格。

在这个新儒的运动卓然成立之后，那个旧派的儒就如同满天的星斗在太阳的光焰里，存在是存在的，只是不大瞧得见了。可是，我们已说过，那柔道的儒，尤其是老子所代表的柔道，自有他的大过人处，自有他的绝坚强的宗教信心，自有他的深于世故的人生哲学和政治态度。这些成分，初期的孔门运动并不曾完全抹杀：如孔子也能欣赏那“宽柔以教，不报无道”的柔道，也能尽量吸收那倾向自然主义的天道观念，也能容纳那无为的政治理想。所以孔、老尽管分家，而在外人看来，——例如从墨家看来——他们都还是一个运动，一个宗派。试看墨家攻击儒家的四大罪状：

> 儒之道足以丧天下者四政焉：儒以天为不明，以鬼为不神，天鬼不说，此足以丧天下。又厚葬久丧，……此足以丧天下。又弦歌鼓舞，习为声乐，此足以丧天下。又以命为有；贫富，寿夭，治乱，安危有极矣，不可损益也。为上者行之，必不听治矣；为下者行之，必不从事矣。此足以丧天下。（《墨子·公孟》篇）

我们试想想，这里的第一项和第四项是不是把孔老都包括在里面？所谓“以天为不明，以鬼为不神”，现存的孔门史料都没有这种极端言论，而《老子》书中却有“天地不仁”，“其鬼不神”的话。儒家（包括孔、老）承认天地万物都有一定的轨迹，如老子说的自然无为，如孔子说的“天何言哉？四时行焉，百物生焉”，这自然是社会上的常识积累进步的结果。相信一个“无为而无不为”的天道，即是相信一个“莫之为而为”的天命：这是进一步的宗教信心。所以老子、孔子都是一个知识进步的时代的宗教家。但这个进步的天道观念是比较的太抽象了，不是一般民众都能了解的，也不免时时和民间祈神事鬼的旧宗教习惯相冲突。既然相信一个“独立而不改，周行而不殆”的天道，当然不能相信祭祀事神可以改变事物的趋势了。孔子说：

> 获罪于天，无所祷也。

又说：

> 敬鬼神而远之。

老子说：

> 以道莅天下，其鬼不神。

《论语》又记一事最有意味：

> 子疾病，子路请祷。子曰："有诸?"子路对曰："有之。诔曰：'祷尔于上下神祇。'"子曰："丘之祷久矣。"

子路尚且不能了解这个不祷的态度，何况那寻常民众呢？在这些方面，对于一般民间宗教孔、老是站在一条战线上的。

我们在这里，还可以进一步指出老子、孔子代表的儒，以及后来分家以后的儒家与道家，所以都不能深入民间，都只能成为长袍阶级的哲学，而不能成为影响多数民众的宗教，其原因也正在这里。

汪中曾怀疑老子若真是《曾子问》里那个丧礼大师，何以能有"礼者忠信之薄而乱之首"的议论。他不曾细细想想，儒家讲丧礼和祭礼的许多圣贤，可曾有一个人是深信鬼神而讲求祭葬礼文的？我们研究各种礼经礼记，以及《论语》《檀弓》等书，不能不感觉到一种最奇怪的现状：这些圣人贤人斤斤的讨论礼文的得失，无论是拜上或拜下，无论是麻冕或纯冕，无论是绖裘而吊或袭裘而吊，甚至于无论是三年之丧或一年之丧，他们都只注意到礼文应该如何如何，或礼意应该如何如何，却全不谈到那死了的人或受吊祭的鬼神！他们看见别人行错了礼，只指着那人嘲笑道：

> 夫夫也！为习于礼者！

他们要说某项节文应该如何做，也只说：

> 礼也。

就是那位最伟大的领袖孔子也只能有一种自己催眠自己的祭祀哲学：

> 祭如在；祭神如神在。

这个"如"的宗教心理学，在孔门的书里发挥得很详尽。《中庸》说：

> 斋明盛服以承祭祀，洋洋乎如在其上，如在其左右。

《祭义》说的更详细：

> 斋之日，思其居处，思其笑语，思其志意，思其所乐，思其所嗜。

> 斋三日，乃见其所为斋者。祭之日，入室，僾然必有见乎其位；周还出户，肃然必有闻乎其容声：出户而听，忾然必有闻乎其叹息之声。

这是用一种精神作用极力催眠自己，要自己感觉得那受祭的人“如在”那儿。这种心理状态不是人人都训练得到的，更不是那些替人家治丧相礼的职业的儒所能做到的。所以我们读《檀弓》所记，以及整部《仪礼》《礼记》所记，都感觉一种不真实的空气，《檀弓》里的圣门弟子也都好像《士丧礼》里的夏祝、商祝，都只在那里唱戏做戏，台步一步都不错，板眼一丝都不乱，——虽然可以博得“吊者大悦”，然而这里面往往没有一点真的宗教感情。就是那位气度最可爱的孔子，也不过能比一般职业的相礼祝人忠厚一等而已：

> 子食于有丧者之侧，未尝饱也。
>
> 丧事不敢不勉，不为酒困。
>
> 子于是日哭，则不歌。

这种意境都只是体恤生人的情绪，而不是平常人心目中的宗教态度。

所以我们读孔门的礼书，总觉得这一班知礼的圣贤很像基督教《福音书》里耶稣所攻击的犹太“文士”（Seribes）和“法利赛人”（Pharisees）。（“文士”与“法利赛人”都是历史上的派别名称，本来没有贬义。因为耶稣攻击过这些人，欧洲文字里就留下了不能磨灭的成见，这两个名词就永远带着一种贬义。我用这些名词，只用他们原来的历史意义，不含贬议。）犹太的“文士”和“法利赛人”都是精通古礼的，都是“习于礼”的大师，都是犹太人的“儒”。耶稣所以不满意于他们，只是因为他们熟于典礼条文，而没有真挚的宗教情感。中国古代的儒，在知识方面已超过了那民众的宗教，而在职业方面又不能不为民众做治丧助葬的事，所以他们对于丧葬之礼实在不能有多大的宗教情绪。老子已明白承认“礼者忠信之薄而乱之首”了，然而他还是一个丧礼大师，还不能不做相丧助葬的职业。孔子也能看透“丧与其易也宁戚”了，然而他也还是一个丧礼大师，也还是“丧事不敢不勉”。他的弟子如“堂堂乎”的子张也已宣言“祭思敬，丧思哀，其可已矣”了，然而他也不能不替贵族人家做相丧助葬的事。苦哉！苦哉！这种智识与职业的冲突，这种理智生活与传统习俗的矛盾，就使这一班圣贤显露出一种很像不忠实的俳优意味。

我说这番议论，不是责备老、孔诸人，只是要指出一件最重要的历史事实。“五百年必有圣者兴”，民间期望久了，谁料那应运而生的圣者却不是民众的真正领袖：他的使命是民众的“弥赛亚”，而他的理智的发达却接近那些“文士”与“法利赛人”：他对他的弟子说：

> 未能事人，焉能事鬼？
> 未知生，焉知死？

他的民族遗传下来的职业使他不能不替人家治丧相礼，正如老子不能不替人家治丧相礼一样。但他的理智生活使他不能不维持一种严格的存疑态度：

> 知之为知之，不知为不知，是知也。

这种基本的理智的态度就决定了这一个儒家运动的历史的使命了。这个五百年应运而兴的中国“弥赛亚”的使命是要做中国的“文士”阶级的领导者，而不能直接做那多数民众的宗教领袖。他的宗教只是“文士”的宗教，正如他的老师老聃的宗教也只是“文士”的宗教一样。他不是一般民众所能了解的宗教家。他说：

> 君子不忧不惧。内省不疚，夫何忧何惧！

他虽然在那“吾从周”的口号之下，不知不觉地把他的祖先的三年丧服和许多宗教仪节带过来，变成那殷、周共同文化的一部分了，然而那不过是殷、周民族文化结婚的一份赔嫁妆奁而已。他的重大贡献并不在此，他的心也不在此，他的历史使命也不在此：他们替这些礼文的辩护只是社会的与实用的，而不是宗教的：“慎终追远，民德归厚矣，”所以他和他的门徒虽然做了那些丧祭典礼的传人，他们始终不能做民间的宗教领袖。

民众还得等候几十年，方才有个伟大的宗教领袖出现。那就是墨子。

墨子最不满意的就是那些儒者终生治丧相礼，而没有一点真挚的尊天信鬼的宗教态度。上文所引墨者攻击儒者的四大罪状，最可以表现儒、墨的根本不同。《墨子·公孟》篇说：

> 公孟子曰："无鬼神。"又曰："君子必学祭祀。"

这个人正是儒家的绝好代表：他一面维持他的严格的理智态度，一面还不能抛弃那传统的祭祀职业。这是墨子的宗教热诚所最不能容忍的。所以他驳他说：

> 执无鬼而学祭礼，是犹无客而学客礼也，是犹无鱼而为鱼罟也。

懂得这种思想和"祭如在"的态度的根本不同，就可以明白墨家所以兴起和所以和儒家不兼容的历史的背景了。

二十三，三，十五开始写此文
二十三，五，十九夜写成初稿

驳胡适之《说儒》

钱　穆

导语

钱穆（公元1895—1990年），字宾四，江苏无锡人，中国现代历史学家、思想史家。他先后就读于常州府中学堂、南京中英中学，1912年辍学后自学。曾在集美中学、无锡第三师范、江苏省立中学任教。1930年因发表《刘向歆父子年谱》被聘为燕京大学国文讲师，后历任燕京大学、北京大学、清华大学、北平师范大学教授。抗日战争时期，先后在西南联合大学、华西大学、四川大学、齐鲁大学任教。1949年去中国香港，创办新亚书院，任院长。1967年移居中国台北，任“中央研究院”院士、台北“故宫博物院”特聘研究员，其著作辑为《钱宾四先生全集》，共甲、乙、丙三编，计五十四册，约一千五百万字。他对古代思想家和哲学家及其考辨，对其思想发展的源流的探讨，均成一家之言。

本文写于抗日战争时期，初刊于成都《学思杂志》一卷一期。1954年在香港大学《东方文化》一卷一期转载。文中针对胡适的《说儒》中的“初儒皆殷人、皆殷遗民”“儒是柔懦之人，为亡国遗民忍辱负重的柔道观”“儒为殷遗民，穿戴殷代古衣冠、习行殷代古礼”“儒以相丧为本业及孔门师弟子皆为殷儒商祝”“老子是一个老儒，是一个殷商老儒”等观点提出了反驳，虽然引证不多，但是却能抓住胡文的要害，同时以子之矛，攻子之盾的驳论方法也很有力量。

余旧撰《国学概论》，已着墨家得名乃由刑徒劳役取义，而于“儒”字尚无确诂。及著《先秦诸子系年》，乃知许叔重《说文》儒为“术士”之称，“术”指术艺，“术士”即娴习六艺之士，而“六艺”即礼、乐、射、御、书、数。因知儒、墨皆当时社会生活职业一流品。此乃自来论先秦学派者所未道。越数载，胡适之先生有《说德》篇（刊于《胡适论学近着》第一集），亦以生活职业释“儒”字，而持论与余说大异。因撰此文，借以请胡先生及读者之教正。

一、驳最初儒皆殷人皆殷遗民之说

孔子殷人，不能即征儒者之皆殷遗民。孔子弟子分布，鲁为多，卫次之，齐又次之，而籍宋者较少。胡文引傅孟真说，鲁为殷遗民之国。然孔门鲁籍弟子，固有确知其非殷遗民者。姑举颜氏说之。《左传》襄公十九年：

> 齐侯娶于鲁，曰颜懿姬，其姪鬷声姬。

注曰：

> 颜鬲皆姬母姓。（当曰“母氏”。）

则颜氏为姬姓鲁族审矣。《姓谱》：

> 颜姓本自鲁伯禽支子有食采颜邑者，因以为族。

此当有本。《仲尼弟子传》，颜氏居其八，颜路、颜回、颜幸、颜高、颜祖、颜之仆、颜韩、颜何，皆鲁人。颜之推云：

> 仲尼母族。

孔庙韩敕修《礼器碑》：

> 颜氏圣舅，家居鲁。亲里在尼山，汉为昌平亭。

此孔门弟子颜氏为鲁人，决非殷民之确证也。（《春秋》又有郳颜，与鲁颜别。《公羊传》所称“郳娄颜”是也。然郳亦非殷后。）其他孔子弟子稍著者，其籍贯皆已考详于《系年》。岂得因鲁地有殷遗民，遂轻谓鲁儒皆殷遗哉？

二、驳儒是柔懦之人为亡国遗民忍辱负重的柔道观说

《说文》：

> 儒，柔也。术士之称。

此当断为两句。“柔”者，“儒”字通训；“术士”则儒之别解。胡文不辨许书句读，遂疑儒术尚柔，僢矣。即谓儒道尚柔，亦未必与亡国遗民相涉。胡文举正考父佐戴、武、宣而《鼎铭》云云。考宋戴公元当周宣王二十九年，上距殷灭已三百二十五年。正考父《鼎铭》，特其私人之处世格言云然耳，岂得谓是“殷民族一个伟大领袖之教训”？又岂得据以谓“柔逊乃殷人亡国状态之遗风”？考之古说，殷尚鬼，周尚文。尚鬼者，尊信宗教，富于理论想象而长艺术。尚文者，擅政治与军事之组织而重现实。此为殷、周两部族特性相异之传说。征之载籍，确可依信。《春秋》以下之宋人，大率偏骛理论，不顾事实，有一往无前之概，盖犹不失古先遗风。宋襄公谓“寡人虽亡国之余，不重伤，不禽二毛，不鼓不成列。”此谓之狂骛于想象而不顾事实可也，谓是亡国遗风之柔逊则不可。华元之杀楚使者申舟，曰：“过我而不假道，鄙我也。鄙我，亡也。杀其使者，必伐我。伐我亦亡，亡一也。”乃杀之。此谓之偏守理论而轻视事实可也，谓是亡国遗风之柔逊又不可。楚既围宋，华元夜入楚师，登子反之床，曰：“敝邑易子而食，析骸以爨，虽然，城下之盟，有以国毙，不能从也。”楚卒为退师三十里而与之平。此岂所谓亡国遗风之柔逊者耶？其他如宋向戌之弭兵，宋王偃之仁义，又如宋人之揠苗助长，与白日而攫金于市，皆其骛想象忽事实之证也。孔子为殷遗而居鲁邦，为东周文献渊薮，其所崇重向往者，曰文王、周公；盖孔子乃绾合中国往古传统殷、周两族一偏理想、一重实际之两端，而创为儒道之中庸。据《论语》与《周易》，儒家论人事皆尚刚，不尚柔。质之东周殷族风尚，即无柔懦之征；求之儒家经典明训，亦无主柔之说。胡文所举，全无实际。臆测之辞，不攻自破矣。

三、驳儒为殷遗民穿戴殷代古衣冠习行殷代古礼说

儒家所言“礼”，皆周礼也。孔子曰：

> 夏礼吾能言之，杞不足征也。殷礼吾能言之，宋不足征也。文献不足故也，足则吾能征之矣。

此孔子自言夏、殷之礼因文献不足而不能征。又曰：

> 周监于二代，郁郁乎文哉！吾从周。

是孔于又言周礼承夏、殷之后，集文化大成，而为孔子所愿从矣。故曰：

> 文王既没，文不在兹乎？

是孔门言礼直承周代，绝无疑义。孔子何以能言周礼？则以西周礼书犹存于鲁故也。卫祝鮀有言：

> 伯禽封鲁，其分器备物典册。

此西周礼书在鲁之所由也。故晋韩宣子聘鲁，见《易象》与《春秋》，而曰：

> 周礼尽在鲁矣。

齐仲孙湫之省鲁，亦曰：

> 鲁秉周礼，未可动。

哀公三年，桓、僖二宫灾，命周人出御书，宰人出礼书（以上皆见《左传》）。此皆周之典籍，鲁有其副之证。故孔子曰：

> 吾观周道，幽厉伤之，吾舍鲁何适矣。（《礼运》）

又其对哀公曰：

> 文武之道，布在方册。（《哀公问》）

而庄子亦言之，曰：

> 其在于《诗书》礼乐者，晋鲁之士，搢绅先生多能明之。（《天下》篇）

此鲁存周礼，为儒道所本之明据确证也。《小戴礼记·明堂位》：

> 凡四代之服、器、官，鲁兼用之，是故鲁，王礼也。天下传之久矣，礼乐、刑法、政俗，未尝相变也。天下以为有道之国，是故天下资礼乐焉。

此儒业独盛于鲁之所由也。又《左传》哀公十七年：

> 公会齐侯盟于蒙，孟武伯相。齐侯稽首，公拜。齐人怒，武伯曰："非天子，寡君无所稽首。"

二十一年：

> 公及齐侯、邾子盟于顾，齐人责稽首，因歌之曰："鲁人之皋，数年不觉，使我高蹈。唯其儒书，以为二国忧。"

孟武伯问孝于孔子，其父懿子实先为孔子弟子。此称"儒书"，即周室相传古礼书也。若为殷礼，鲁之公卿，岂敢据亡国之礼，不稽首而拜，以逆大国之怒乎？再亲征之于孔子，曰：

> 麻冕，礼也，今也纯，俭，吾从众。拜下，礼也，今拜乎上，泰也，虽违众，吾从下。

《白虎通·拂冕》篇：

> 麻冕者何？周宗庙之冠也。

"拜乎上"者，刘宝楠《论语正义》据凌廷堪《礼经释例》，谓当时如燕礼，士相见礼、公食大夫礼、聘礼，凡应于堂下拜者，皆不循臣礼之正而拜乎堂上，故孔子非之。据此，则孔子所躬行之礼，其为殷礼乎？抑周礼乎？又不烦言而解矣。

再论儒服。《儒行》篇：

> 鲁哀公问于孔子曰："夫子之服，其儒服与？"孔子对曰："丘少居鲁，衣逢掖之衣。长居宋，冠章甫之冠。丘闻之也：君子之学也博，其服也乡，丘不知儒服。"

注：

> 逢，犹太也。大掖之衣，大袂禅衣也。

《庄子·盗跖》篇：

> 搓衣浅带。

《释文》：

> 搓，本又作缝。

《列子·黄帝》篇：

> 女，逢衣徒也。

《释文》向秀注曰：

> 儒服宽长而大。

《荀子·非十二子》篇：

> 其冠进，其衣逢。

又《儒效》篇：

> 缝衣浅带，解果其冠。

杨注并曰：

逢，大也。

《淮南·齐俗》：

裙衣博袍。

高注：

裙，褒也。

褒，亦大也。又《泛论》：

褒衣傅带。

此在礼家谓之“侈袂”之衣。《周礼·司服》郑注：

士之衣袂皆二尺二寸而属幅，其袪尺二寸。大夫以上侈之。侈之者，盖半而益一焉。半而益一，则其袂三尺三寸，袪尺八寸。

盖士之袂以布一幅为之，大夫以上之袂加半幅布。儒者“缝衣”即士服，视当时大夫之服而稍敛其制，乌有所谓穿殷代之古衣？儒术既盛行于鲁，及于战国，而春秋封建衣冠之制渐坏，《儒行》作者遂以缝衣为鲁之乡服焉。然要之古无以缝衣为殷制者。《论语》公西华之言曰：

宗庙之事，如会同，端章甫，愿为小相焉。

郑注：

衣玄端，冠章甫。

“玄端”即正幅之袂，即缝衣也。“章甫”则为礼冠。此证当时礼冠有用章甫者。若当时未有此制，孔子与子华，乃舍周之“委貌”而服殷冠，是畔民也。又乌见所谓亡国遗民忍辱负重之柔逊？盖当时本以章甫为贵族之冠，故孔子既冠章甫，而鲁人诵之曰：

衮衣章甫，爰得我所。

然则孔子之冠章甫，以其为士故，非以其为殷遗民故，又昭灼甚明矣。《郊特牲》《士冠记》并云：

> 委貌，周道也。章甫，殷道也。毋追，夏后氏之道也。

据《白虎通》，此三冠制稍有大小之差。然章甫固为殷冠与否，尚无的证。《庄子》：

> 宋人资章甫适诸越。

或自战国以来，章甫盛行于宋邑，故《儒行》作者遂有居宋而冠章甫之曲说，而《礼经》作者乃又以章甫为殷冠。纵使其说而信，则周用六代礼乐，孔门之冠章甫，要以其为礼冠，为士服；不得如《德行》作者谓是乡服，更不当如胡文所举，谓之是殷代古衣冠也。若必谓缝衣、章甫，乃殷遗亡国之古服，则《荀子》又云：

> 幅章甫、絇屦，绅而搢笏。（《哀公篇》）

岂絇屦、搢绅亦殷遗旧制乎？且《墨子》之书犹有明证：

> 公益子戴章甫，搢笏，儒服而以见。子墨子曰："行不在服。且子法周而未法夏，子之古非古。"（《公益篇》）

是墨子明以儒服章甫、搢笏为法周，又乌见其为殷代亡国遗民之衣冠？

胡文谓儒礼为殷礼者，特举三年之丧以为说。胡文既谓儒衣冠乃殷民族之乡服，又以三年之丧为殷民族之丧礼。《论语》：

> 子张问："《书》云：'高宗谅阴，三年不言。'何谓也？"孔子曰："何必高宗，古之人皆然。君薨，百官总己以听于冢宰三年。"

高宗谅阴，见于《尚书·说命》之佚文，又见于《无逸》，又见于《楚语》与《吕览》，此非儒家一家之言也。然仅据此文，谓殷高宗曾行三年之丧则可，谓三年之丧即为殷礼则又不可。考之《孟子》，舜相尧二十八载，尧崩，三年之丧毕，舜避尧之子于南河之南。舜荐禹于天，十有七载，舜崩，三年之丧毕，禹避舜之子于阳城。禹荐益于天，七年禹崩，三年之丧毕，益避禹之子于箕山之阴。（《万章篇》。）称三年之丧者，以此为最古。窃疑当尧舜之际，中国尚为部族酋长选举共主之时代，此如乌桓、鲜卑、契丹、蒙古皆有之，而中国定制较为精惬；厥有三端：一者，选举共主，必先预推其为候选人，以资其政事上之历练，如尧之使舜相，舜之使禹相，禹之使益相，是也。二者，当前一共主崩，其候选人则试政三年，以验众意之向背，如尧崩，舜摄政三年，禹崩，益摄政三年，是也。三则于三年之后，必退居以待众意之抉择，如舜之避于南河之南，禹之避于阳城，益之避于箕山之阴，是也。及王位世袭之制既兴，前王崩薨，后王嗣位，而旧礼尚存，蜕变难骤，乃有“君死听于冢宰三年”之制。即如太甲居桐，三年而复归于亳，此亦君薨听于冢宰三年之古礼也。而礼说之歧，遂谓由伊尹之放。至于武丁谅阴，后世传为美谈，则君薨听于冢宰三年者，此制在殷世已不常行。而后之儒家乃以三年之丧说之。此虽有所本，而亦有所饰。今谓其原本殷礼，斯失之矣。且三年之丧，本贵族礼，庶民非所能遵。故宰我之问亦曰：“君子三年不为礼，礼必坏。三年不为乐，乐必崩。”而孔子之对亦曰：“君子之居丧”云云。礼不下庶人，所谓“天下之通丧”者，在当时固不赅庶人言。至孟子乃谓：“天子达于庶人，三代共之。”此在战国，乃有此语。春秋以前，封建、井田之制未坏，贵族、平民之阶级尚存，平民岂得亦守三年之丧礼？至胡文引傅孟真说，谓三年之丧，在东国，在民间，有相当之通行性；（《周东封与殷边民》。）试问此语何据？胡文遂谓此礼行于绝大多数之民众。则稍治古史，知封建社会中绝大多数民众之生活情况者，皆知其不可能，更不烦于详辨群矣。

四、驳儒以相丧为本业及孔门师弟子皆为殷儒商祝之说

儒家崇仁，而本原之于孝。儒家尚孝，而推极之于丧祭。故儒家言礼特重丧祭。然胡文遂谓儒以相丧为本业，则又大谬不然。“儒”为“术士”之称，其所习曰礼、乐、射、御、书、数，古称“六艺”，“艺”即“术”也。娴是艺者，小则为委吏，为乘田，大则宰一邑、道千乘、相宗庙会同，乌见有以相丧为本业之说？胡文所据在《墨子》之《非儒》，其说曰：

> 富人有丧，乃大说喜曰：“此衣食之端也。”

然此特战国后人语耳。春秋之际，礼不下庶人，若君卿大夫之丧葬，固有为之宰、为之相者，不烦于外求；尚不致俗儒闻丧而集其门，仰以为衣食之端也。春秋之时，尚未有士丧礼。《小戴礼·杂记》：

> 恤由之丧，哀公使孺悲之孔子学士丧礼，《士丧礼》于是乎书。

是士丧礼乃孔门创制。其先特有国君卿大丈夫之丧礼，未必有士丧礼也。若墨子所谓“富人有丧，皆大说喜”，又曰“恃人之野以为尊”，人之有富而野者，此正战国以下，封建、井田既废，社会兼并，乃始有之。相丧为食，下至项梁、陈平之时犹然，然岂得以《墨子》书中语证孔子以前已如此？

至谓士丧礼根本是殷礼，故丧礼之祝人，当然以殷礼为主；又谓儒不但是殷士，其实又都是商祝；则更为荒诞不经。《擅弓》：

> 孔子之丧，公西赤为志焉。饰棺墙，置翣设披，周也。设崇，殷也。绸练设旐，夏也。

又：

> 子张之丧，公明仪为志焉。褚幕丹质，蚁结于四隅，殷士也。

胡文据以为说，谓按《士丧礼》《既夕礼》，饰柩设披，皆用商祝为之，可证公西赤与公明仪为志，乃执行士丧礼商祝之职务。夫《檀弓》明曰：“孔子、子张之丧”云云，斯见孔子、子张外之丧者并不然；不得据此推论儒家丧礼，谓必尽如孔子、子张之丧也。此其一。

《家语》：

> 孔子之丧，公西华掌殡葬焉。

是为“志”，此犹《史记》“吴中有丧，项梁为之主办”之义。孔子之丧，其弟子为之盛礼，备三代之饰，而公西华主其事。至于饰棺、设披，则由商祝为之。岂可即以证公西华之为商祝乎？即近时社会丧礼，亦有主办者，亦有吊祭者，非其家之至戚，即其家之大宾。至于棺攸衣衾，则匠人为之。祈祷拜忏，则僧道为之。相丧者虽曰执绋躬挽，未闻亲以相丧者而执饰棺、设披之事也。子张之丧，公明仪为之主办，乃追效殷礼以饰子张之终。非可谓子张与公明仪皆殷士，又以公明仪为商祝也。此其二。

且《士丧》《既夕》二篇，有明言“商祝”（几十次）、“夏祝”（凡五次）者。有泛称“祝”（凡二十二次）者。旧注：

> 泛称祝者皆周祝。

胡文独谓泛称祝者皆指商祝，此已强说。旧注曰：

> 商祝，祝习商礼者。夏祝，祝习夏礼者。夏祝、商祝，总是周人。

是祝皆周人，唯其习夏礼、习商礼，乃谓之夏祝、商祝，旧注辨析甚明。今胡文乃以商祝为商人，然则今世延僧人以佛事葬亲，岂此辈皆出印度五天竺乎？此其三。

颛孙师其先陈人，其后为鲁人，自古载籍，未有目之为殷人者。胡文独曰“子张是殷士，故送葬完全沿用殷礼”。夫既谓儒家皆殷儒，则其丧皆当用殷礼，《檀弓》之记者，又何以特笔书之曰“子张之丧”云云耶？且子张亲受业于孔子，胡文又谓“孔子教义已超过保守的殷儒遗风，早已明白宣示从周的态度”，则何以其弟子又不用其师教而明背之乎？夫儒家之礼，岂止丧礼？孔子之曰“从周”，岂专指送死一事？胡文牵缀无理，此其四。

若谓《仪礼》称祝皆商祝，《仪礼》根本皆殷礼，然则岂《仪礼》成书在孔子之前乎？抑出孔子之后乎？且儒家既以《仪礼》为经典，又何说孔子之从周？周礼又在何处？此其五。

我闻古之称鲁国儒生矣，未闻有殷儒之称也。我闻儒者之相丧矣，未闻儒者之为祝也。胡文乃谓“孔子和那辈大弟子，都是殷儒、商祝”，又称之曰“职业的相礼人”。真不知其说之何从也。

五、驳老子是一个老儒是一个殷商老儒之说

胡文谓老子居周，成周本殷商旧地，遗民所居。夫孔子居鲁，不害孔子之为商遗；则老子虽居周，无害老子之为苦县陈人也。岂得以成周本殷商旧地，遂谓凡居成周者皆商人？此亦犹如因鲁分商民，遂谓凡鲁人皆殷族耳。至谓老子为史官知礼，又岂得谓春秋对凡知礼者皆殷人乎？以老子为殷商老

儒，显属无据。且老子既为周室之史官，又何必再业相丧助葬以自活？胡文不啻谓凡言礼皆丧礼，凡丧礼皆为殷礼，而相丧助葬者皆为衣食谋生；其说之无稽，稍具常识，皆可辨之。粗列五事，聊发其绪。其他游辞曲说，本之而引申者，可不烦再及也。

（原载香港大学《东方文化》卷一期）

原儒墨（节选）

冯友兰

导语

冯友兰（公元 1895—1990 年），字芝生，河南唐河人。1912 年入上海中国公学大学预科班，1915 年入北京大学文科中国哲学门，1919 年赴美留学，1924 年获哥伦比亚大学博士学位。回国后历任中州大学、广东大学、燕京大学教授、清华大学文学院院长兼哲学系主任。抗日战争期间，任西南联大哲学系教授兼文学院院长。1946 年赴美任客座教授。1948 年年末至 1949 年年初，任清华大学校务会议主席。曾获美国普林斯顿大学、印度德里大学、美国哥伦比亚大学名誉文学博士。1952 年后一直为北京大学哲学系教授。1926 年出版《人生哲学》，融会中国传统哲学与实用主义、新实在论之见解，提出“中道”的人生观。1930 年出版《中国哲学史》上册，1934 年出版《中国哲学史》下册，有英文、日文译本，在国内外有较大的影响。抗日战争期间，先后写成《新理学》《新事论》《新世训》《新原人》《新原道》《新知言》6 本著作，合称《贞元之际所著书》，把程朱理学与西方新实在论相结合，构成富于思辨性的哲学体系。1946—1947 年任美国宾夕法尼亚大学客座教授时，用英文写成《中国哲学小史》，1948 年在纽约出版，有意大利文与法文译本。中华人民共和国成立后，著有《中国哲学史新编》第一册、第二册，《中国哲学史史料学初稿》，新撰多卷本《中国哲学史新编》等。

本文是对胡适《说儒》的一些不同看法。本文认为儒和殷民族没有关系，现存的文献对儒的说法都是孔子出现之后的说法，没有证据表明殷民族和儒

有直接的关系；而且儒之弱与殷的亡没有关系，仅仅是一种相对的说法而已。周文化是对殷文化的“损益”，二者并没有泾渭分明的区别。所谓的儒服是殷之古服的说法也不成立，儒服是一种礼服，相对于当时“新式的服装”而言是“古服”，并不是殷民族的遗留之服装。胡适文中认为《礼记》中的“祝”是商祝，而本文中则认为是“周祝”。胡适文中认为《周易》为殷之遗民在民间所作，而本文则认为《周易》并非是殷之遗民所作，也不是在民间出现而是保存在官府。对于“三年之丧”，本文认为是殷礼，为周所继承，并增加了新的内容。孔子并不是所谓的应“悬记”而生的“中兴之王”，与殷民族也没有什么密切的关系。

一、本篇所讨论之问题

民国十六年，我在《燕京学报》发表《孔子在中国历史中之地位》一文。（《燕京学报》第二期）在那篇论文里，我说：“本篇的主要意思，在于证明孔子果然未曾制作或删正六经。即令有所删正，也不过如教授老儒之选文选诗。他一生果然不过是一个门徒众多的教授老儒；但后人之以至圣先师等尊号与他加上，亦并非无理由”。（页二三四）我又说：“孔子抱定一个‘有教无类’的宗旨，‘自行束修以上，吾未尝无诲焉。’如此大招学生，不问身家，凡缴学费者即收，一律教以各种功课，教读各种名贵典籍。这是何等的一个大解放。故以六艺教人或不始于孔子；但以六艺教一般人，使六艺民众化，则实始于孔子”。（页二四一）

过了两年，傅孟真先生由广州北来，示以他在中山大学所印之讲义，内有《战国子家叙论》。在此《叙论》里，他有一节“论战国诸子，除墨子外，皆出于职业”。（油印讲义本页四）他说：“百家之说，皆由于才智之士，在一个特殊的地域，当一个特殊的时代，凭借一种特殊职业而生”。（同上）他以为“儒家者流，出于教书匠。”（同上页九）

又过了两年，得见钱宾四先生的《诸子系年》稿本。其中有论及儒家之起源之部分。《诸子系年》现在尚未出版，但关于儒家之起源，钱先生已在别处论及。钱先生说：“《说文》，儒，柔也，术士之称，柔乃儒之通训，术士乃儒之别解”。“儒为术士，即通习六艺之士。古人以礼、乐、射、御、书、数为六艺，通习六艺，即得进身贵族，为之家宰小相，称陪臣焉。孔子然，其弟子亦无不然。儒者乃当时社会生活一流品，正犹墨为刑徒苦役，亦当时社会生活一流品也。”“孔子不仅借艺术以进身，孔子既明习艺术，乃判其孰中礼孰不中礼，而推本于周公文王。曰：文武之道，布在方策，我好古敏以求之，思欲以易夫当世。故其告子夏曰：女为君子儒，毋为小人儒。儒仅当时生活一流品，非学者自锡之嘉名，故得有君子有小人，而孔子戒其弟子勿为小人儒也。”（《古史辩》第四册序，页一至二）

最近胡适之先生在《中央研究院历史语言研究所集刊》里发表《说儒》一文。（《集刊》第四本第三分）在这篇论文里，胡先生亦以为儒乃一种职业，乃社会生活一流品；此流品乃孔子之儒家所自出，孔子虽亦此流品中之一人，而因有特殊关系，故有其特殊的地位。

以上所述关于儒家之起源之说，我以为是对的。大概一个问题，到真正解决之时，大家对于他的解决，总会有不约而同的见解。胡先生以相礼为儒之职业之一。这一点亦是对的。

不过胡先生以为“最初的儒都是殷人，都是殷的遗民”，（《集刊》页二三七）“他们负背着保存故国文化的遗风，故在那几百年社会骤变，民族混合同化的形势之中，他们独能继续殷商的古衣冠，也许还继续保存了殷商古文字言语。在他们自己民族的眼里，他们是‘殷礼’（殷的宗教文化）的保存与宣教师”。（同上页二四二）这一点傅孟真先生亦主张之。（看傅先生的《周东封与殷遗民》，《集刊》同期）不过他们关于此点之证明，我以为尚有可商之处。又关于孔子之地位一点，胡先生承认孔子在中国历史中之特殊地位，这是我所极其赞同的；不过他以为孔子乃当时所认为应殷民族之“悬记”而生之“救世主”，“他（孔子）从一个亡国民族的教士阶级，变到调和三代文化的师儒”。（《集刊》页二六九）对于这一点，我也很持疑问。我这一篇论文，对于儒家之起源，不再有所论列，因为我所认为对的说法，已竟如上述说过了。不过对于儒之起源，我打算借与胡先生讨论之便，发表一点意见，照我们现在的说法，儒家与儒两名，并不是同一的意义。儒指以教书相礼等为职业之一种人。儒家指先秦诸子中之一学派。儒为儒家所自出，儒家之人或亦仍操儒之职业，但二者并不是一回事。

关于墨家所自出，傅先生以为“墨家者流，出于向儒者之反动，是宗教

的组织”。（《战国子家叙论》油印本页十）“向儒者之反动”并不是一种职业，所以傅先生先秦诸子出于职业之说，就不得不把墨子除外了。但儒墨二家是先秦两大宗派，而且皆具有深厚的社会势力。先秦诸子出于职业之说，是很好的；但若不能把墨家之起源也包括在内，则此说能否成立，就很成问题了。钱先生以为墨出于“刑徒苦役”，是比较好一点的说法。但“刑徒苦役”，仍嫌太泛，且除“墨”字可解为刑徒外，别的证据也很少。所以在这篇论文里，我打算对墨家之起源，亦发表一点新的意见。我赞成傅先生先秦诸子出于职业之说。但我以为墨家之所自出，不但不是此说之例外，而且是此说之一有力的例证。

所以本篇所讨论之主要问题是：（一）儒之起源；（二）墨家之起源。

二、论儒不必与殷民族有关

在民国十六年，我发表了《孔子在中国历史中之地位》一文后，我本来即打算再作一文论儒之起源。后来因为材料太少，所以未作。在孔子以前的书上，我们没有见过儒这个字。《周礼》有“儒以道得民”之文，（《周礼·天官》）但《周礼》是晚出之书。我们虽不必用今文经学家之说，以为《周礼》全书乃刘歆所伪造。但周礼为“周公致太平之书”之说，恐怕现在没有人能持之。此外《左传》上有“唯其儒书”之言，但此言见于哀公二十一年，亦是孔子以后之事。在此情形之下，我们若欲证明在孔子五六百年以前即已有儒，是不可能的，至少也是极不容易的。

照胡先生的说法，在殷商灭亡以后，就有儒了。但他所引以证明此说之证据，都是孔子以后之人说其人当时之儒之话（《易》需卦一条，不能作证据，说详下）孔子以后之人，例如墨子，其时代上距殷商灭亡，约六七百年。约如现在到南宋中间之时代。假如我们因为现在人有关于飞机之说话，遂断定南宋也有飞机，那不是很奇怪么？胡先生所引《墨子》《礼记·檀弓》《荀子》中对于儒批评叙述之话，皆是说当时之儒是如此。这中间有几个命题：（一）当时有儒；（二）当时之儒是如此；（三）古代有儒；（四）古代之儒是如此。用（一）（二）证（四），即已有很大的危险；若以（一）（二）证（三），那恐怕是不可能。

说儒字之本义，涵有柔弱之义，也缺乏较早的证据。不过此说是可通的。

我也以为儒字有柔弱之义。不过我所以持此说之理由，与胡先生不同。下文自明。现在我们所要说明者，即儒字虽有柔义，儒之一种人，虽可称为弱者，但不必与亡国民族有关系。例如女子是弱者，其弱乃对于男子而言。小孩是弱者，其弱乃对于成人而言。亡国民族也不必皆是持柔道之弱者。例如宋是殷民族之遗，但宋人并不弱。胡先生因为宋国有个正考父谦卑自牧，遂以为"宋国所以能久存，也许是靠这种祖传的柔道"。（《集刊》页二五六）其实在《左传》上看来，宋并不靠柔道立国。例如宣公十四年"楚子使申舟聘于齐曰：'无假道于宋'"。"及宋，宋人止之。华元曰：'过我而不假道，鄙我也。鄙我，亡也。杀其使者，必伐我。伐我，亦亡也。亡一也。'乃杀之"。楚人果伐宋，把宋国围到"易子而食，析骸以爨"之程度；然而华元还说："虽然，城下之盟，有以国毙，不能从也"。（宣公十五年）这是何等的刚强。先秦的书上，常说到宋人之愚，照华元这种办法。可以说是"其智可及也，其愚不可及也"。由此看来，我们若无别的证据，不能因为儒之可称为弱者，遂断定其与亡国之殷人有关。

三、殷周文化异同问题

关于这一点，胡先生所举别的证据几条，我们于下文将分别讨论之。在未讨论之先，我们要先讨论一个较为普通的问题，以为以下讨论之根据。

我们看胡、傅二先生的论文，我们觉得他们似乎完全注意于殷周民族问题。傅先生是当然的，因为他讲的是"周东封与殷遗民"。关于这一点，我的意见是殷周虽为二不同民族，原有的文化亦不必一样，但在殷末周初之际，殷周民族间之界限已似亦不如胡、傅二先生所想象之显着。武王伐纣，旧说全认为政治问题，固不必是；而如胡、傅二先生之全认为种族问题，似乎亦不必是。傅先生也承认"周初东征的部队中当不少有范文虎、留梦炎、洪承畴、吴三桂一流的汉奸"。（《周东封与殷遗民》，《集刊》页二八五）"汉奸固可有，但后来周公使管蔡监殷，管蔡竟以殷畔，周公东征，又诛管蔡。似乎这个全部斗争中，实是政治种族问题，兼而有之。即退一步，我们承认殷周之争，完全是种族问题；但在这时候殷周文化有什么主要不同，也是很难说的。即再退一步，我们承认在殷周之际，殷周之文化实有主要不同；但自武王克殷而"王天下"之后，周已承袭了殷文化，其情势略如殷之于夏。旧说以“三代”文化一贯，大致是不错的。孔子，说：“殷因于夏礼，所损益可知也。周因于殷礼，所损益可知也。其或继周者，虽百世可知也”。（《论语·为政》）为讨论方便起见，我们姑只说殷周。依孔子此说，我们可注意三点：（一）周礼“因”殷礼，即有殷周并有之礼。（二）周礼“损”殷礼，即有周礼无而殷礼有之礼。（三）周礼“益”殷礼，即有周礼有而殷礼无之礼。（此所谓礼，皆制度文物之总名）（二）（三）两种，大概比较很少，所以孔子说“可知也”，所以儒家书中讲到三代之礼之别时，其别只在小节上。例如《论语·八佾》：“哀公问社于宰我，宰我对曰：‘夏侯氏以松，殷人以柏，周人以粟’”。“以松”“以柏”“以粟”虽不同，而都有社。其余《礼记》中类此者尚多，总可见三代之相承，其礼之属于（二）（三）种者较少。至于“周监于二代”（《论语·八佾》），其制度更完备，所以孔子以为可损益者更少，故曰“其或继周者，虽百世可知也”。明于此则我们所谓某人行殷礼者，必须证明其所行为属上述（二）种之礼。不然，其所行或为殷礼而亦周礼也。例如今人之穿马褂，马褂为清代之便礼服而亦民国之便礼服；所以我们不能因为某人穿马褂，即断定其为穿清代服装之遗老。

四、论儒之“古言服”

胡先生引《墨于》“公孟子曰：君子必古言服然后仁”。以为“《墨子》书中说当时的儒，自称他们的衣服为‘古服’。周时所谓‘古’当然是指那被征服的殷朝了”。（《集刊》页二三七）但我们试看《墨子》书中此段下文，即知并不必然。下文是：“墨子曰：‘子（公孟子）法周而不法夏，非古也。’”据此，则公孟子之古言服，乃是周言周服，墨子时所谓“古”不必即“指被征服的殷朝”。公孟子之古言服，既即是周言周服，而何以又是“古”言“古”服呢？关于这一点，我们要知道春秋战国，在经济，社会，政治，思想各方面，都是一个大转变时期。旧说以此时期为“世衰道微”“礼坏乐崩”之时期，即是为此。在各方面制度皆有剧烈转变之时，因为思想之烦杂，新名词之增加，新文法之应用，言语也有剧烈转变。而衣服方面也必常有新花样出来。用新名词新文法之言语，在初行时为“新文学”；及行之既久，大家习为故然，不用新名词，新文法者，即成“古言”了。新花样之衣服，在初行时为“奇装异服”；及行之既久，大家习为故然，原来非“奇装异服”

之衣服，即成为“古服”了。故公孟子之“古言”之古，乃对当时充满新名词新文法之“新文学”而言；其“古服”之古，乃对当时新花样之“奇装异服”而言。儒家是拥护传统反对变革者，故其言服亦不随潮流变革。及随潮流者之新，已成为故然，儒家之人之言服，遂成为古言服，然而实仍是周制。所以墨子以为公孟子“法周而不法夏”，仍“非古也”。

《墨子》书中又说：“公孟子戴章甫”。（《公孟》而《士冠礼记》云：“章甫，殷道也”。胡先生以此为儒服即殷服之证，《集刊》页二三七）又将何解？关于这一点，我们须要注意上节所述之殷周幽化异同问题。如果章甫是殷冠一点有什么重要的意义，章甫须只是殷冠而不是周冠方可。如章甫是殷周并用之冠，则我们不能因为某人或某种人戴章甫，即断定其与殷有关。犹之我们现在不能因为某人或某种人穿马褂，即断定其与满人有关。《论语》公西华说：“宗庙之事，如会同。端章甫，顾为小相焉”。（《先进》）宗庙会同，乃重大典礼。参加其事者，穿戴似必须合时王之制。如有以亡国民族之衣冠参加，似不相宜。据此，则章甫虽起源于殷，而亦为周制所用。不过后来“奇装异服”成为流行衣服之时，章甫不常为人所用，而儒者依然戴之，故为当时所奇怪了。欧洲自上次大战后，生活日趋简易。战前中上阶段，及大旅馆中食客，吃饭必穿礼服。近则穿者极少，而大旅馆中之招待，侍者，则依然堂哉皇也的穿礼服。久而久之，此礼服即成为古服，或成为侍者服，亦未可知。儒以相礼教书为职业，故终日穿着礼服，大摇大摆。迨后生活简易，别人不穿礼服，而儒者仍终日穿之，所以有些礼服遂为古服、儒服了。

五、论儒与“商祝”

胡先生说“《士丧礼》与《既夕礼》（即《士丧礼》的下篇），使我们知道当时的丧礼须用祝，其职务最为繁重。《士丧礼》二篇中明说用‘商祝’凡十次。用‘夏祝’凡五次。泛称‘祝’凡廿二次。旧注以为泛称‘祝’者都是‘周祝’。其说甚无根据。细考此两篇绝无用‘周祝’之处；其泛称祝之处，有两处确指‘商祝’，有一处确指‘夏祝’。其他不明说夏与商之处，大概都是‘商祝’”。（《集刊》页二五一）照我们的看法，旧注以为泛称“祝”者都是“周祝”，其说是可通的。因为《士丧礼》二篇中，明分“祝”为三种，即“夏祝”，“商祝”，“祝”。《士丧礼》为周人之书，对于“周祝”

只称‘祝’，本是很在情理的。若泛称“祝”者亦指“商祝”，则《士丧礼》中又何必作“商祝”与“祝”之区别呢？胡先生以为“细考此二篇，绝无用周祝之处”。此是不以“祝”为周祝之故。若以“祝”为周祝，则《士丧礼》中周祝之处，比用殷祝还多一倍。胡先生以为“不明说夏与商之处，大概都是商祝”。其所根据是“因为此种士丧礼虽然偶有杂用夏周礼俗之处，其根本的礼节仍是殷礼，故相礼的祝当然以殷人为主”。（《集刊》同上）这个假定，正是胡先生文中所要证明的。所以若无别的证据，我们还觉得旧注所说，似与《士丧礼》的文义较合。

我并不否认《士丧礼》所说之礼“根本仍是殷礼”。因为我是承认“周因于殷礼”之说的。但是若说《士丧礼》所说之礼只是殷礼，在周只民间之殷人行而统治阶级之周人不行，则大有问题。因为行士丧礼之“士”，本身就不是庶民。照其所说的那些派头，也不是庶民所能办的。胡先生在此点似乎也未主张此说。但在此点若未主张此说，则于三年之丧之服制，似乎也不能以为只是殷人行人，而周人不行。三年之丧亦明载于《仪礼》。就《士丧礼》这两篇说，丧葬之礼如此的繁重。孝子要“居倚庐，寝苫枕块，不说绖带，哭昼夜无时，非丧事不言，歠粥朝一溢米，夕一溢米，不食菜果”。初丧礼既如此，以后的丧礼不像是几个月可以了的。初丧的礼既如此，则以后二十五个月的三年之丧真是“如白驹之过隙也”。关于这一点，我们于下文另有讨论。

我们既不否认《士丧礼》所说之礼，“根本仍是殷礼”，为什么不从胡先生所主张，以为“祝”都是“殷祝”呢？其原因是：一则胡先生所主张，与经文文义不合。二则我们以为这些礼既是殷周并行之礼，似不必以为必为殷人所包办。经中明言夏祝，殷人包办之局，本来已经是不成的了。

我们再看原来的儒者是不是“商祝”呢？我们即承认原来的儒者是殷人，《士丧礼》中所说祝都是商祝，商祝及祝，亦都是殷人；但若无别的证据，我们仍不能说原来的儒者就是商祝。相礼是儒者职业之一，这是对的；但相礼与作祝是两回事。关于儒者作祝之证据，胡先生只举二则。即《檀弓》所记：“孔子之丧，公西赤为志焉。饰棺墙，置翣，设披，周也。设崇，殷也。绸练设旐，夏也”。“子张之丧，公明仪为志焉，褚幕丹质，蚁结于四隅，殷士也”。胡先生以为“按《士丧礼》的既夕礼，饰柩，设披，都用‘商祝’为之。可见公西赤公明仪为‘志’，乃是执行《士丧礼》所说的‘商祝’的职务”。(《集刊》页二五一)“志”字作何解，胡先生未说明。我以为此“志”字，有计划之意。公西赤是孔门一个自命为善于相礼者。他的志愿是：“宗庙之事，如会同，端章甫，愿为小相焉。”(《论语·先进》)“小”是谦辞，所以孔子说，“赤也为之小，孰能为之大?”孔子死时，这个大丧，，由他主持计划，饰棺槁，置翣，设披，是照着周礼；设崇，是照着殷礼；绸练设旐，是照着夏礼。大概孔门弟子以为孔子是大人物，所以他的丧事，兼用三代之礼。子张之丧，公明仪替他计划。大约对于当时之礼，也少有出入，所以《檀弓》特记之。这与作祝皆似无关系。

六、论《周易》

胡先生以为《周易》“需卦所说似是指一个受压迫的智识阶级，处此忧患险难的环境，待时而动，谋一个饮食之道，这就是儒”。(《集刊》页二四八)胡先生又以为《易》之作者，乃殷亡后之殷人。“所谓《周易》，原来是殷民族卜筮的书的一种”。(《集刊》页同上)《周易》需卦之需，照其文义讲应该是动词，爻辞中，“需于郊”，“需于沙”等，皆证明此点。要把需字读为儒，则“儒于效”，“儒于沙”即为不词；非于儒字下加一“在”字讲不通。“增字解经”，已为不可；况且“需”读为“儒”，恐怕亦无别例。至于胡先生所以以《周易》为殷亡后殷人之作，其理由是：(一)“全书表现出一种忧危的人生观”；(二)“书中称‘帝乙归妹’，‘高宗伐鬼方，三年克之’，更可见作者是殷人”。(《集刊》页同上)大概后世读《易》之人，总不易完全脱离“《易传》”之影响。若离了“《易经》”，原来只作筮占用之《易》中，是否有“人生观”，已是问题。至于其人生观是否“忧危”，更属待考了。即令《易》中有此种人生观，而亦不必与亡国民族有关，因持此种人生观者，不必皆亡国民族也。“帝乙归妹”等，本当时几个有名故事，不必殷人方知之。这些也不必多论。因为照《左传》上看起来，《周易》确是“周”易，而且是官府之书，并非民间所有。例如赵宣子聘于鲁，“观书于太史氏，《易》象与《鲁春秋》，曰：‘周礼尽在鲁矣。吾乃今知周公之德，与周之所以王也”。(《左传》昭公二二年)此可见虽以晋之大国，赵宣子之贵族，必至鲁，又观书于太史氏，始能见《易》；见后又叹周公之德，则《易》为周之统治阶级

之书，可以想见。《左传》又说："周史有以《周易》见陈侯者；陈侯使筮之，遇观之否"。（庄公二十二年）据此则《周易》为周史所掌，初必王室有之。鲁为周公之后，曾分得周之"祝宗卜史"，（《左传》定公四年祝佗说）故能有之。陈则必有奔去之周史，始能有也。此《周易》之所以为"周"易也。据此则《周易》非亡国殷人所作之民间之书，甚明。

七、论三年之丧

胡先生所举以证明儒与殷民族有关之证据，要以三年之丧为殷礼，而且只为殷礼一条，为最有力了。此说倡自傅先生，于胡先生很有用。因为他们的说若能成立，则三年之丧不但是殷礼，而且非周礼，最合乎证明儒讲殷礼之用。不过我们仔细研究起来，我们觉得胡、傅二先生之说之能立与否，还是很可疑的。关于这一点我们于上第五节中，已附带论及。兹再就胡、傅二先生所提证据讨论之。

孟子劝滕世子行三年之丧，滕国父兄百官说："吾宗国鲁先君莫之行，吾先君亦莫之行也"。而孔子说："三年之丧，天下之通丧也"。胡先生说："如果孔子不说诳，那就是滕国父兄百官扯谎了"；如果滕国父兄百官不扯谎，那就是孔子说诳了。胡先生认此为一大困难。直至傅先生说出，此困难始解除。傅先生之说，即以三年之丧乃"殷之遗礼，而非周之制度"，行于民间之殷人，而不行于统治者之周人。孔子之言，乃就前者而言；滕父兄之说，乃就后者而言。孔子与滕父兄皆不扯谎。（《集刊》页二四四）

其实我们如果注意于春秋战国为"礼坏乐崩"之时代，则胡先生所认为之困难，并不是困难。滕父兄所谓鲁先君，照文义可指近来已死之君，原不必上指周公伯禽。例如诸葛亮说："先帝创业未半，而中道崩殂"。此先帝乃指先主，非指高祖，光武。春秋以降，本为"礼坏乐崩"之时代。到孟子之时，人多已不行三年之丧，及孟子劝滕世之行之，父兄狃于近习，而不欲行。此与孔子"天下之通丧也"之言，本没有冲突。盖孔子所说，乃礼之常；而滕父兄所说，乃近世之变也。

傅先生说："如谓此制（三年之丧）乃周之通制，则《左传》《国语》所记周人之制，毫无此痕迹。"（《集刊》页二八八）此亦殊不尽然，胡先生即替我们找着了痕迹。《左传》说："叔向曰：'王一岁而有三年之丧二焉。'""三年之丧，虽贵遂服，礼也。王虽弗遂，宴乐以早，亦非礼也。"（昭公十五年）胡先生引此证周王事实上不行三年之丧。我在我的《哲学史》中引此以证三年之丧为周制，为周王所应该行而在事实上未行者。（《中国哲学史》商务本页九〇）因为三年之丧若非周制，若非王所应该行，则叔向不能以王之不行之为非礼也。至于胡先生所引《春秋》文公襄公纳币逆女两条，文公纳币，《左传》以为礼也；《公羊传》以为非礼。（《集刊》页二四五）因为行三年之丧者不一定皆主行三十六月之丧，普通是"二十五月而毕"，《左传》按二十五月算，故以为礼也。《公羊传》按三十六月算，故以为非礼。这一条我们虽不能引为文公行三年之丧之证，因为他可因他事而晚娶。但此条确不能引为文公不行三年之丧之证。襄公未行三年之丧，他大概即在滕父兄所指鲁先君之内了。

丧服服制，与宗法制度有密切关系。《仪礼·丧服》中所说之服制：子为父，诸侯为天子，臣为君，父为长子，皆服三年之丧。父为什么为长子服三年之丧呢?《传》曰："正体于上，又乃将所传重也。"（《丧服传》）郑注说："重其当先祖之正体，又以其将代己为宗庙主也。"殷人有兄终弟及之制，似乎不十分重视长子，今《仪礼·丧服》中如此重视长子，则其所讲一套之服制，明是周制，我说他是周制，并不否认他也是殷制。其根本大概仍是殷制，不过为长子三年一点，或是周人所"益"。

八、论殷民族有无"悬记"

孔子自命不凡，其当时人有以之为"天纵"之圣人者，至少在孟子时有"五百年必有王者兴"之预言。这些都是事实。汉人之孔子受天命为素王之说，及宋儒之道统说，皆就此推演。不过此与殷民族无关。殷民族是否"曾有个民族英雄复兴殷商的悬记"，（《集刊》页二五七）因之也很是一个问题。至少胡先生所举之证据，不足以证明其曾有。

宋襄公有复兴殷商之雄心，在公子目夷之言中可以看出。但此不必与有悬记有关。关于此一点，有一关于字句间之考证问题，可以顺便提出。依《左传》，当泓之战前，"大司马固谏曰：'天之弃商久矣。君将兴之，复可赦也已。'""弗可赦也已"，杜预误读为"弗可，赦也已"。胡先生以为应读

“弗可赦也已”。以为“子鱼先反对襄公争盟。到了将战，他却主张给楚兵一个痛快的打击。故下文力主趁楚师未济时击之”。“‘弗可赦也已’，即谓既要做中兴殷商的大事，这回不可放过敌人了”。（《集刊》页二五六至二五七）我以为胡先生对于“弗可赦也已”之读法是不错的，我向来就是用这个读法。不过胡先生对于此句之解释，我以为恐怕不对。我们知道子鱼对于襄公图霸，向来反对，而且向来认为照襄公的做法，宋国必有大祸。观于僖公二十一年襄公两次与楚人交涉时子鱼之言可见。及二十二年，“楚人伐宋以救郑、宋公将战，大司马固谏日”云云：谏是谏止其将战，杜预的解释本不误。子鱼以为“天之弃商久矣”。而襄公将兴之，襄公之罪是不可赦的了。即“天之所废，谁能兴之”；（《左传》襄公二十三年胥午语）“违天必有大咎”（《左传》僖公二十三年楚王语）之意。此是襄公将与楚战时之言。及后果战于泓，两军已对垒了，子鱼为战术上的关系，请于楚师未既济而击之，襄公不听。这是以后事，与“弗可赦也已”无关。若照胡先生的解释，则“弗可赦也已”，应作“弗可舍也已”。不然，宋怎么能“赦”楚呢?《左传》隐公十一年郑伯说：“天而既厌周德矣，吾其能与许多争乎?”子鱼之言，正此一类的话，不必与什么悬记有关。若专就子鱼此言，似乎更可证明当时殷民族没有什么悬记。若有什么悬记，襄公又自以为是应悬记，子鱼又是“主张给楚兵一个很痛快的打击”，（如胡先生所）则子鱼之言，应该是“天之弃商久矣，今天又欲兴之，弗可舍也已”。若照我对于“弗可赦也已”之解释，则子鱼之意乃以为襄公违天必有大咎；此可证明当时并没有什么殷民族复兴之悬记。而宋襄公“寡人虽亡国之余，不鼓不成列”之言，亦不像有什么自以为上应悬记之自信力。

胡先生改《商颂·玄鸟》“大糦是承”，为“大艰是承”。其理由因为“殷自武丁以后，国力渐衰，史书所载，已无有一个无所不胜服的‘武王’了。”故以为“此诗乃是一种预言”。“这个未来的武王，能无所不胜。能用‘十乘’的薄弱武力，而承担大艰。”（《集刊》页二五七至二五八）至于这一点，我们可以说，关于武王之一点，旧注中本来有些解释，不必改字，可以讲通。而且现在用甲骨文材料，研究殷史者，已发现在殷之末世，还有一个武功很大之时期。（看董作宾先生《甲骨文断代研究》，《庆祝蔡元培先生六十五岁论文集》上册页三六六至三七三；吴其昌先生《丛甋甲骨金文中所涵殷历推证》，《中央研究院历史语言研究所集刊》第四本第三分页二九七至二九九）并不如胡先生所说："武丁以后已无一个无所不胜服的武王了"。颂之为体，乃铺扬过去功德，以发皇先烈者。其叙过去功德，或有不实之处。但若以将来幻想，纳入颂中，恐无此例。

九、论孔是否"与殷商有一种密切之关系"

其余胡先生所举之例，不过皆只足以证明孔子之自命不凡，及当时人之以他为圣人，不足以证明殷民族有什么悬记。而且孔子虽自命不凡，他却仍不离乎儒之态度。此点所谓儒之态度，是指儒之必须"依人成事"之一点而言。儒本是预备为人所用之一种人。到后来其中虽有自命不凡者，不以教书相礼自满，而以继往开来，平治天下自命，但欲达其目的，仍必有人用之方可。孔子周游列国，游说于君，无非望人之用之。甚至于有些陪臣，如费之公山弗扰，及中牟之佛肸，对鲁之季氏，晋之赵氏，宣布独立之时，来召孔子，孔子也打算去。他一生志愿在于学周公。周公是否继武王而称王，本是一个问题。但在儒家之传说中，周公只是一个"一人之下万人之上"的相。孔子只以周公自许，因为他始终自处于为人所用之地位。他固然也说："文王既殁，文不在兹乎?"（《论语·子罕》）也可以说他有学文王之意，不过这是就"文"说，即就文王在儒家传说中在文化上之地位说。在儒家传说中，文王为古代文化学术之继承者，如孟子所说"五百年必有王者兴"之公式中，以文王继汤，是其例。孔子在文化学术方面，欲继文王之"道统"；在政治方面，欲有周公之建树。所以说："如有用我者，吾其为东周乎?"（《论语·阳货》）所以必为东周者，因东周乃周公之建树也。孔子心中，必常想慕周公，故不"梦见周公"，即自叹其衰也。（《论语·述而》）孔子始终自处于为人所用之地位，他将死时，"明王不兴，而天下其孰能宗予?"（《檀弓》）之言，更可证明此点。他虽有"天下宗予"之野心，而"天下宗予"仍须靠明王之兴。若"明王不兴"而因之天下不能宗他，他亦只好付之长叹而已。此不足为孔子病，因原来之儒，本是为人所用之人也。不过若以孔子为应悬记而生之救世主比之耶稣，则此耶稣未免太"乏"了。

傅先生亦以为"孔子儒家与殷商有密切之关系"。（《集刊》页二八八）其理由为：（一）《檀弓》述孔子将死时之言，"自居殷人"。（二）孔子常言

夏、殷、周，可见其“对于殷周，一视同仁。所谓从周，正以其‘后王灿然’之故，不曾有他意”。（三）孔子欲为东周，自比文王，“有继周而造四代之意”，无“矢忠于周室之心”。（四）“孔子自比于老彭，老彭是殷人；又称师挚，亦殷人，称高宗不冠以殷商字样，直曰‘书曰’；称殷三仁，尤有余音绕梁之趣”。（《集刊》页二八七至二八八）按孔子本是殷人，他说他自己是殷人，不过报告事实，不见得有什么重要意义。孔子以为“三人行，必有我师”；（《论语·述而》）“十室之邑，必有忠信”。（《论语·公冶长》）所以他一生愿学之人甚多。《论语》“卫公孙朝问于子贡曰：‘仲尼焉学？’子贡曰：‘文武之道，未坠于地。贤者识其大者，不贤者识其小者，莫不有文武之道焉。夫子焉不学，而亦何常师之有？’”（《子张》）孔子无所不学，所以亦无常师。但其学人，多不过取其一端。例如他自比于老彭，不过是取他“述而不作，信而好古”（《论语·述而》）之一端。至其平生整个志愿，则为学文王周公，所谓“文武之道”，如上文所说。为什么他自比于老彭，即为对殷之好意，而学文王周公，则为对周之不忠呢？称高宗不加殷商，则因承上文“《书》云高宗谅阴”而言。且古时称人，不一定必带其国号。如言禹不必言夏禹，言桀不必言夏桀，言尧不必言唐尧，言汤不必言商汤，此例甚多。至于言“殷有三仁”乃普通尚论古人，不必有什么故国之思。孔子不但言“殷有三仁”且言“周有八士”，（同见《论语·微子》）其例一也。不过傅先生在此点之主要意思，确可引人注意者，即孔子对于周制，亦常有改善之意及其不完全矢忠于周室。不过我们如注意两件事，即可知此一点并没有什么奇怪。我们知道，秦汉以前，中国并没有像以后之真正统一，所谓殷周之王，实是介乎后世之所谓王与霸之间。例如我们说夏殷亡国了，其实尚有杞宋在，对于周室，“有不纯臣之义”，不过是名义上的服从。在这种情形之下，一般人对于周室之忠，决不能如后世一般人对于后世之天子之忠一样。而孔子讲起三代来，有“一视同仁”之样子，亦是不足为奇的。我们又知孔子之时，已是周室不振，“王纲解纽”之时代，孔子处此绝续之交，要想有点更改，亦是当然的；以后诸子，无不如此。不过孔子之志事，仍不过是学周公，上文已详。又孔子之欲应公山弗扰及佛肸之召，在当时孔子之地位，本来是不生道德问题的。下文另详。

十、论儒之起源

照我们的看法，儒之起是源于贵族政治崩坏以后，所谓“官失其守”之时。胡先生的对于儒及孔子之看法，是有点与今文经学家相同。我们的看法，是有点与古文经学家相同。所谓儒是一种有知识、有学问之专家；他们散在民间，以为人教书相礼为生。关于这一点，胡先生的见解，与我们完全相同。我们与胡先生所不同者，即是胡先生以为这些专家，乃因殷商亡国以后，“沦为奴虏，散在民间”。（《集刊》页二四二）我们则以为这些专家，乃因贵族政治崩坏以后，以前在官的专家，失其世职，散在民间，或有知识的贵族，因落魄而亦靠其知识生活。这是我们与胡先生主要不同之所在。

胡先生所举以证明他的主张之证据，我们上文已略有讨论。我们现在再问在贵族政治未崩坏以前能不能有散在民间之专家呢？我们以为是不能的。胡先生以为殷商亡国以后，原有的那些在官的专家，乃殷商之贵族，皆沦为奴虏，或散在民间；他引《左传》祝佗说，及《书·多方》，以证明殷商贵族之沦为奴隶，以之比于“希腊的知识分子做了罗马战胜者的奴隶”。（《集刊》页二四一）其实这个比恐怕是不对的。照祝佗所说：“分鲁公以殷民六族”，“使帅其宗氏，辑其分族，将其类丑，以法则周公，用即命于周。是使之职事于鲁”。照《多方》所说：“尔乃尚有尔土，尔乃尚宁干止”。照此所说，则殷商贵族，仍各有其土地，各有其人民，不过昔为殷臣，今为周臣而已。其分于鲁者，仍各有其职事，在庶民之眼光观之，仍是在官者。贵族政治时代，所有知识礼乐，皆贵族所专有。庶民本不能有知识礼乐，所谓“礼不下庶人，刑不上大夫”。（《礼记·曲礼》）礼乐专家不能散在民间；在民间者皆劳力治于人之人也。

及贵族政治崩坏以后，贵族多有失势贫穷而养不起自用之专家者。于是在官之专家，乃失业散之四方。如《论语》所载：“大师挚适齐，亚饭干适楚，三饭缭适蔡，四饭缺适秦，鼓方叔入于河，播鼗武入于汉，少师阳，击磬襄，入于海”，（《微子》，从孔郑说，以此所记为春秋时事）之类。又如上所引《左传》周史以《周易》于陈侯之类。贵族不能自养知识礼乐专家，于是在官之专家失业散在民间，此即所谓“官失其守”，所谓“礼失而

求诸野”也。贵族既不能自养专家，而专家之用仍不可少，如教育子弟，丧葬典礼之事，仍须专家。于是昔日在官之专家，今仍操其旧业，不过不专为一家贵族之专家，而成为随时为人雇用，含有自由职业之性质。犹之昔日大家之自用厨子，今因主人不用，失业而自开馆子。昔日主人不能自用厨子，而因亦不得不吃馆子。昔日之主人中亦有因家道衰败而自为开馆子之厨子者，如孔子即其人也。儒之初仍以伺候贵族为多。如孔子所教弟子，多为贵族家臣。儒所相礼之家，多为贵族。此可于《论语》《檀弓》中见之。

这即是儒之起源。后来在儒之中，有不止于以教书相礼为事，而且欲以昔日之礼乐制度平治天下，又有予昔之礼乐制度以理论之根据者，此等人即后来之儒家。孔子不是儒之创始者，但乃是儒家之创始者。后世既为儒家之天下，故孔子亦为后世之“至圣先师”。

十一、论儒侠

儒即“士”之一种。在贵族政治崩坏以前，大概没有“士”之阶级。所谓士之阶级，即是一种人，不治生产，而专以卖技艺才能为糊口之资。在贵族政治未崩坏以前，有技艺才能之专家，皆为贵族所专养专用者，即皆是在官者，故不自为阶级。及贵族政治崩坏以后，在官之专家，流在民间，以卖其技艺为生，凡有权有钱者皆可临时雇用之。于是士之阶级出。士字之本义，似是有才能者之通称。如《书·多士》所说“尔殷多士”，《诗·文王》所说“济济多士，文王以宁”，似皆泛指有才能者而言。《论语·微子》所说“周有八士”，亦以士为有才能者。然在贵族政治之时，世官世禄，未有专以卖技艺才能为糊口之阶级。及后有此种人，士之名遂专用于此种人。如战国时国君及贵公子养士，其所养即此种人也。

此种人大别言之，可分为二类：一为知识礼乐之专家，一为打仗之专家；或以后世之名词言之，即一为文专家或文士，一为武专家或武士。用当时之名词言之，则一为儒士（儒士之名，见《墨子·非儒下》），一为侠士。韩非子谓“儒以文乱法，侠以武犯禁”，（《显学》）即指此二种人也。儒为文专家。故“卫灵公问阵于孔子。孔子对曰：‘俎豆之事，则尝闻之矣。军旅之事，未之学也’”。（《论语·卫灵公》）后世多以此乃孔子谦词，或以为此乃孔子恶战争之辞，其实孔子所说，乃是事实。儒本只是知识礼乐之专家也。

上文第二节谓儒可有弱义，我以为儒之弱乃对于侠而言。此等文专家终日峨冠博带（古服），咬文嚼字（古言），“言不必信，行不必果”，（《孟子·离娄》）以视武专家之“冠雄鸡，佩豭豚”，（详下）“言必信，行必果”（《墨子·兼爱下》）者，当然为柔弱迂缓也。

驳《说儒》

郭沫若

导语

郭沫若（公元 1892—1978 年），原名郭开贞，生于四川乐山铜河沙湾，幼年入家塾读书，1906 年入嘉定高等学堂学习，开始接受民主思想。1914 年春赴日本留学，这个时期接触了泰戈尔、歌德、莎士比亚、惠特曼等外国作家的作品。1918 年春写的《牧羊哀话》是他的第一篇小说。1918 年初夏写的《死的诱惑》是他最早的新诗。1919 年“五四运动”爆发，他在日本福冈发起组织救国团体夏社，投身于新文化运动，写出了《凤凰涅槃》《地球，我的母亲》《炉中煤》等诗篇。1921 年 6 月，他和成仿吾、郁达夫等人组织创造社，编辑《创造季刊》。1923 年，他在日本帝国大学毕业，回国后继续编辑《创造周报》和《创造日》。1924—1927 年，他创作了历史剧《王昭君》《聂莹》《卓文君》。1928 年流亡日本，1930 年加入中国左翼作家联盟，参加“左联”东京支部活动。1938 年任中华全国文艺界抗敌协会理事。这一时期他创作了以《屈原》为代表的 6 个历史剧。他还写了《十批判书》《青铜时代》等史论和大量杂文、随笔、诗歌等。

本文也是对胡适《说儒》的反驳，郭沫若认为把孔子和耶稣相比较是很成问题的，最主要的根据是三年丧制是孔子的独创，而不是在孔子出生之前的殷人之遗俗，他认为“高宗谅阴，三年不言”，是因为殷高宗得了“不言症”，并非因丧而不言，实乃是不能言，这样三年之丧当然不是殷制了。对于胡适经常引用的、认为是殷人作品的《周易》，本文也提出自己的看法——

《周易》不是所谓殷人的作品，而是孔子之后的著作，甚至断言孔子根本就没有看到过《周易》。对于胡适深信不疑的《正考父鼎铭》，本文却认为是刘歆伪造的。《玄鸟》也不是什么殷人的“悬记”预言，对于文本的任意修改和解释是无法令人信服的。最后郭沫若对儒的产生提出了自己的看法，并对孔子作了评价。

一、《说儒》的基础建立在一个对比上

胡适的《说儒》，初发表于《历史语言研究所集刊》第四本第三分，后收入《论学近著》。他说儒本殷民族的奴性的宗教，到了孔子才“改变到刚毅进取的儒”。孔子的地位，就完全和耶稣基督一样。他有一段文章，把孔子和耶稣对比，我且把它抄在下面：

“犹太民族亡国后的预言，也曾期望一个民族英雄出来，‘做万民的君王和司令’（《以赛亚书》五五章，四节），‘使雅各众复兴，使以色列之中得保全的人民能归回——这还是小事——还要作外邦人的光，推行我（耶和华）的救恩，直到地的尽头’（同书，四九章，六节）。但到了后来，大卫的子孙里出了一个耶稣，他的聪明仁爱得了民众的推戴，民众认他是古代先知预言的‘弥赛亚’，称他为‘犹太人的王’。后来他被拘捕了，罗马帝国的兵给他脱了衣服，穿上一件朱红色袍子，用荆棘编作冠冕，戴在他头上，拿一根苇子放在他右手里；他们跪在他面前，戏弄他说：‘恭喜犹太人的王啊，’戏弄过了，他们带他出去，把他钉死在十字架上。犹太人的王‘使雅各众复兴，使以色列归回’的梦想，就这样吹散了。但那个钉死在十字架上的殉道者，死了又‘复活’了：‘好像一粒芥菜子，这原是种子里最小的，等到长大起来，却比各样菜都大，且成了一株树，天上的飞鸟来宿在他的枝上’，他真成了‘外邦人的光，直到地的尽头’。

孔子的故事也很像这样的。殷商民族亡国以后，也曾期望‘武丁孙子’里有一个无所不胜的‘武王’起来，‘大糦是承’，‘肇域彼四海’。后来这个希望渐渐形成了一个‘五百年必有王者兴’的悬记，引

起了宋襄公复兴殷商的野心。这一次民族复兴的运动失败之后，那个伟大的民族仍旧把他们的希望继续寄托在一个将兴的圣王身上。果然，亡国后的第六世纪里，起来了一个伟大的‘学而不厌，诲人不倦’的圣人。这一个伟大的人不久就得着了许多人的崇敬，他们认他是他们所期待的圣人；就是和他不同族的鲁国统治阶级里，也有人承认那个圣人将兴的预言要应在这个人身上。和他接近的人，仰望他如同仰望日月一样，相信他若得着机会，他一定能‘立之斯立，道之斯行，绥之斯来，动之斯和’。他自己也明白人们对他的期望，也以泰山梁木自待，自信‘天生德于予’，自许要做文王周公的功业。到他临死时，他还做梦‘坐奠于两楹之间’。他抱着‘天下其孰能宗予’的遗憾死了，但他死了也‘复活’了：‘人能弘道，非道弘人’，他打破了殷周文化的藩篱，打通了殷周民族的畛域，把那含有部落性的‘儒’抬高了，放大了，重新建立在六百年殷周民族共同生活的新基础之上；他做了那中兴的‘儒’的不祧的宗主；他也成了‘外邦人的光’。‘声名洋溢乎中国，施及蛮貊。舟车所至，人力所通，……凡有血气者莫不尊亲。’”

他的说法，基本就建立在这样一个对比上。这是很成问题的。当然，为了要建立这个对比，他也有他的一些根据。我们现在就请来追究他的根据。

二、三年之丧并非殷制

最主要的根据怕就是三年丧制的溯源吧。三年丧制本是儒家的特征，胡适往年是认为孔子的创制，据我所见到的也是这样。但在《说儒》里他却改从了傅斯年说，以为这种制度本是殷人所旧有，殷灭于周，殷之遗民行之而周不行，下层社会行之而上层社会不行，故孔子说：“夫三年之丧，天下之通丧也。”（《论语·阳货》）而孟子时的滕国父兄百官反对行此丧制时，说：“吾宗国鲁先君莫之行，吾先君亦莫之行。”（《孟子，滕文公上》）这个新说在求文献的彼此相安，面面圆到上，诚然是美满的发明，但可惜依然没有证据。

《尚书·无逸篇》里说："其在高宗，时旧劳于外，爰暨小人；作其即位，乃或亮阴三年不言。"这个故事大约就是唯一的证据了吧。但这个故事，在孔子的大门人子张已经就弄不明白，质问过他的老师。《论语·宪问篇》载有他们师弟间的问答：

"子张曰：'《书》云：高宗谅阴，三年不言"，何谓也，'子曰：'何必高宗，古之人皆然，君薨，百官总己以听于冢宰三年。"（《吕氏春秋·由应览·重言》云："人主之言，不可不慎。高宗天子也，即位，谅闇三年不言。卿大夫恐惧患之，高宗乃言曰：'以余一人正四方，余唯恐言之不类也，兹故不言。'古之天子其重言如此，故言无遗者。"对此故事作为慎言解，可见儒家解释直到战国来年，也尚未成为定论。——作者注）

这段文字在《说儒》里也是被征引了的，博士对此丝毫没有怀疑，但我觉得我们的圣人似乎有点所答非所问。"谅阴"或"亮阴"（也有作"谅闇"或"梁闇"的）这两个古怪的字眼，怎么便可以解为守制呢？一个人要"三年不言"，不问在寻常的健康状态下是否可能，即使说用坚强的意志力可以控制得来，然而如在"古之人"或古之为人君者，在父母死时都有"三年不言"的"亮阴"期，那么《无逸篇》里所举的殷王，有中宗、高宗，祖甲，应该是这三位殷王所同样经历过的通制。何以独把这件事情系在了高宗项下呢？子张不解所谓，发出疑问，正是那位"堂堂乎张也"的识见过人的地方。可惜孔子的答案只是一种独断式，对于问题实在并没有解决到。而所谓"古之人皆然"的话，尤其是大有问题的。真正是"古之人皆然"吗？在这儿却要感谢时间的经过大有深惠于我们，我们三千年下的后人，却得见了为孔子所未见的由地下发掘出的殷代的文献。

（一）"癸未王卜贞：酒彡日自上甲至于多后，衣。亡它自尤。在四月，惟王二祀。"（《殷虚书契》前编三卷二十七页七片）

（二）"□□王卜贞：今由巫九咎，其酒彡日（自上甲）至于多后，衣。亡它在尤。在〔十月〕又二。王稽，曰大吉。惟王二祀。"（同上三

卷二十八页一片）

（三）“癸巳王卜贞：旬亡尤。王稽，曰吉。在六月，甲午，肜（芍）甲。惟王三祀。”（同上续编一卷二十三页五片）

（四）“癸酉王卜贞：旬亡尤。王稽，曰吉。在十月又一，甲戌，妹工典，其苋，惟王三祀。”（同上一卷五页一片）

这些是由安阳小屯所出土的殷虚卜辞，由字体及辞例看来，是帝乙时代的纪录。（时代规定的说明很长，在此从略，下面将有略略谈到的地方。）这里面还有少数的字不认识，但大体是明白的。请看这儿有什么三年之丧的痕迹呢？第一第二两例的“衣”是“五年而再殷祭”之殷，古人读殷声如衣，这是已成定论的，是一种合祭。两例都同在“王二祀”，即王即位后的第二年，一在四月，一在十二月。仅隔七八月便行了两次殷祭，已经和礼家所说的殷祭年限大有不同；而在王即位后的第二年，为王者已经在自行贞卜，自行稽疑，自行主祭。古者祭祀侑神必有酒肉乐舞，王不用说是亲预其事了。这何尝是“三年不言”，“三年不为礼”，“三年不为乐”？何尝是“百官总己以听于冢宰”，作三年的木偶呢？

第三第四两例也是同样。那是在王的即位后第三年，一在六月，一在十一月，而王也在自行贞卜，自行稽疑，自行主祭。

这些是祭祀的例子。此外，畋猎行幸之例虽然还没有见到，但我相信一定是会有的，或者还藏在地下，或者已经出土而未见著录。而且卜辞系年是稀罕的例子，畋猎行幸之例已见著录者已经很多，虽然通未系年，但要说那里面绝对没有王元祀，王二祀，王三祀时的贞卜，那是谁也不能够的。

殷代的金文不多，系着元、二、三祀的例子也还没有见到。周代的是有的，也毫无三年丧制的痕迹。但那是事属于周，在这儿就不便征引了。

三、高宗谅阴的新解释

根据上举铁证，我们可以断言：殷代，就连王室都是没有行三年之丧的。问题倒应该回头去跟着两千多年前的子张再来问一遍：

“《书》云：‘高宗谅阴，三年不言’，何谓也？”

健康的人要“三年不言”，那实在是办不到的事，但在某种病态上是有这个现象的。这种病态，在近代的医学上称之谓“不言症”（Aphasie），为例并不稀罕。据我看来，殷高宗实在是害了这种毛病的。所谓“谅阴”或“谅闇”大约就是这种病症的古名。阴同闇是假借为瘖，口不能言谓之瘖，闇与瘖同从音声，阴与瘖同在侵部，《文选·思玄赋》，“经重瘖乎寂寞兮”，旧注，“瘖古阴字”，可见两字后人都还通用。亮和谅，虽然不好强解，大约也就是明确、真正的意思吧。那是说高宗的哑，并不是假装的。得到了这样的解释，我相信比较起古时的“宅忧”，“倚庐”的那些解释要正确得多。请拿《尚书》的本文来说吧。“其在高宗，时旧劳于外，爰暨小人；作其即位，乃或（又）亮阴，三年不言”：是说高宗经历了很多的艰苦，在未即位之前，曾在朝外与下民共同甘苦（大约是用兵在外吧）；即了位之后，又患了真正的瘖哑症，不能够说话，苦了三年。这样解来，正是尽情尽理的。

据上所述，可见把“谅阴三年”解为三年之丧，也不过如把“雨我公田”解为井田制之类而已。那自然是同样的不可靠，本来孔子原是注重实据的人，他要谈殷礼，曾痛感到宋国文献之不足征。高宗的故事当然也是无多可考的，仅仅六个字，他要把它解成了“君薨，百官总己以听冢宰三年”（《论语·宪问》），大约是由于他的“托古改制”的苦衷，加以淑世心切，又来一句“古之人皆然”的话，都不过如敝同乡苏东坡的“想当然耳”之类。知道得这一层，那么“天下之通丧也”的那么一句，也就尽可以不必拘泥了。如一定要与圣人圆个谎，我看也尽可以解为“古之天下”，或者来个悬记，说是“将来之天下”。好在《论语》本是孔子的徒手徒孙们的断烂笔记，偶尔脱落几个字是事有可能的。

我要再来申说一下那“不言症”的病理。那种病症有两种型：一种是“运动性不言症”（Motorische Aphasie），一种是“感觉性不言症”（Sensorische Aphasie）。前者的脑中语识没有失掉，只是末梢的器官不能发言，有时甚至于连写也不能写，不过你同他讲话他是明白的。后者是连脑中语识都失掉了，听亲人说话俨如听外国语。德国话称这种为 Worttaubheit 或 Seelentaubheit，译出来是“言聋”或“魂聋”。两种不言症都有种种轻重的程度，我在这儿不便写医学讲义，只好暂且从略。但其病源呢，据说是大脑皮质上的左侧的言语中枢受了障碍。有时是有实质上的变化，如像肿疡外伤等；有时却也没有，没有的自然是容易好的。殷高宗的不言症，大约是没有实质变化的一种，因为他是没有受手术而自然痊愈了的，由这儿我们可以推想得到。

殷高宗的“谅阴”既是不言症而非倚庐守制，那么三年之丧乃殷制的唯一的根据便失掉了。

（追记）殷高宗曾患不言症，卜辞中已有直接证明。武丁时卜辞每多“今夕王言”或“今夕王（迺）言”之卜，往时不明其意者，今已涣然冰释。

四、论《周易》的制作时代

胡适似乎很相信《周易》，《说儒》里面屡屡引到它。最有趣味的是他根据章太炎把《需》卦的那些卦爻辞来讲儒，他说那儿所刻画的是孔子以前的柔懦而图口腹的儒者。孔子的出现是把这种儒道改革了的。有趣是有趣，可惜牵强得太不近情理，记得已经由江绍原把他驳斥了。但他除《需》卦而外也说到了其他，你看他说：

“我们试回想到前八世纪的正考父的《鼎铭》，回想到《周易》里《谦》《损》《坎》《巽》等等教人柔逊的卦爻辞，回想到曾子说的‘昔者吾友尝从事’的‘犯而不校’，回想到《论语》里讨论的‘以德报怨’的问题，——我们不能不承认这种柔逊谦卑的人生观正是古来的正宗儒行。孔子早年也从这个正宗儒学里淘炼出来，……后来孔子渐渐超过了这个正统遗风，建立了那刚毅弘大的新儒行，就自成一种新气象。”

这儿的大前提中也把《周易》的《谦》《损》《坎》《巽》等包含着。《周易》里面也有《乾》《大壮》《晋》《益》《革》《震》等积极的卦，为何落了选，都暂且不提。其实要把《周易》来做论据，还有一个先决问题横亘着的，那便是《周易》的制作时代了。这层胡适也是见到了的，你看他说：“《周易》制作的时代已不可考了”，但回头又下出一个“推测”，说“《易》

的卦爻辞的制作大概在殷亡之后，殷民族受周民族的压迫最甚的一二百年之中”，而断定作者“是殷人”。这个“推测”和断定，连边际也没有触到。关于这，我在三年前已经用日本文写过一篇《周易之制作时代》，发表在日本的《思想》杂志上（一九三五年四月）。那文章早就由我自己译成中文寄回国去，大约不久就可以问世了吧。

我的见解，《易》的作者是馯臂子弓，作的时期是在战国前半。详细的论证已有专文，但在这儿不妨把一个重要的揭发写出。

> “中行告公，用圭。”（《益》六三）
> “中行告公，从。”（《益》六四）
> “朋亡，得尚（当）于中行。”（《泰》九二）
> “中行独复。”（《复》六四）
> “苋陆夬夬，中行无咎。”（《夬》九五）

这些爻辞里面的“中行”，尤其前四项，无论怎样看，都须得是人名或官名。这些爻辞里面应该包含有某种故事。想到了这一层，这钥匙就落在我们手边了。请看《左传》僖公二十八年的传文吧，那儿有这样的话。

> “晋侯作三行以御狄。荀林父将中行，屠擊将右行，先蔑将左行。”

晋侯是晋襄公，“三行”之作是由他创始的。荀林父是最初的中行将，因而他便博得了“中行”的称号，宣公十四年的传文称他为中行桓子。他的子孙，后来也就有了中行氏的一族。发现了这个典故，回头去看那些爻辞，不是可以迎刃而解了吗？尤其《泰》九二的“朋亡，得尚（当）于中行”，我看，那明明说的是文公七年先蔑奔秦的事。那年晋襄公死了，晋人先遣先蔑士会到秦国去迎接公子雍，以为襄公的后嗣。但到秦国派着兵把人送到令狐的时候，晋人却变了卦，出其不意地给秦兵一个邀击，把秦兵打败了，弄得先蔑士会都不得不向秦国亡命。《左传》上说：

> “戊子，败秦师于令狐，至于刳首。己丑，先蔑奔秦，士会从之。先

蔑之使也，荀林父止之曰：‘夫人太子犹在而外求君，此必不行。子以疾辞，若何？不然，将及。摄卿以往，可也，何必子？同官为寮，吾尝同寮，敢不尽心乎？’弗听。为赋《板》之三章，又弗听。及亡，荀伯尽送其帑及其器用财贿于秦，曰：‘为同寮故也。’”

同寮亡命，岂不就是“朋亡”？“荀伯尽送其帑及其器用财贿于秦，”岂不就是“得当于中行”？亡与行是押着韵的。想来这简单的两句大约是当时的口碑，口碑流传既久，往往会和那故事的母胎脱离而成为纯粹的格言。编《周易》的人恐怕也只是当成一些格言在采纳的吧？因为“中行”两个字与中庸同义，故尔一收便收到了五项。《周易》爻辞中像这样明明白白地收入了春秋中叶的晋事，那年代也就可想而知了。要之，《周易》是后起的，事实上连孔子本人也没有见过。《论语》上有“加我数年，五十以学易，可以无大过矣”的话，这是孔子和《易经》发生关系的唯一出处，但那个“易”字是有点蹊跷的。据陆德明《音义》，“易”字《鲁论》作“亦”，可见那原文本是“加我数年，五十以学，亦可以无大过矣”，是后世的《易》学家把它改了的。汉时《高彪碑》有“恬虚守约，五十以斅”的两句，正是根据的《鲁论》。

五、论《正考父鼎铭》之不足据

《正考父鼎铭》在《说儒》中也返返复复地见了四五次，不用说也是胡适所根据的重要资料之一，但不幸这个资料更加不可靠。我在四年前曾做过一篇《正考父鼎铭辨伪》，登在《东方杂志》上。文章发表后，我自己却尚未见到，原因是《东方杂志》在日本是禁止输入的，这倒不知道是为了什么缘故。但那篇旧作也还有不周到的地方，我现在要把那辨伪工作，重新在这儿整理一次。

《正考父鼎铭》不仅见于《左传》昭公七年，同时在《史记》的《孔子世家》里面也有。现在且把那两项文字来对比一下。

〔《左传》〕	〔《史记》〕
“九月，公至自楚，孟僖子病不能相礼，乃讲学之。苟能礼者，从之。及其将死也，召其大夫曰：‘礼，人之干也。无礼，无以立。	“孔子年十七，鲁大夫孟厘子病且死，戒其后嗣懿子曰：
吾闻将有达者曰孔丘，圣人之后也，而灭于宋。其祖弗父何以有宋而授厉公。及正考父，佐戴、武、宣，三命兹益共。故其《鼎铭》云：“一命而偻，再命而伛，三命而俯，循墙而走，亦莫余敢侮。馆于是，粥于是，以糊余口。”其共也如是。	‘孔丘，圣人之后，灭于宋。其祖弗父何，始有宋而嗣让厉公。及正考父佐戴、武、宣公，三命兹益恭。故《鼎铭》云：“一命而偻，再命而伛，三命而俯，循墙而走，亦莫敢余侮。馆于是，粥于是，以糊余口。”其恭如是。
臧孙纥有言曰：“圣人有明德者，若不当世，其后必有达人。”今其将在孔丘乎？我若获没，必属说与何忌于夫子，使事之，而学礼焉，以定其位。’	吾闻“圣人之后，虽不当世，必有达者”。今孔丘年少好礼，其达者欤？吾即没，若必师之。’
故孟懿子与南宫敬叔师事仲尼。仲尼曰：‘能补过者，君子也。’诗曰：‘君子是则是效。’孟僖子可则效已矣。”	及厘子卒，懿子与鲁人南宫敬叔往学礼焉。”

在一首一尾上有相当显著的差异，尤其在开头处。《史记索隐》的作者早就见到了这一点，他说：“昭七年《左传》云：‘孟僖子病不能相礼，乃讲学之，及其将死，召大夫’云云，按谓‘病’者不能相礼为病，非疾困之谓也。至二十四年僖子卒，贾逵云：‘仲尼时年三十五矣。’是此文误也。”小司马是以《史记》为“误”，但在我看来觉得有点冤枉。太史公尽管冒失，怎么会至于连一个“病”字都看不懂？而且他说“病且死”者，是说孟厘子病危有

将死之虞而实未即死，特遗嘱是那时候留下来的。如照《左传》的说法，是到十七年后将死时的说话，到那时孟懿子已经成人，何以还要把他属之于大夫？孔子已经是相当的“达人”，何以还要预言其将达？这些已经就有点毛病的，而那一首一尾的添加尤其着了痕迹。本来在春秋当时“相礼”的事是有儒者专业的，“不能相礼”并不足为“病”。孟僖子既“病”自己的“不能相礼”而教子弟师事孔子，许孔子为未来的达人，孔子也就称赞孟僖子是能够补过的“君子”。像这样岂不是在互相标榜吗？所以据我看来，我觉得《左传》的文字显然是刘歆玩的把戏，是他把《史记》的记载添改了一下，在编《左传》时使用了的。然而就是《史记》的记载也依然有问题。《史记》中两见正考父，另一处见于《宋世家》的后序，那里说：“襄公之时修行仁义，欲为盟主，其大夫正考父美之。故追道契、汤、高宗，殷所以兴，作《商颂》。”但两处的年代却相隔了一百多年，这儿又是一个大缝隙。要弥补这个缝隙，须得从《诗》之今古文家说说起。

原来《诗》说有三派，有《鲁诗》《韩诗》《毛诗》。《鲁》《韩》先进，是今文家，《毛诗》后起，是古文家。司马迁是采用《鲁诗》说的；他那《商颂》的制作时代与作者说，自然是本诸《鲁诗》。《史记集解》言：“《韩诗》，《商颂》章句亦美襄公。”又《后汉书·曹褒传》注引《韩诗·薛君章句》说：“正考父孔子之先也，作《商颂》十二篇。”据此可见《韩诗》也认为《商颂》乃正考父所作，而正考父乃襄公时人。《鲁》《韩》两家完全是一致的。独于后起的《毛诗》却生出了异议。《毛诗序》说：

> “微子至于戴公，其间礼乐废坏，有正考甫者得《商颂》十二篇于周之大师，以《那》为首。”

这却把正考父认为戴公时人，而认《商颂》为商之遗诗。这异说自然也有根据，前者便是《左传》的“及正考父，佐戴、武、宣”，后者则出自《国语》“昔正考父校商之名颂十二篇于周大师，以《那》为首”（《鲁语》闵马父言）。但这《左传》和《国语》，其实是一套，同是经过刘歆玩过把戏的东西，而刘歆是古文家的宗主。说到这儿，我们总可以恍然大悟了吧。便是《左传》昭七年文是刘歆的造作固不用说，便是《史记·孔子世家》中的关于正考父的那一段，明明也是经过刘歆窜改的。

尤其是那鼎铭，我确实地找着了它的家婆屋。那文字的前半是剽窃《庄子》，后半是摹仿《檀弓》。

“正考父一命而伛，再命而偻，三命而俯，循墙而走。孰敢不轨，如而夫者一命而吕巨，再命而于车上舞，三命而名诸父。孰协唐、许?”

这是《庄子·列御寇篇》上的一节，本是有韵的文章，是否庄子亲笔虽不敢断言，总得是先秦文字。看这叙正考父“三命兹益恭”的情形，本来是第三者的客观描写。而“孰敢不轨”一句也是第三者的批评。全节的大意是说像正考父那样的谦恭，世间上谁还敢为不轨？但像那位尊驾（“如而夫”）的那样高傲，谁还想媲美唐尧，许由，这是尽情尽理的。但这前半被刘歆剽窃去作为正考父的《鼎铭》，便成了正考父的自画自赞，而把“孰敢不轨”改为“亦莫余敢侮”，竟直倨傲到万分了。还有呢，《庄子》的原文本是“一命而伛，再命而偻”。伛与偻，是“伛偻”这个联绵字的析用。伛偻或作痀偻，又或作曲偻，今人言驼背也。此外，如车弓曰枸篓（见《方言》），地之隆起处日欧窭（见《史记·滑稽列传》），人苦作而弓背日劬劳，又作拘录或㽤录（见《荀子》），都是一语之转，但都先伛而后偻。一落到刘歆手里，却变成了先偻而后伛。这分明是他的记忆绞了线。《左传》是这样，《史记》也是这样，正足证明是出于一人之手。

《鼎铭》的前半已经弄得那么可笑，而后半也同样的可笑。饘粥是今人所谓稀饭，但古人铸鼎是以盛牲牢鱼鳖，并不是拿来煮稀饭的。古之人“钟鸣鼎食”比较起现在的奏军乐而吃西餐，觉得还要神气。自然，拿沙锅煮稀饭，今之乞丐为之，古亦宜然。正考父既以“三朝元老”铸鼎铭勋，而曰“饘于是，粥于是，以糊余口”——我过的是和讨口子一样的生活，拿鼎来煮稀饭吃的呀！这岂不是一位假道学？口气倒很有点张老之风，要说不是出于摹仿，我有点碍难相信。

《檀弓》有云：

“晋献文子成室，晋大夫发焉。张老曰：‘美哉轮焉，美哉奂焉！歌于斯，哭于斯，聚国族于斯。’……君子谓之善颂善祷。”

刘歆不仅伪造了鼎铭，而且还伪造了史实。《庄子》所载的正考父三命本来并没有说是三朝之命，在一朝而受三命乃至三命以上，都是可能的。然而刘歆却把它解作三朝之命，而造出了“佐戴、武、宣”的史实出来，与今文家说大抬其杠子，弄得我们标榜考证的胡适博士也为所蒙蔽了，真真是误人不浅。

但正考父尽管是宋襄公时人，《鼎铭》也尽管是伪，而他那“三命兹益恭”的态度，既见于《庄子》，则胡适要用来证明“柔慈为殷人在亡国状态下养成的一种遗风”，仍然说得过去的，只消把年代改晚一点好了。然而可惜，这正考父是宋国的贵族，历代都只在宋国做大官，而宋国又是殷代遗民所聚集成的国，他在这儿就要充分地谦恭，并不足以解为奴性。假使他是出仕于鲁周或齐晋，那就方便得多了。何况他所作的《商颂》，那格调的雄壮，音韵的洪朗，实在也并不懦弱。更何况他的先人中有“十年而十一战”的孔父嘉，他的同国人里面有勇名啧啧的南宫万，足以令人想到这些遗民实在是有点“顽”的。柔慈云乎哉！奴性云乎哉！

六、《玄鸟》并非预言诗

《说儒》的另一个主要论据是把《商颂》的《玄鸟篇》解为预言诗。胡适告诉我们说：

> “我们试撇开一切旧说，来重读《商颂》的《玄鸟篇》：‘天命玄鸟，降而生商，宅殷土芒芒。古帝命武汤，正域彼四方。方命厥后，奄有九有。商之先后，受命不殆，在武丁孙子。武丁孙子——武王靡不胜。龙旗十乘，大糦是承。邦畿千里，维民所止。肇域彼四海，四海来假。来假祁祁，景员维河。殷受命咸宜，百禄是何。’此诗旧说以为祀高宗的诗。但旧说总无法解释诗中的‘武丁孙子’，也不能解释那‘武丁孙子’的‘武王’。郑玄解作‘高宗之孙子有武功有王德于天下者，无所不胜服’。朱熹说：‘武王，汤号，而其后世亦以自称也。言武丁孙子，今袭汤号者，其武无所不胜。’这是谁呢？殷自武丁以后，国力渐衰，史书所载，已无有一个无所不胜服的‘武王’了。”
>
> 这样断定之后，接着又说：

“我看此诗乃是一种预言：先述那‘正域彼四方’的武汤，次预言一个‘肇域彼四海’的‘武丁孙子——武王’。”

于是又把“大糦”改为“大囏（艰）”，说“这个未来的‘武王’能无所不胜，能用‘十乘’的薄弱武力，而承担‘大艰’，能从千里的邦畿而开国至于四海。这就是殷民族悬想的中兴英雄”。接着搭上了《左传》昭七年的孟僖子的话，更搭上了孟子的“五百年必有王者兴”的话，于是乎这“悬记”，就和犹太民族的“弥赛亚”预言之应中到耶稣身上的一样，便应中到孔子身上来了。牵强附会得太不成话了，

是的，“武丁孙子——武王靡不胜”，照旧说，的确是有点费解。因为“武王”本是汤号，如何反成了武丁的孙子呢？故尔清代的王引之在他的《经义述闻》里也就把这诗改了一下，把两个“武丁”改成“武王”，把“武王”改成“武丁”。那样的改法，说是说得过去的，可惜没有证据。其实那诗何须乎改字呢？自来大注家没有把它弄得爽的，只是没有弄得清爽罢了。中国的旧时诗文不加标点，实在是一种害人的东西，然如标点加错了，就像这“武丁孙子——武王靡不胜”一样，依然是害人。不嫌重复，让我也把那中间的几句标点一下吧。

“商之先后，受命不殆，在武丁孙子，武丁孙子。（之部）

武王靡不胜，龙旗十乘，大糦是承。（蒸部）……”

这样一来，想无须乎再要我加些注释了吧？武王就是上面的武汤，所以说是“肇域彼四海”，肇者始也。前既咏武汤，后又咏武王者，和《长发》是一样的格调，所谓低徊返复，一唱三叹。照我这样地标点，自然是“丁”也不用改，“王”也不用改，“糦”也不用改，胡适的预言说可以还给犹太的“法利赛人”去了。

七、殷末的东南经略

再说“殷自武丁以后，国力渐衰；史书所载，已无有一个无所不胜服的‘武王’了”，这也有点不尽合乎史实。其实就拿殷代最后的一个亡国之君帝辛来说吧。这人被周及以后的人虽说得来万恶无道，俨然人间世的混世魔王，其实那真是有点不太公道的。人是太爱受人催眠，太爱受人宣传了，我们是

深受了周人的宣传的毒。但就在周人里面多少也还有些讲公道话的人。例如《荀子》的《非相篇》虽然同样在骂他，但如说“长巨姣美，天下之杰也；筋力超劲，百人之敌也”，这岂是寻常的材料？又再把《左传》中批评他的话来看吧。

“纣克东夷而殒其身。”（昭十一年叔向语）

“纣之百克而卒无后。”（宣十二年栾武子语）

“恃才与众，亡之道也；商纣由之，故灭。”（宣十五年伯宗语）

在这儿正表示着一幕英雄末路的悲剧，大有点像后来的楚霸王，欧洲的拿破仑第一。他自己失败了而自焚的一节，不也足见他的气概吗？但这些英雄崇拜的感慨话，我们倒可以不必提。我们可以用纯正的历史学家的观点来说句“持平”的话：像殷纣王这个人对于我们民族发展上的功劳倒是不可淹没的。殷代的末年有一个很宏大的历史事件，便是经营东南，这几乎完全为周以来的史家所抹杀了。这件事，在我看来，比较起周人的翦灭殷室，于我们民族的贡献更要伟大。这件事，由近年的殷虚卜辞的探讨，才渐渐地重见了天日。

卜辞里面有很多征尸方和盂方的纪录，所经历的地方有齐有雇（即《商颂》“韦、顾既伐”之顾，今山东范县东南五十里有顾城），是在山东方面；有灊（今安徽霍山县东北三十里灊城）有攸（鸣条之条省文），是在淮河流域。我现在且举几条卜辞在下边以示例：

（一）“甲午王卜贞：□余酒朕（卉＋大＋十）。酉，余步从侯喜正（征）尸方。上下（且＋八＋又＋示）示，余受又又（有佑），不𢦏𡆥。告于大邑商，亡它在（猷）。王乩曰吉。在九月遘上甲。隹王十手巳。”（《卜辞通纂》第五九二片）

（这是我由两个断片所复合的，一半见《殷虚书契》前编四卷十八页一片，另一片见同书三卷二十七页六片。字虽不尽识，文虽不尽懂，但在某王的十年九月有征尸方的事，是很明了的）

（二）“癸巳卜黄贞：王旬亡（猷）。在十月又二。正尸方，在灊。

“癸卯卜黄贞：王旬亡（猷）。在正月，王来正尸方。于攸侯喜鄙。派。”

（此明义士牧师 J. M. Menzies 藏片，据董作宾《甲骨文断代研究例》所引，原拓未见。）

（三）“癸巳卜贞：王旬亡尤，在二月，在齐次。隹王来正尸方。”（《前编》二卷十五页三片）

（四）“癸亥卜黄贞：王旬亡尤，在九月。正尸方。在雇，”（《前编》二卷六页六片）

（五）“……在二月，隹王十祀；肜日，王来正盂方伯（炎），”（《兽头刻辞》《卜辞通纂》五七七片）

（六）“丁卯王卜贞：今（冎）巫九咎。余其从多田（甸）于（与）多伯，正盂方伯炎。（叀）衣。翌日步，亡左，自上下（且＋八＋又＋示）示，余受又又（有佑），不（曹）戠呙。告于兹大邑商，亡它在尤。王乩日弘吉。在十月，遘大丁翌。”（前中央研究院藏片）

（七）“庚寅王卜在灊次贞：伐林方，亡灾。

壬辰王卜在灊贞：其至于（䧅）（雚）祖乙次，往来亡灾。

甲午王》在灊次贞：今日步入酋，亡灾，十月二，隹十字巳，肜〔日〕。”（《库方甲骨》第一六七二片）

以上七例算是最重要的，由其年月日辰，人名地名等以为线索，可以知道是同时的纪录。问题是那“王十祀”的“王”究竟是谁？关于卜辞的研究近来大有进境，差不多已经办到能断定每一片的约略的时代了。这位“王”，在我认为是帝乙，而在董作宾和吴其昌两人则定为帝辛，主要的根据便是旧文献中帝辛有克东夷的记载，与这相当。但是帝辛时代的殷都是朝歌，是帝乙末年所迁移的。在安阳的小屯，不得有帝辛的卜辞。现在卜辞数万片中无祭帝乙之例，又其他直系先妣均见，独武乙之配妣戊（见《戊辰彝》）及文丁之配（在帝辛则为妣）不见，均其坚决的消极证据。实则帝乙经营东南之事于旧史亦未见得全无踪影。《后汉书·东夷传》云：

“夷有九种，曰畎夷，于夷、方夷、黄夷、白夷、赤夷、玄夷、风夷、阳夷。……殷汤革命，伐而定之。至于仲丁，蓝夷作寇。自是或服或畔，三百余年。武乙衰敝，东夷浸盛，遂分迁淮岱，渐居中土。”

这儿所说的“或服或畔”，便表明殷代自仲丁而后随时都在和东夷发生关系，“畔”了如不去征讨，敌人那里会“服”？可见征东夷一事在殷末是循环的战争，不能专属于帝辛一人。大抵帝乙十年曾用兵一次，有所征服。在其二十年还有一段长期南征的事迹，在这儿暂且不提。不过到了帝辛时东夷又叛变了，又作了一次或不仅一次的征讨罢了。《左传》昭四年，楚国的椒举说“商纣为黎之搜，东夷叛之”，在这“为黎之搜”以前的东夷之服，岂不是帝乙远征之所致吗？帝乙所征的盂方自然是于夷，所征的林方大约就是蓝夷。古音林蓝都是读 Lam 的。所谓尸方，大约是包括东夷全体。古音尸与夷相通，周代金文称夷也用尸字。看这情形，尸当是本字，夷是后人改用的。称异民族为“尸”者，犹今人之称“鬼子”也。

帝辛的经营东南，他的规模似乎是很宏大的。你看古本《泰誓》说：“纣有亿兆夷人亦（大）有离德，余有司（旧作乱）臣十人同心同德”（见《左传》昭二十四年），这亿兆的“夷人”必然是征服东夷之后所得到的俘虏。俘虏有亿兆之多，可见殷的兵士损耗的亦必不少。兵力损耗了，不得不用俘虏来补充，不幸周人在背后乘机起来，牧野一战便弄到“前徒倒戈”。那并不是殷人出了汉奸，而是俘虏兵掉头了。

然而帝辛尽管是失败了，他的功绩是可以抹杀的吗？帝乙、帝辛父子两代在尽力经营东南的时候，周人图谋不轨打起了别人的后路来，殷人是失败了，但他把在中原所培植起来的文化让周人在某种的控制之下继承下去，而自己却又把本文化带到了东南。殷人被周人压迫，退路是向着帝乙、帝辛两代所经略出来的东南走。在今江苏西北部的宋国，长江流域的徐楚，都是殷的遗民或其同盟民族所垦辟出的殖民地，而其滥觞即在殷末的东南经营。更透辟地说一句：中国南部之得以早被文化，我们是应该纪念殷纣王的。

知道得这一层，我们可以揣想：在殷人的心目中一定不会把殷纣王看得来和周人所看的那样。他们就要称他为“武王”，要纪念他，其实都是说得过去的了。

《玄鸟》篇的预言说既已拉倒，《左传》昭七年的那个预言也只是那么一套。那不过是七十子后学要替孔子争门面所干的一个小小的宣传而已。至于孟子所说的“五百年必有王者兴”，是他由历史上所见到的一个约略的周期，所谓“由尧舜至于汤五百有余岁，……由汤至于文王五百有余岁，……由文王至于孔子五百有余岁”，也并不是前人有此预言而在孔子身上生出了应验。并且就算是个千真万确的预言吧，那样毫无科学根据的一种祈向，究竟有什么学问上的意义而值得提起呢？

八、论儒的发生与孔子的地位

中国文化导源于殷人，殷灭于周，其在中国北部的遗民在周人统制之下化为了奴隶。在春秋时代奴隶制逐渐动摇了起来，接着便有一个灿烂的文化期开花，而儒开其先。这是正确的史实。这种见解我在十年前早就提倡着，而且不断地在证明着。《说儒》的出发点本就在这儿，虽然胡适对于我未有片言只字的提及。但是从这儿机械式的抽绎出这样一个观念：儒是殷民族的奴性的宗教，得到孔子这位大圣人才把它“改变到刚毅进取的儒”；更从而牵强附会地去找寻些莫须有的根据；这却不敢说是“青出于蓝而胜于蓝”的。这种的研究态度正是所谓“公式主义”，所谓“观念论”的典型，主张实用主义的胡适，在这儿透露了他的本质。

儒诚然有广义与狭义的两种，秦、汉以后称术士为儒，但那是儒名的滥用，并不是古之术士素有儒称。今人中的稍稍陈腐者流更有用“西儒”“东儒”一类的名词的了。秦以前术士称儒的证据是没有的，孔子所说的“君子儒”与“小人儒”并无根据足以证明其为术士与非术士。下层民庶间伊古以来当有巫医，然巫医自巫医，古并不称为儒。儒应当本来是“邹鲁之士缙绅先生”们的专号。那在孔子以前已经是有的，但是是春秋时代的历史的产物，是西周的奴隶制逐渐崩溃中所产生出来的成果。

在殷代末年中国的社会早就入了奴隶制的。看殷纣王有“亿兆夷人”，且曾以之服兵役，便可以知道那时奴隶制的规模已是怎样地宏大。周人把殷灭了，更把黄河流域的殷遗民也奴隶化了，维持着奴隶所有者的权威三四百年。但因奴隶之时起叛变（西周三百余年间时与南国构兵，宣王时《兮甲盘铭》有“诸侯百姓毋敢或入蛮宄贮（赋）”语，可知北人多逃往南方），农工业之日见发达，商业资本之逐渐占优势，尤其各国族相互间的对于生产者的诱拐优待，……这些便渐进地招致了奴隶制的破坏，贵族中的无能者便没落了下来。这部贵族没落史，在官制的进化上也是可以看得出的。

“天子建天官，先六大：曰大宰、大宗、大史、大祝、大士、大卜，典司六典。天子之五官：曰司徒，司马、司空、司士、司寇，典司五众。天子之六府：曰司土、司木、司水、司草、司器、司货，典司六职。天子之六工：曰土工、金工、石工、木工、兽工、草工，典制六材。”

这是《礼记》的《曲礼》里面所说的古代官制。这儿包含着祝宗卜史的六大，在古时是最上级的天官，然而在春秋时这些都式微了，倒是“典司五众”的一些政务官大出其风头。所谓“礼乐征伐自大夫出”，便是这个事实的隐括了。再进，更闹到“陪臣执国命”的地步，“天官”们的零落也就更不堪问了。司马迁的《报任少卿书》里面有句话说得最醒目：

“文史星历近乎卜祝之间，固主上所戏弄，倡优所畜，流俗之所轻也。”

这是走到末路的祝宗卜史之类的贵族们的大可怜相。这些便是“儒”的来源了。儒之本意诚然是柔，但不是由于他们本是奴隶而习于服从的精神的柔，而是由于本是贵族而不事生产的筋骨的柔。古之人称儒，大约犹今之人称文绉绉，酸溜溜，起初当是俗语而兼有轻蔑意的称呼，故尔在孔子以前的典籍中竟一无所见。《周礼》里面有儒字，但那并不是孔子以前的书，而且是经过刘歆窜改的。

儒所以先起于邹鲁而不先起于周或其他各国，记得冯友兰说过一番理由。大意是说周室东迁，文物已经丧失，而鲁在东方素来是文化的中心。我看这理由是正确的。《左传》定四年，成王分封鲁公伯禽时，曾“分之土田陪敦，祝宗卜史，备物典策，官司彝器”，比较起同时受封的康叔来特别隆重。这些最初所分封的“祝宗卜史”有一部分一定是殷代的旧官而归化了周人的，但是由这些官职之尊贵上看来，亘周代数百年间不能说完全为殷人所独占。

事实上鲁国在春秋初年要算是最殷盛的强国。例如桓公十三年鲁以纪郑二小国与齐、宋、卫、燕战而使“齐师宋师卫师燕师败绩”，足见那国力是怎样的雄厚。后来渐渐为它的芳邻商业的齐国所压倒，但它自己本身的产业也有进化的。宣公十五年的“初税亩”便告诉我们那儿已开始有庄园式的农业经济存在，土地的私有在逐渐集中了。就这样由于内部的发展与外来的压迫，便促进了社会阶层的分化，权力重心的推移，官制的改革，于是便产生了儒者这项职业。

儒，在初当然是一种高等游民，无拳无勇，不稼不穑，只晓得摆个臭架子而为社会上的寄生虫。孔子所说的“小人儒”当指这一类。这种破落户，因为素有门望，每每无赖，乡曲小民狃于积习，多不敢把他们奈何。他们甚而至于做强盗，做劫冢盗墓一类的勾当。《庄子·外物篇》里面有这样一段故事：

> “儒以诗礼发冢。
> 大儒胪传曰：‘东方作矣，事之何若？’
> 小儒曰：‘未解裙襦，口中有珠。’
> 诗固有之曰：‘青青之麦，生于陵陂。生不布施，死何含珠为？’
> 接其鬓，压秽其（频），儒以金椎控其颐，徐别其颊，无伤口中珠。”

这是一篇绝妙的速写，“胪传”是低声传话的意思，写得很形象化。即使认为是“寓言”或小说，都是社会上有那样的事实才在作品里面反映了出来的。

但是在社会陵替之际，有由贵族阶级没落下来的儒，也有由庶民阶级腾达上去的暴发户。《诗经》里面，尤其《国风》里面，讽刺这种暴发户的诗相当地多，那也就是一些没落贵族的牢骚了。暴发户可以诮鄙没落贵族为文绉绉，就是所谓“儒”，而文绉绉的先生们也白眼暴发户，说声“彼其之子，不称其服”。更激烈得一点的便要怨天恨人而大呕其酸气了。尽管这样互相鄙视，但是两者也是相依为用的。暴发户需要儒者以装门面，儒者需要暴发户以图口腹。故儒者虽不事生产（实不能事生产），也可以维持其潦倒生涯。相习既久，儒的本身生活也就不成其为问题了。因为既腾达的暴发户可以豢养儒者以为食客或陪臣，而未腾达的暴发户也可以豢养儒者以为西宾以教导其子若弟，期望其腾达。到这样，儒便由不生产的变而为生产的。这大约也就是孔子所说的“君子儒”了。这是儒的职业化。

儒既化为了职业，也就和农工商之化为了职业的一样，同成为下层的人选择职业的一个目标。因此世间上也就生出了学习儒业的要求来。本是由上层贵族零落下来的儒，现在才成了由下层的庶民规摹上去的儒了。孔子是在这个阶段上产生出来的一位大师，他的一帮人竟集到了三千之多，他能够有那样的旅费去周游天下，能够到各国去和王侯分庭抗礼，我们是可以理解的。中国的文献，向例不大谈社会的情形，但我们也应该有点举一反三的见识。孔子的这个“儒帮”都有这样的隆盛，我们可以反推过去，知道当时的工商业的诸帮口，农业的庄园，也一定是相当隆盛的。

儒的职业化或行帮化，同时也就是知识的普及化。从前仅为少数贵族所占有的知识，现在却浸润到一般的民间来了。这与其说是某一位伟大的天才之所为，无宁说是历史的趋势使之不得不然的结果。时势不用说也期待天才，天才而一遇到时势，那自然会两相焕发的。孔子是不世出的天才，我们可以承认，但他的功绩却仅在把从前由贵族所占有的知识普及到民间来了的这一点。古人说他删《诗》《书》，定《礼》《乐》，修《春秋》，这话究竟该打多少折扣，暂且不提，但是《诗》《书》《礼》《乐》《春秋》都是旧有的东西，并不是出于孔子的创造。就拿思想来说吧，儒家的关于天的思想，不外是《诗》《书》中的传统思想，而最有特色的修齐治平的那一套学说，其实也是周代的贵族思想的传统。从旧文献上去找证据要多费一遍考证工夫，难得纠缠，我现在且从周代的金文里面引些证据出来。厉王时代的《大克鼎》《虢旅钟》《番生簋》《叔向父簋》，便都是很好的证据。

《大克鼎》：“穆穆朕文祖师华父，冲让厥心，虚静于猷，淑哲厥德。肆克（故能）恭保厥辟恭王，（諫）乂王家，惠于万民，柔远能迩。肆克友于皇天，顼于上下，贲屯亡敃（混沌无闷），锡厘亡疆。”

《虢旅钟》：“丕显皇考惠叔，穆穆秉元明德，御于厥辟，贲屯亡慜（混沌无闷）。……皇考严在上，翼在下，（數）（數）溥溥（蓬蓬勃勃），降旅多福。”

《番生簋》：“丕显皇祖考，穆穆克哲厥德，严在上，广启厥孙子于下，擢于大服。番生不敢弗帅型皇祖考丕丕元德，用绸缪大命，屏王位。虔夙夜敷求不僭德，用谏四方，柔远能迩。”

《叔向父簋》：“余小子嗣朕皇考，肇帅型先文祖，共明德，秉威仪，用绸缪奠保我邦我家。作朕皇祖幽大叔尊簋，其严在上，降余多福系厘，广启禹身，擢于永命。”

（为求易于了解起见，凡古僻文字均已改用今字，《史记》引《尚书》例如此。）

请把这些铭辞过细读一两遍吧。修身、齐家、治国、平天下的那一套大道理，岂不是都包含在这里面吗？做这些彝器和铭文的都是周室的宗亲，但他们所怀抱着的修己的德目，仍然是谦冲、虚静、和穆、虔敬，足见得尚柔并不是殷人的传统，也并不是狃于奴隶的积习使然。故尔这些铭辞，同时也就是胡适的那种观念说的最倔强的反证。而且胡适所说的由孔子所“建立”的“那刚毅弘大的新儒行”，其实也已经被包含在这里面了。这些铭辞正表现着一种积极进取的仁道，其操持是“夙夜敷求”，其目的是“柔远能迩”，并不那么退撄；而使我们感觉着孔子所说的“郁郁乎文哉，吾从周”的话，读到这些铭辞是可以得到新的领会的。

〔补志〕此文以一九三七年五月尾作于日本，曾发表于《中华公论》创刊号（一九三七年七月二十日出版），原题为《借问胡适》。《中华公论》为钱介盘同志主编，仅出一期，即以抗日战争扩大而停刊。

春秋时代的孔子和汉代的孔子

顾颉刚

导语

顾颉刚（1893—1980 年），原名诵坤，字铭坚，江苏苏州人，出生于书香世家，1920 年毕业于北京大学哲学系。他先后在厦门大学、中山大学、燕京大学、北京大学、云南大学、齐鲁大学、中央大学、兰州大学、复旦大学等十八所大学任教授，并曾兼任北平研究院历史学组主任、交通书局编辑所所长、中央研究院院士，创办朴社、民俗学会、风谣学会、禹贡学会、边疆研究会，主编《燕京学报》、《禹贡半月刊》、《边疆周刊》、《责善》半月刊、《文史杂志》等，提出了“层累地造成的中国古史”说，并把他和别人研讨争论的文章编为《古史辨》八册。1949 年后，先后任中国科学院、中国社会科学院历史研究所研究员，主持点校《资治通鉴》和《二十四史》，著有《秦汉的方士与儒生》（原名《汉代学术史略》）、《史林杂识》（初编）、《中国上古史研究讲义》、《顾颉刚古史论文集》等。

本文通过对春秋时和汉代时的孔子的考察，指出在春秋时的孔子是君子，在战国时是圣人，而汉代的孔子是神人。本文揭示了孔子从人到神的历程，对我们现在的人如何正确地认识孔子有很大的启示——还古人以真实的面貌，不要按自己的意识或需要来随意地打扮历史人物。

颉刚按，此文为演讲前所作之底稿，临时因时间不足，改换题目，删减若干，故与《民钟报》所载略有参差。十九年一月二十三日记。

今天讲演这个题目，似乎是很可笑的，孔子只有一个，为什么会变做两个呢？唉，孔子哪里止两个，各时代有各时代的孔子，即在一个时代中也有种种不同的孔子呢（例如战国时的孟子和荀子所说的，宋代的朱熹和陆九渊所说的）。各时代的人，他们心中怎样想，便怎样说，孔子的人格也就跟着他们变个不歇，害得一般人永远摸不清头路，不知道孔子的真面目究竟是怎样的。

我数年来，心中常有一个问题要求解决，这个问题是“孔子何以成为圣人？”这个问题给信仰孔教的人看来是不成问题的，因为他们知道孔子的本质是圣人，不必别人帮助他成功。但我们研究历史的人不能这样，我们对于一件事情，要知道他的原因，要知道他的结果。孔子的本质固然可以说是圣人，但何以孔子以前不用圣人的名来称后世所承认的几个古帝王（如尧、舜、禹、汤、文、武、周公）？又何以孔子以后再没有圣人出来？在这上面看，可见圣人的出生不是偶然的，必须在孔子这个时候，就是春秋之末。

孔子以前没有圣人吗？不然，孔子以前的圣人多得很。但孔子以前的圣人不即是孔子时及孔子以后的圣人。我们可以从古书里寻出一点材料。

我们先看《诗经》。《诗经》的《大雅》《小雅》都是西周后期的诗。《小雅·正月篇》说：“召彼故老，讯之占梦，具曰予圣。”这是说故老和占梦者都把自己看作圣人。又《十月之交篇》是骂卿士皇父的，其中说“皇父孔圣”，孔，甚也。这是说皇父自以为甚圣。又《小旻篇》说：“国虽靡止，或圣或否。”这是说国虽不定，然而做官的人也有圣的，也有不圣的。《小宛篇》说：“人之齐圣，饮酒温克，彼昏不知，一醉日富。”这是说，齐（肃）圣的人喝了酒，还能够保持温文的样子，那种昏乱不知的人，就一天比一天醉得厉害了。在这些材料里看，圣似乎只有聪明的意思，并没有道德怎样好的意思。在西周时无论哪个人都可以自居圣人，正和现在无论哪个人都可以自居聪明人一样。北京地方有一句话，叫作“您圣明”，意思是“你是明白人”，就是这个意思。

最显明的，是《大雅》中的两首诗。《抑篇》说“其维哲人，告之话言，顺德之行。其维愚人，覆谓我僭。”哲，知也。这是说有知识的人，告了他话，他就可以顺了德而行；没有知识的人，若告了他，他就要反说我错了。《桑柔篇》说“维此圣人，瞻言百里。维彼愚人，覆狂以喜。”这是说圣人所看见的所说的可以很远，愚人不知祸患将临，反要狂而喜了。《抑篇》以哲人与愚人对举，《桑柔篇》又以圣人与愚人对举，可见圣人和哲人的意义相同。哲也是只有聪明的意思，并没有道德好的意思。《大雅·瞻印篇》说“哲夫成城，哲妇倾城，懿厥哲妇，为枭为鸱。”那时人是不要女子有知识的，所以说聪明的男子造成了城，给聪明的女子推倒了；聪明的女子乃是恶鸟。圣哲只是本能的敏捷，不是德行的美满，说得非常明白。

再看《尚书》。《多方》说“惟圣罔念作狂，惟狂克念作圣。”这是说圣人没有了念虑就要变作狂人（这狂人便是“覆狂似喜”的愚人），狂人能够动念也就变成了圣人。可见圣人和狂人只是有念和无念的分别。《秦誓》说有容量的人是“人之有技，若己有之；人之彦圣，其心好之。”这里说对于有技艺的人看作自己的一般，对于彦圣的人心里便喜欢他。彦圣与有技并举，而且这种人是很容易碰见的，可见圣人不是“旷世而不一见”的人。《洪范》里以“貌、言、视、听、思”列为五事，而曰“思曰睿，睿作圣”。貌、言、视、听、思是个个人有的，只要把“思”用得好，就可以睿，就可以作圣。下边列休征咎征，以圣列休征，与蒙的咎征对举。蒙，愚昧也；在它对面的当然是聪敏。

圣人只是聪明人，是极普通的称呼，为什么后来会变作“神化无方”的不可捉摸的人呢！这里面有复杂的原因，我且简单地说一点。

我们读《论语》，便可捉住它的中心问题——造成君子。一部《论语》，提出君子的有七八十条，但说到圣人的不过五条。把这七八十条提出君子的话归纳起来，可以得到几条主要的观念：（一）有礼貌（恭、敬），（二）有感情（仁、惠），（三）有理智（知、学），（四）有做人的宗旨（义、勇）。这实在是切实的人格陶冶。但君子一名也是由别种意义变化来的。《先进篇》说：“先进于礼乐，野人也；后进于礼乐，君子也。如用之，则吾从先进。”照这条看，似乎孔子不赞成君子；其实这个君子便是君子一名的原始的意义。君子，是国君之子，是一国中的贵族，与“公子”“王孙”等同义。因为是贵族，所以君子可以与野人（平民）对举。但后来意义变了，凡是有贵族的优美的风度和德行的都可称为君子，于是这君子便成了陶冶人格的目标。凡《论语》中所载，都是向着这方面走的。

《论语》中的圣人，比了《诗》《书》中的圣人确是改变了意义了。孔子说：“圣人，吾不得而见之矣，得见君子者斯可矣。”子夏道：“君子之道，孰先传焉，孰后倦焉；譬诸草木，区以别矣；……有始有卒者，其惟圣人乎!”可见他们确以圣人置于君子之上。君子既是陶冶人格的目标，而圣人有在其上，可见圣人成了理想中的最高人格，不是普通人能够达到的。子贡问道：“如能博施于民而能济众，何如？可谓仁乎?”子曰：“何事于仁，必也圣乎？尧、舜其犹病诸!”孔子有道：“若圣与仁则吾岂敢；抑为之不厌，诲人不倦，则可谓云尔已矣。”在这两条上看，可见圣在仁上，虽以尧、舜这样伟大的人物，而对于博施济众的这种圣人的事情还感受困难，可见圣人的高不可攀。

但《论语》中有一条似乎还沿着《诗》《书》中的圣人的原意。太宰问于子贡曰：“夫子圣者与？何其多能也?”子贡曰：“固天纵之将圣，又多能也。”子闻之曰：“太宰知我乎！吾少也贱，故多能鄙事。君子多乎哉，不多也。”在这三个人的说话中，孔子是自居于君子，谦言君子不必多能。子贡说天要把他做成一个圣人，多能不过是些余事。太宰的话则以多能为圣人的标征，因为他看见孔子多能，所以疑心他是一个圣人。这三种话是三个意思，毫不连接。以多能为圣，似乎奇怪，其实也平常。试看周公，孟子是把他列为三圣之一的，但《尚书·金縢篇》，他自称“旦多才多艺，能事鬼神”，《论语》上又说：“周公之才之美”，可见才美的人也是可以做到圣人的。和《诗》《书》的话合看，可见一个人只要有知有才就具备了圣人的条件。但这是古义，我们不必再讲。

我们所要知道的，何以子贡会说“固天纵之将圣”一句话？我们知道，天是空的，所谓“天纵之将圣”实即是“人纵之将圣”。春秋、战国间，因为交通的便利，土地的开发，社会的文化和人民的知识渐渐地高了起来。但因为邦国很多，终年征战，国内阶级又不少，(《左传》昭七年，楚芋尹无宇云：“人有十等，……王臣公，公臣大夫，大夫臣士，士臣皁，皁臣舆，舆臣隶，隶臣僚，僚臣仆，仆臣台。”）人民苦痛得很。从春秋末期至战国末期，这三百余年之中，他们长有统一天下的要求，有划除阶级的要求。因为要求统一，所以有禹的划分九州，有尧的“协和万邦”之说。因为要求平等，所以有尧、舜禅让，墨子尚贤之说。孟子要求以王政定天下，又好说“舜发于畎亩之中”等故事，即是代表这两种要求。春秋末期人民的苦痛固然没有像战国时那样厉害，但仪封人已说：“天下之无道也久矣，天将以夫子为木铎。”可见那时苦于天下无道，大家希望有一个杰出的人来收拾时局。孔子是一个有才干的人，有宗旨的人，有热诚的人，所以众望所归，大家希望他成为一个圣人，好施行他的教化来救济天下。在孔子成名以前原已有过许多民众的中心人物，如宋国的子罕，郑国的子产，晋国的叔向，齐国的晏婴，卫国的蘧伯玉都是。但是他们一生做官，没有余力来教诲门弟子。唯有孔子，因为他一生不曾大得志，他收的门弟子很多，他的思想有人替他宣传，所以他的人格格外伟大。自从孔子没后，他的弟子再收弟子，蔚成一种极大的势力，号为儒家。自春秋末到秦、汉，儒家之外有势力的只有一个墨家。儒家以孔子为圣人，墨家以墨子为圣人（《庄子》上说墨者“以巨子为圣人”，巨子即墨家中之首领）。

孔子被许多人推作圣人，这是他自己料想不到的。我们读《论语》，便可知道他修养的意味极重，政治的意味很少。不像孟子，他终日汲汲要行王政，要救民于水火之中。这是时代的关系，我们是很了解的。但那时的人哪能这样，他们以为孔子也是像孟子这般的。恰巧有一部儒家所传习的鲁史记《春秋》，说是孔子所作，于是就在这一部书上推求孔子的政治见解。在《论语》上，我们绝没有看见《春秋》二字。在《左传》上，我们也没有看见孔子作《春秋》的事。但《孟子》上却说：“世衰道微，邪说暴行有作，臣弑其君者有之，子弑其父者有之。孔子惧，作《春秋》。《春秋》，天子之事也。”后人更从他的话上阐发，于是说哀公十四年西狩获麟，就是孔子受天命，他受了命，自号素王，于是作《春秋》，变周制，自作新王。他是不肯直言的，私把这番意思告给弟子，唤作“微言”。弟子口头相传，到汉始写出，即是《公羊传》。这种话可靠不可靠，我们现在不必去讨论，我们只要知道古代的儒者对于孔子曾经有过这一种揣测罢了。

我们知道，孔子是一个很切实的人。他对子路说：“知之为知，不知为不知。”他所不说的有四种：“怪、力、乱、神。”又说：“吾有知乎哉，无知也。”又说：“学如不及，犹恐失之。”又说：“吾尝终日不食，终夜不寝，以思，无益，不如学也。”又说：“未知生，焉知死。”在这种地方，都可见他是一个最诚实的学者，不说一句玄妙的话，他绝不是一个宗教家。他自己既不能轻信宗教（“敬鬼神而远之”，“祭如在，祭神如神在”），作一个宗教的信徒，又不肯自己创立一种宗教来吸收信徒。他只是自己切实地求知识，更劝人切实地求知识。但是以君子自待的孔子固然可以持这样的态度，而以圣人待他的一般人却不能如此。他们总觉得圣人是特异的人，应当什么都知道，不能说“无知”；应当多说宇宙间的神秘现象，不能说生死和鬼神之事是不愿讲的。因此，当时对于他的传说就有两方面的发展：一方面是前知，一方面是博物。《左传》上说鲁国的桓、僖庙灾，孔子在陈，闻鲁火，说道：“其桓、僖乎?”《国语》上说季桓子穿井获羊；骗孔子道，吾穿井而得狗；孔子答道，以我推来，是土怪羵羊。吴伐越，获大骨，去问他，他又说这是禹致群神于会稽之山，防风氏后至，禹杀之，其骨节专车。这种话都是和《论语》上的孔子绝不相同的。推其所以致此之故，实在是当时一般人对于圣人的见解本是如此。《庄子·肤箧篇》道：“跖之徒问于跖曰：‘盗亦有道乎?’跖曰：‘何适而无有道耶！夫妄意室中之藏，圣也。入先，勇也。出后，义也。知可否，知也。分均，仁也。’”这几句话里，以圣与知分立，可见圣与知的意义不同。妄意室中之藏，即是未卜先知之术。以未卜先知为圣，可见民众对于圣人的信仰的真谛。孔子既是圣人，孔子也应当未卜先知。

这还是战国时的话呢。到了汉朝，真是闹得不成样子了。我们只要把纬书翻出一看，真是笑歪了嘴。他们说，孔子母征在游于大泽之陂，睡，梦黑帝使请己。往，梦交，语曰：“汝乳必于空桑之中。”觉则若感，生丘于空桑。他们说他的头像屋宇之反，中低而四方高。身长九尺六寸，人皆称他为长人。他的胸前有“制作定，世符运”六字之文。他坐如蹲龙，立如牵羊；海口，牛唇，虎掌，龟脊，辅喉，骈齿，面如蒙倛。他们说孔子生之夜，有二苍龙自天而下，有二神女擎赤雾于空中以沐征在。先是有五老列于庭，则五星之精。有麟吐玉书于阙里人家云：“水精之子，继商、周而素王出，故苍龙绕室，五星降庭。”征在知其为异，乃以绣绂系麟角而去。至鲁哀公十四年，鲁人锄商田于大泽，得麟以示夫子，夫子知命之终，乃抱麟解绂而去，涕泗焉。他们说孔子作《春秋》，制《孝经》，既成，使七十二弟子向北辰磬折而立，使曾子抱《河、洛》北向。孔子斋戒，簪缥笔，衣绛单衣，向北辰而拜，告备于天曰：“《孝经》四卷，《春秋》、《河、洛》凡八十一卷，谨已备。”天乃洪郁起白雾摩地，赤虹自上下，化为黄玉，长三尺，上有刻文。孔子跪受而读之曰：“宝文出，刘季握。卯金刀，在轸北。字禾子，天下服。”拿这种话和《论语》上的话一比，真要使人心痛，痛的是孔子受了委屈了，他们把一个不语怪力乱神的孔子浸入怪力乱神的酱缸里去了。

但是，我们要知道，孔子若不受他们的委屈，给他们作弄，孔教的这个名词是不会有的。经他们这样的造作了谣言，于是孔子便真成了黑帝之子，真成了孔教的教主。到现在，你去随便问一个乡下人，“文字是什么人造的?”“是孔夫子。”“书籍是什么人做的?”“是孔夫子。”“礼仪是什么人定的?”“也是孔夫子。”这便是孔教的势力。倘使永远从《论语》中去看孔子，民众所需要于孔子的乃一无所有，孔子绝不会得到纤毫的势力。

但是，孔教是一个没有完工的宗教。何以说没有完工？这和汉朝的经学很有关系。西汉的经学本来就是宗教：董仲舒是《春秋》大师，而他会求雨止雨。翼奉是《诗经》大师，而他会用时辰卜来客的邪正。王莽之时，假借符命以图篡位，图谶大盛。有一人名哀章，作铜匮为两检，署其一曰“天帝行玺金匮图”，其一署曰“赤帝行玺邦传予黄帝金策书”，书言王莽为真天子。图书皆书莽大臣八人，又取令名王兴、王盛，章因自窜姓名，凡为十一人，皆署官爵为辅佐。他衣了黄衣，持匮到高庙。明天，王莽到高庙，拜受金匮神禅，下书曰：“皇天上帝隆显大佑，符契图文，金匮策书，神明诰告，属予以天下兆民。予甚祗畏，敢不钦受！”遂即真天子位，定国号曰新。哀章封为国将，美新公。因为这种事做得太多了，又太显明了，所以一般的民众有了觉悟，每每相戏道：“独无天帝除书乎?”向来这种话集中于孔子，倒很可加增人民的信仰；到这时成了日常的事情，于是大家不由得怀疑起来。恰巧这时经学方面有一个新派——古文家——起来，于是这一个派里就绝对不收进神话的材料，只顺着经书的文字释义，把经书看成了历史。经这样一干，孔教的大本营就覆灭了。宗教一面的材料没有寄顿之处，只得改拉了老子做教主，成就了道教。有了道教，于是民众的信仰一齐流了进去，孔子就纯粹地成了士大夫们的先师了。

我们在这一讲里，可以知道：春秋时的孔子是君子，战国的孔子是圣人，西汉时的孔子是教主，东汉后的孔子又成了圣人，到现在又快要成君子了。孔子成为君子并不是薄待他，这是他的真相，这是他自己愿意做的。我们要崇拜的，要纪念的，是这个真相的孔子！

（原载 1962 年 10 月 23 日—11 月 6 日《厦大周刊》160—163 期；1927 年 11 月 29 日中山大学《语言历史学研究所周刊》第 2 集第 5 期）

论儒为诸子之前驱，亦为诸子之后殿

傅斯年

导语

傅斯年（1896—1950 年），字孟真，山东聊城人，清朝开国状元傅以渐的第七世孙，中国现代史上著名的史学家。1919 年毕业于北京大学中文系，1919 年年底公费赴英国留学，他曾在伦敦大学学习历史、数学和实验心理学，后又去德国柏林大学学习哲学和历史。曾任中山大学教授、中文及历史系主任，代理文学院院长、中央研究院历史语言研究所所长、代理北京大学校长、台湾大学校长。傅斯年先生学贯中西，博古通今，对历史学、考古学、语言学、教育学等造诣精深、贡献巨大，被誉为学术界的“通才”。1950 年 1 月，傅斯年先生就任台湾大学校长，12 月 20 日，患脑溢血病逝于中国台湾，时年 55 岁。

本文论述了儒家是中国最早产生的学派，也是最后保存下来的学派。孔子开创儒家学派之后到汉代，儒家面临三大对手——墨家、黄老及阴阳家。儒家挟王侯之力战胜了平民代表的墨家；汉初儒家和黄老争斗激烈，汉武帝最终选择了儒家；汉代，儒家经历了入阴阳又出阴阳的过程，最终成为官方支持的理论。而官方之所以选择儒家的前提是儒家首先支持官方，二者相互支持。

按，儒为诸子中之最前者，孔子时代尚未至于百家并鸣，可于《论语》《左传》《国语》各书得之。虽《论语》所记的偏于方域，《国语》所记的不及思想，但在孔丘的时代果然诸子已大盛者，孔丘当不至于无所论列。孔丘以前之儒，我们固完全不曾听说是些什么东西；而墨起于孔后，更不成一个问题。其余诸子之名中，管、晏两人之名在前，但著书皆是战国时人所托，前人论之已多。著书五千言之老子乃太史儋，汪容甫、毕秋帆两人论之已长；此外皆战国人。则儒家之兴，实为诸子之前驱，是一件显然的事实。孔子为何如人，现在因为关于孔子的真材料太少了，全不能论定。但《论语》所记他仍是春秋时人的风气，思想全是些对世间务的思想，全不是战国诸子的放言高论。即以孟、荀和他比，孟子之道统观、论性说，荀子之治本论、正儒说，都已是系统的思想；而孔丘乃是“毋意”、“毋必”、“毋固”、“毋我”的“学愿”。所以孔丘虽以其“教”教出好些学生来，散布到四方，各自去教，而开诸子的风气，自己仍是一个春秋时代的殿军而已。

儒者最先出，历对大敌三：一、墨家，二、黄老，三、阴阳。儒墨之战在战国极剧烈，这层可于孟、墨、韩、吕诸子中看出。儒家黄老之战在汉初年极剧烈，这层《史记》有记载。汉代儒家的齐学本是杂阴阳的，汉武帝时代的儒学已是大部分糅合阴阳，如董仲舒；以后纬书出来，符命图谶出来，更向阴阳同化。所以从武帝到光武虽然号称儒学正统，不过是一个名目，骨子里头是阴阳家已篡了儒家的正统。直到东汉，儒学才渐渐向阴阳求解放。

儒墨之战儒道之战，儒均战胜。儒与阴阳之战（此是相化非争斗之战），儒虽几乎为阴阳所吞，最后仍能超脱出来。战国一切子家一律衰息之后，儒者独为正统，这全不是偶然，实是自然选择之结果。儒家的思想及制度中，保存部落时代的宗法社会性最多，中国的社会虽在战国大大地动荡了一下子，但始终没有完全进化到军国，宗法制度仍旧是支配社会伦理的。所以黄老之道，申韩之术，可为治之用，不可为社会伦理所从出。这是最重要的一层理由。战国时代因世家之废而尚贤之说长，诸子之言兴，然代起者仍是士人一个阶级，并不是真正的平民。儒者之术恰是适应这个阶级之身份，虚荣心，及一切性品的。所以墨家到底不能挟民众之力以胜儒，而儒者却可挟王侯之力以胜墨，这也是一层理由。天下有许多东西，因不才而可绵延性命。战国之穷年大战，诸侯亡秦，楚汉战争，都是专去淘汰民族中最精良最勇敢最才智的分子的。所以中国人经三百年的大战而后，已经“挫其锐，解其纷，和其光，同其尘”了。淘汰剩下的平凡庸众最多，于是儒家比上不足，比下有余的稳当道路成王道了。儒家之独成“适者的生存”，和战国之究竟不能全量的变古，实在是一件事。假如楚于城濮之战，灭中原而开四代（夏、商、周、楚）；匈奴于景武之际，吞区夏而建新族，黄河流域的人文历史应该更有趣些，儒家也就不会成正统了。又假如战国之世，中国文化到了楚吴百越而更广大，新民族负荷了旧文化而更进一步，儒者也就不会更延绵了。新族不兴，旧宪不灭，宗法不亡，儒家长在。中国的历史，长则长矣；人民，众则众矣。致此之由，中庸之道不无小补，然而果能光荣快乐乎哉？

《原儒》绪言

熊十力

导语

熊十力（公元 1885—1968 年），原名继智，号子真，晚年号漆园老人，黄冈（今团风）县上巴河张家湾人，著名哲学家。他幼时在家随兄读书，早年从事革命活动，失败后，决意专心从事哲学研究，先后在武昌文华大学、天津南开中学、北京大学、浙江大学任教。他融汇儒释思想，发挥周易、宋明理论和佛教法相唯识之学，提出“新唯识论”，在哲学界轰动一时，连著名学者章太炎也赶来听课。他毕生致力于学术研究，著有《新唯识论》《原儒》《体用论》《明心篇》《佛家名相通》《乾坤衍》等书。其学说影响深远，在哲学界自成一体，“熊学”研究者也遍及全国和海外，《大英百科全书》称“熊十力与冯友兰为中国当代哲学之杰出人物”，1968 年因病在上海逝世。

本文完成于 1954 年，文中仍然继承着熊十力的一贯风格：入佛出儒，大易为宗，中西兼综。本文介绍了《原儒》一书的成书过程，包括理论形成过程，主要是对《原儒》一文的内容的简介：儒家的形成及其发展；儒家的理论特色。如果说宋明理学是儒家在对佛教挑战的一种理论回应，是儒家形而上的建构，那么熊十力的哲学则是在西学东渐、西方文化强势进攻下，中国传统的文化如何回应西方文化、如何向现代转化的积极尝试。本文从儒家的经典出发，力图阐发出新的内容，对于儒家传统的“内圣”和“外王”作了新的、具有现代特色的表述。希望能用儒家的学说解决现代中国的两大问题——民主和科学，那么“认识论”和“辩证法”就是重点说明的了。“现代新儒家”的特点在本文中还是表现得非常明显。

余年三十五，始专力于国学，（实为哲学思想方面。）上下数千年间颇涉诸宗，尤于儒佛用心深细。窃叹佛玄而诞，儒大而正（佛氏上驰于玄，然玄者实之玄也。游玄而离实，则虚诞耳。此意，难与佛之徒言。从来名士好佛者必抑儒，非惟不知儒，实未知佛耳。）卒归本儒家大易。批判佛法，援入于儒，遂造《新论》。更拟撰两书，为《新论》羽翼，曰《量论》。（量者知义，见《因明大疏》。量论犹云知识论）曰《大易广传》。两书若成，儒学规模始粗备。余怀此志，历年良久。向学已晚，成学迟而且孤。（汪大绅[①]自叹“学既成而日孤也”，大绅有卓识，独惜其未能超宋明而上追洙泗[②]，未尽其才也。然三录在宋明学中，规模较阔）

注释

①汪大绅：清代学者，精通佛学。

②洙泗：这里代孔子。洙泗原是两条河，即洙水和泗水，春秋是属鲁国，孔子居于洙泗之间，教授弟子。

自四十五十以至七十之年，长厄于疾，又经国难，先后草创《新论》二本（文言本及语体本）。最近乃就语体本删为定本，了此一段心事。《量论》早有端绪，原拟为二篇：曰《比量篇》，（比量，见中译因明书。量犹知也。比者比度，含有推求、简择等义。吾人理智依据实测而作推求，其所得之知曰比量。此与因明不全符，只从宽泛解释。）曰《证量篇》。（证者知也。然此知字之义极深微，与平常所用知识一词绝不同旨。略言之，吾人固有炯然照明，离诸杂染之本心，其自明自了，是为默然内证。孔子谓之默识，佛氏说为证量。而此证量，无有能所[①]与内外同异等等虚妄分别相，是造乎无对之境也。）

注释

①能所：佛教用语。能指认识的主体，所指认识的客体，二者是相对的。

《比量篇》复分上下。上篇论辨物正辞，实测以坚其据，（实测者，即由感觉亲感摄实物，而得测知其物。《荀子·正名》篇所谓五官簿之云云亦此义。此与辩证唯物论之反映说亦相通。）推理以尽其用。若无实测可据而逞臆推演，鲜不堕于虚妄。此学者所宜谨也。

辨物正辞之学始于《易》《春秋》，而二经传记亡失殆尽，鲜可稽。（据汉初司马谈言，六艺经传以千万数，《易》《春秋》为群经所宗。而《易》尤尊于《春秋》。孔门三千、七十之徒，其为《易》《春秋》传记，以记述与发挥师说者必不可胜数，惜乎吕秦刘汉之际毁绝无余。）晚周名学有单篇碎义可考者，《荀子·正名》、墨氏《墨辨》、《公孙龙》残帙、及《庄子》偶存惠施义。韩非有综覆名实之谈。此其较着也。诸家名学思想皆宗主《春秋》，大要，以为正辞必先辨物。《春秋繁露》曰："《春秋》辨物之理，以正其名。名物如其真，不失秋毫之末。故名陨石、则后其五，（僖公十六年传。闻其磌[①]然，陨也。视之则石，察之则五。〕言退鹢[②]则先其六，〔僖公十六年传。《孔丛子》平原君曰：至精之说可得闻乎？答曰："其说皆取之经传。《春秋》记六鹢退飞，睹之则六，察之则鹢）圣人之谨于正名如此。君子于其言，无所苟而已，五石六鹢之辞是也。"（五石六之鹢辞，据五官所感。《荀子·正名篇》言五官能簿记物象，如画师写实，正申《春秋》义）据此，《春秋》正辞之学，归本辨物。后来荀卿乃至墨翟诸家皆演《春秋》之绪，以切近于群理治道，实事求是为归。从诸家孤篇残帙中考之，其宗趣犹可见也。（孤篇如《荀子·正名》，残帙如《墨辨》等。宗趣犹云主旨）荀卿为七十子余裔无待论。墨子曰："夫辩者，将以明是非之分，审治乱之纪，明同异之处，察名实之理。处利害，决嫌疑焉。摹略万物之然，（案即掌握自然规律之谓）论求群言之比。以名举实，以辞抒意。详此所云，不谓为《春秋》之嫡嗣得乎？惟至惠施、公孙龙，似已趋近玄虚。而惠施能明于易，要非公孙之俦矣。明季傅青主[③]独称道公孙，当名理衰绝二千数百年而有斯识，不得不惊其巨眼，然青主犹未能究宣其义。近自章太炎以来，颇有引述庄子、惠施诸条加以训释，要皆章句之技耳。夫治古学者，贵乎好学深思，心知其意，而复验之于物理人事，辨其然否。循其真是处而精吾之思，博学于文，（古者以自然现象谓之文。人事亦曰人文，故博文为格物之功，非只以读书为博学也）曲畅旁通，推而广之。创明大义，得其一贯。孔子以述为作，道在斯也。名学倡于中国最早。诸家坠绪犹有可寻。余在抗日战前颇思作述，无何中原沦陷，急遽奔蜀。嘉州寇弹，焚吾积稿，予念灰矣。旧业中弛，今衰难理。

注释

①磌：tián，音同“甜”，象声词。

②鸧：水鸟名，形如鹭而大。羽色苍白，善高飞。

③傅青主：公元1602—1603年，明末清初阳曲人。字青竹，改字青主，别号甚多，如公之它、朱衣道人等。明亡，穿红衣，住土穴，坚决不出来做官。文章书画都很有名，以医为生，有《霜红龛》十二卷。

下篇论穷神知化。神者，不测之称，所以形容变化之妙。（穷神知化，见《易·系辞传》。）吾人如本诸一般日常经验的知识以测物，必有如是与不如是之分。（如是，犹云如此。不如是，犹云反乎此者。）申言之，即于一切物皆作固定相想，（相者相状。后皆准知。）作各各离异相想。今试深进而体察一切物，则知凡物皆属变动不居之过程，都无固定相，亦无各各离异相。一切物刹那刹那，变化密移，方其如是即已不如是，如是与不如是相反而相俱，（相俱者，相反而实相成。）盖莫得而分焉。如言物生，而当其生之一刹那顷却已即灭，如言灭已，而次刹紧续前刹已有新生，是则生灭二相都不决定，亦互不相离异。例如麦禾并非以其初生时名生，亦非以其灰烬垂尽名灰，实则麦禾从其由种生芽，由芽成禾，以迄灰烬垂尽，其中间所经历之长岁月中确是刹那刹那，才生即灭，才灭即生，未尝有一刹那顷守其故。麦禾经过无量转变，每一刹顷，新故推移皆无固定相可得，诡异至极。麦禾如是，凡物准知。然则变化之道，非通辩证法固不可得而明矣。大地上凡有高深文化之国，其发明辩证法最早者莫有如中国，羲皇画卦在洪古期，岂不奇哉！辩证一辞并非始于外方。《广雅》：辩，变也。《易·坤卦·文言》：犹辩之不早辩也。《荀》本辩作变。古以辩字与变字互通，最有深意。辩本有对，而必归和同。宇宙间变化之道亦犹是。辩证语源极可玩。

余尝言，宇宙论中（此云宇宙是广义，即通本体与现象而言。）无对与有对相反也，而无对统摄有对乃反而相成。（统摄者，统谓统一，摄谓含受而主领之也。后凡言统摄者，皆仿此。）

本体是无对。本体之流行至健无息，新新而起，其变万殊，是名为用。用既万殊，便是有对。由体成用，即无对已含有对，相反在是。然赖有此反，乃以显发本体之盛德与大化。用毕竟不达体，故曰无对统摄有对。

无限与有限相反也，而无限统摄有限，乃反而相成。

体唯浑全，故无限。用乃分化，即有限。然有限之诸行相，（行相者，行是迁流义。相者相状。）从一方面说，无始时来，恒是刹那刹那，才生即灭，都无故物暂住，或疑灭灭可怖。从另一方面说，无始时来，故故不留，新新而起，实乃生生不已。生生不已者，有源而不竭也。源不竭者，其源非外有。盖其本体内在之源，深远而无穷尽也，是则无限有限正以反而相成，故曰无限统摄有限。

克就用言，心物相反也，而心统摄物，乃反而相成。

心有主宰义及升进等义，物有坠退性。心本虚灵，无在而无不在。（中译《楞严经》，七处征心等文，善发斯旨，可玩。）物成形象，有方所。心物相反甚明。然心能斡运乎物，（斡者，主领义及运转义。）改造乎物，物亦随心转而浑融无碍，是则心物毕竟不仁，故曰心统摄物。

能质亦是相反相成。兹不及详，其余问题尚多，学者触类而通可也。

说者曰：天人之际，苟求其异，（异即相反。）则其义广远至极，难以析举。必不得已而欲言之，略陈以二：一曰，天道高明悠久无穷，（高者绝对之称。明者虚灵，无杂染故。悠久者，至诚无息。无穷者，盛德妙用无穷尽故。）而人生陷于有对之域，不得无穷，其异一。二曰，天道鼓万物，一切任物之自然，非为斯人之乐利而始生物也。万物诚有可资益于人，其危害于人者则尤多而且厉。天人之不相为谋也彰彰矣，其异二。

答曰：儒言天道乃宇宙本体之称，非谓神帝。吾子之论，似亦见及此，惜乎其未彻也。未彻者，犹未免视本体为超越于人类而独在，惊叹其无穷，是犹宗教以神道统治人道之余习也。如其实悟吾人之真性即是遍为天地万物本体，天地万物之本体即是吾人真性，则高明悠久无穷者皆吾性分上所固有，孰谓天人对立不得融而为一耶？惟人之生也。已成为个体，而迷执之为小己，则以妄习障蔽真性，而令其不得显发。生命之有矛盾由斯，说者第一义据亦在此耳。然吾人真性恒不泯绝，一旦怵然内省，则本来面目赫然呈露。（本来面目系禅家语，即真性之代词。）孔子曰："人能弘道，非道弘人。"（言人能弘大其道，道不能弘大吾人。道者，即本体或真性之称。真性虽是吾人所固有，而吾人恒迷执小己以障蔽之，则真性虽自存，却不能使吾人弘大。必吾人内省而自识本来面目，存养而扩充之，则日用云为之际皆是真性炽然流行，是则人能弘大其道。）斯义广大渊微至极。其否认有超越吾人与天地万物而独尊之神道，使神道不复能统治吾人。哲学精神至此完全脱去宗教尽净，遂令人道天道融合为一，不可于人之外觅天也，其功诚巨哉！

已答第一义，次及第二。《易·系辞传》曰：天道"鼓万物而不与圣人同忧。"富哉斯言，天道者，宇宙本体之称，已如前说。本体流行，灿者万物。自万物而言，固皆承本体之流行而各有其生；自本体而言，则是真实之动力鼓动万物，如大洋水，鼓众沤然。（真实，谓本体。动力，谓本体之流行，乃克就用而言。本体是万体之体不在万物外，譬如大洋水是众沤之体不在众沤外。）真实动力，鼓动万物，（真实，谓本体，亦即天道。）本无有作意，无有选择，故万物之发展至不齐，如大自然千形万态矣。地、水、火、风四大变幻，（印度古代说地、水、火、风四大，即分析物质界为此四种，坚劲名地大，流湿名水大，轻动名风大，温燥名火大。大者，以其相状大，故云。）无量奇险奇峻，及至诡怪，至可恐怖之阻碍与灾害不可胜穷，甚至动物界之凶毒尤难殚举。惟人类从万物中发展至最高级，却是真实动力之表现达于最高度，虽为万物之灵长，（谓人至灵，而为万物之首长也。）毕竟不可一息离实际生活。而大自然之威逼或万物之迫害，其予人生以百千磨难，无穷困厄者，显然为真实动力鼓万物而令其不齐，遂以致此。易言之，即天人之际有矛盾存焉。（真实动力是谓天。）圣人之忧，忧此矛盾也，而天道固不与圣人同其忧。（天道即真实动力。）天道无作意，无选择，其鼓万物也，直行乎其所不容已。惟其鼓之不容已，而无意无择也，则其对于人生之矛盾遂伏于此矣。圣人忧之，是故启导广博无量之人类期成人能，（人自成其人之能，曰人能。本《易·系传》。）即以人道统摄天道。《易》曰："范围天地之化而不过，（汉人训范围一词为拟范。伊川训为模量，皆取法乎天地也，并误。此中天地一词，即大自然之总称。言吾人当制驭自然之变化，使其无有过差。范围者，即以人力制限之耳。自然科学发明以来，征服与利用自然之功绩已卓著，

《易》之理想已实现。）曲成万物而不遗。”（曲成者，因万物固有之性能而成就之，如辨土宜以利农事，采金木以制器具，雷电亦可操纵与发挥其功能以备用，乃至动植物皆可变化其品种以日进于优良，皆曲成也，且不唯成物而已。若乃人类亦有资禀不齐，则为之政制、群纪，纳于共同生活之中。妥筹教养，使贤智尽其材，而愚不肖者亦可勉企于贤智。如此，则人类莫不曲成而无遗也。）又曰：“裁成天地之道，辅相万物之宜。”（准上可解。辅相之义最要，只是顺物之性，而扶勉之已耳，决不以私意私见宰制万物也。）然后人生乃开拓其天地万物一体之德量，而矛盾悉已化除，故曰人道统摄天道。如上二义，天人相反相成之妙，已可见。

性善性恶，二说相反也，而善统治恶，乃反而相成。

孟子言性善，就吾人与天地万物共同之真源而言也。（真源，谓宇宙本体）真源无有不善。（本体无有作意，无有杂染，故无恶。）荀卿言性恶，就吾人有生以后，妄执小己而言也。真源之流（犹云本体之流行。）不得不分化，分化故有小己，小己不得无欲。欲动而徇于小己之私，且狂迷不反者，其变也。小己之私欲，狂逞不反即障蔽真性，（真源在吾人分上言，即是吾人真性。）此所以成乎矛盾也。然复须知，小己之私欲，虽足以障蔽真性，而真性毕竟不壞灭，譬如浮云虽能蔽日而日光未尝不在，浮云消散则大明遍照无穷矣。（大明谓日。）儒家求己之学，（此中己字，是大己，非小己。大己者真性也。儒学节制私欲，在求认识大己而已。）节制私欲，以完复其固有之真性，则矛盾化除而真性常得为四体之主，即小己之欲毋妄逞，而亦莫非真性流行无所谓私也。故性恶论者虽足以纠正性善论之忽视矛盾，而性善论究不因有矛盾而失其据。且凡言性恶者无有肯许恶行为人生之当，仍归本于为善去恶，是则因去恶之勇而益见吾人固有善根之发展不容已。善恶适以反而相成，故曰：善统治恶。

上来就宇宙人生诸大问题略为举隅，可见辩证法是无往而不在，学者随处体察可也。（举隅者，如桌子有四隅，只举其一隅，则其余之三隅不待举而可知。）

谈宇宙论，略括以十六句义，学者宜知。

一为无量，无量为一。

全中有分，分分是全。
始则有终，终而复始。
此转为彼，彼亦莫住。
发展无竭，譬彼洪流。
自由必然，无想有鹄。
伟哉造化，怒者其谁。
相反相成，万有公则。

附注：一谓本体，无对故名一；无量谓用，用乃万殊，故名无量；全与分，亦谓体用；分分是全，可玩《新论·明宗章》大海水与众沤喻。始则有终以下诸句，并就用言。无想者，谓无意想。有鹄者，谓有目的。《庄子·齐物》云："怒者其谁耶?"怒，盛动貌。怒者，犹云主动者，盖谓无主动之神也。

知识论当与宇宙论结合为一，离体用而空谈知识，其于宇宙人生诸大问题不相干涉，是乃支离琐碎之论耳，何足尚哉？学者必通辩证法而后可与穷神。

感觉、量智（亦云理智）、思维、概念等所由发展与其功用，在上篇（《辨物正辞篇》）固应论及，本篇（《穷神知化篇》）当进一步讨论量智、思维等，如何得洗涤实用的习染而观变化，但二篇今皆未能作。（实用的习染，将一切物析为各别与固定的，以此而测大化必极不相应。）

《证量篇》论涵养性智。性智者，人初出母胎，坠地一号，隐然呈露其乍接宇宙万象之灵感。此一灵感决非从无生有，足征人性本来潜备无穷无尽德用，是大宝藏，是一切明解之源泉，即依此明解之源说名性智。

问："云何证量"？答：吾人唯于性智内证时，（内自证知，曰内证。禅家云，自己认识自己。）大明洞彻，外缘不起，（神明内敛时，不缘虑外物故。）敻[①]然无对，（浑然与天地万物同体，故无对。）默然自了，是谓证量。吾人须有证理之境，方可于小体而识大体。（体犹言小己，大体谓宇宙本体。二词并见《孟子》，今借用之。）于相对而悟绝对，于有限而入无限，是乃即人即天也。（天者，本体之称，非神帝。）人生不获证量境界，恒自视其在天地间，渺小如大仓之一粒，庄生所以有"人生若是芒乎"[②]之叹。

注释

①敻：xiòng，音同“诇”，辽阔。

②出自《庄子·齐物论》。原文是：“人之生也，固若是芒乎？其我独芒，而人亦有不芒者乎？”芒：通“茫”，迷茫，茫然。

证量，止息思维，扫除概念，只是精神内敛，默然返照。（默然者，寂定貌。照者，澄明之极。返照者，自明自了之谓。）孔子默识即此境界。人生惟于证量中，浑然与天道合一。（《易》云与天合德。天道谓本体。合一是形容词。其实人即是天，非以此合彼也。）有问：“如何方可得到证量境界？”答曰：思维与修养交致其力，而修养所以立本。（思脩交尽，思而无脩只是虚见，脩而不思终无真解。）久而后有获也。佛道二家方法皆宜参考，然道颇沦虚，佛亦滞寂。沦于虚，滞于寂，即有舍弃现实，脱离群众之患。孔子之道确不如此，故须矫正二氏以归儒术；今此不及详。

孟子上下与天地同流，象山自谓精神稍一提缀便与天地相似，此皆学人上达初机。（上达，谓上达于证量之境。）然此诣非大贤以下之资所可企也。

从来颖悟之伦莫不求趣证量，直彻根源，然易流于僧侣主义，倾向出世，乖于大道，不可为训。孔子以人道弘天道，从天地万物浑然一体处立命，（此中天地万物，即包含吾人在内。）故有裁成辅相之功，（《易》曰裁成天地，辅相万物。）不以孤往独善为道也。

吾原拟作《量论》，当立证量一篇者，盖有二意。一、中国先哲如孔子与道家及自印度来之佛家，其学皆归本证量，但诸家虽同主证量，而义旨各有不同。余欲明其所以异，而辨其得失，不得不有此篇。二、余平生之学，不主张反对理智或知识，而亦深感哲学当于向外求知之余，更有凝神息虑，默然自识之一境。《礼记》曰：“不能反躬，天理灭矣。”郑玄注：“反躬，反己也。”《论语》录孔子之言，以默而识之，与学而不厌，分作两项说。学者，即物穷理，知识之事。默识者，默然反己自识也。此所云己者，非小己之谓，乃通天地万物为一体之真己也。默然之际，记忆、想象、思维、推度等作用一切不起，而大明炯然自识。（自识者，禅家云自己认识自己是也。）阳明所谓“无声无臭独知时”[①]，正是此境。庄子云：“尸居而龙见，渊默而雷声”[②]，差可形容孔子默识境界。（尸者，形容妄想灭尽。尸居，谓一切念虑不起，是默然也。龙者，古代以其为神灵之物，以喻默然之中神明昭朗。渊默者，形容其深静。雷声者，形容万化万动之几，已伏于静默中，故静非死灰之静也。）阳明恐未到此。余谈证量，自以孔子之道为依归，深感为哲学者不可无此向上一着，未知将来有同斯意者否？

注释

①出自王阳明的《咏良知四首示诸生》。

②尸居而龙见，渊默而雷声：在《庄子·在宥》和《庄子·天运》都有这一句。

《量论》二篇（一《比量篇》，二《证量篇》。）大意略说如上。今精力已衰，虽欲写一纲要而不可能，后有作者能偿余之愿，功不必自我成。予何憾焉。

《大易广传》原拟分《内圣》《外王》二篇，宗主《大易》，贯穿《春秋》以逮群经，旁通诸子百氏，斟酌饱满，发挥《易》道，当为一巨著。遭逢日寇，负疾流亡，《量论》未能起草，遑论此书。惟幸暮年适承新运，颇锐志述作，顾自昨岁删《新论》毕事，忽感精力疲困，闲居无事，亦不感苦。偶一用思，脑闷微疼。长夜失眠，尤不可耐。人到衰境，记忆力减退，向时胸际所含藏而未及发抒者，今乃日益失亡，不复可追忆。时或考文征义，莫忆来历，每至苦搜不获，故《易传》一书（《大易广传》，省称《易传》。）今亦决不能作。老来遗憾，此为最甚。洪惟孔子，集古圣之大成，开万世之学统。虽自吕秦刘汉以来二三千年。儒生早失其真，而微言仅存于《易》《春秋》诸经及故籍者，犹可推索其要略。余既不获脩《易传》，因欲写一极简略之小册，为儒学粗具提要，名曰《原儒》，约为三分：一原学统，二原外王学，三原内圣学。（内圣、外王二词，俟入正文当释之。）每下一义，必有依据，不敢逞臆妄说，余诚弗忍负所学以获罪于先圣也。

抑余尤有言者，晚周所遗一切故籍毁灭于吕秦，废弃于刘汉。今欲考论晚周学术发展之程度，与诸子百家之理论或格物之创见，今皆无籍可稽。（《大学》格物，程朱解为是，谓穷究物理。）夫秦火之毒，古今共愤，而汉人废学之害，后世犹不悟也。汉初，司马谈《论六家要旨》，其说曰："夫儒者以六艺为法。（艺者，知能。古言艺有二解：一者，如格物的知识与一切技术，通名为艺。二者，孔子六经亦名六艺。六经者，《易经》《春秋经》《诗经》《书经》《礼经》《乐经》。司马谈所云六艺，盖专指六经。凡经有孔子亲作者，有孔子口说，而弟子记之者亦名为经。）六艺经传以千万数，（六艺，专指孔子六经。见前注。传者，弟子依据经义而推广之，是名传。司马谈云'经传以千万数'，自是亲考目录，而见经与传各类之书目有千万数之多也。）累世不能通其学，当年不能究其礼。（礼当作理。礼理古通用。）故曰"博而寡要，劳而少功"云云。司马谈此论，见于其子司马迁《史记》自序，古今称诵之。其言"六艺经传以千万数"本诸目睹，可见晚周故籍非秦火可毁尽。盖迁自称司马氏世典周史，其家藏典册当不少。汉兴，谈复掌史职。惠帝、武帝之世，除秦挟书律，民间献书于朝者必多，故谈得睹"六艺经传以千万数"而叹其博也。但谈一人所阅家藏及公府之目录究有限，其散在民间之书甚众，而其书目为谈所不及窥者岂少也哉！且不独儒籍广博而已，晚周诸子百家风起云扬，异帜分途，各为大国，比如五星丽天，十日并出，光焰万丈，其作述宏富，自不待论。由司马谈见六艺经传千万数之言而推之，则诸子百家之书，值汉初惠、武二帝除秦挟书律，其出自山岩屋壁。或献阙廷，或行民间者必不可数计。（马融传称武帝除挟书律，皮锡瑞谓惠帝始除此律，马说误。余谓皮说非也。惠帝虽除此律，而其时距秦祸太近，人情不无观望，武帝复申除挟书律之令自是事所应有。马融以汉人说汉事当不误。）然事之极可异者，司马谈所睹六艺经传千万数，在武帝时似已缺损脱亡大半，或徒存其目耳。《汉书·艺文志》云："汉兴改秦之败，大收篇籍，广开献书之路。迄孝武世，书缺简脱，（书册腐败缺失。偶存者，其简编亦散脱不完。）礼坏乐崩"。（此单礼乐崩坏而言，亦可见先世之学术思想与所发明制作等，皆无可征也。）圣人闵焉。据此，则六艺群书千万数，司马谈所睹者，当为太史博士之臧，或内廷秘室诸目录耳。其书之未坏者亦罕矣。考《艺文志》，凡六艺，一百三家，三千一百二十三篇，实则六经皆被汉人改窜，而诸传记又多出汉世老师或博士手。司马谈所睹千万数之六艺书目，皆是未经汉人窜乱之晚周故籍，乃《艺文志》所不载也。《艺文志》所载六艺群书之目，其出于谈之后者不必论，若其出于文、景、武诸帝之世，则为谈之同时长者或其同辈所造。谈既是批判古六家得失，必不涉及其近人或并时人之书也，故知谈所睹之六艺诸经传千万数，必是未经汉人改窜之故籍，至可宝贵。然可惜者，孔门群籍虽自汉兴多献于朝，两汉朝固任其废弃莫肯护惜。所以然者，汉武与董仲舒定孔子为一尊，实则其所尊者非真孔学，乃以禄利诱一世之儒生，尽力发扬封建思想与拥护君主统治之邪说，而托于孔子以便号召，故汉儒所弘宣之六艺经传实非孔门真本。易言之，孔门真本汉廷必废弃之，方可售其伪也。朝臣与博士之徒既如此，则草野之士揣摩风会，欲其钻研真孔学必不可得也。晚周一切故籍无不灭绝，职此之由。此非余之臆说，当于《原学统》，《原外王》中略举其证。（向拟作《六经发微》一书辨其真伪，而《量论》及《易传》未能执笔，卒无暇及此。）

由孔门六艺及诸子百家之书，并亡于秦汉，而吕秦以前之中国文化学术，其真相不可得而明。清季迄民国，后生游海外者，其议国学之根本缺点，略有三：一曰无科学思想。西洋科学源出希腊，而吾晚周儒学以及百家，不见有关于科学知识之载籍，是一缺点。二曰无民主思想。六经及法家言皆拥护君统，道家虽恶专制，奖自由，亦未尝昌言民主，是二缺点。三曰持论无系统。西洋著述贵乎理论宏密，一本众干，枝叶扶疏，说理详明，启人思路，中国古籍或微言而不尽意，或众义杂集、纷集无有体系，难以导人造于精思之境，是三缺点。此等议沦，吾侪当清季已熟闻，且与之同调，及余年四十以后始自悔其浅妄。请先言科学。数学为各科基本。伏羲画八卦在鸿古时代，（世代太远，称曰鸿古。）而汉人言八卦与九章相表里，今之通数学者莫能否认其说。夫《九章算术》造诣已深，而见于鸿古期岂不奇哉？指南针作者，有云黄帝，有云周公，或黄帝首创周公继述，二说皆不无根。若非明于电磁断不能有此创制，安得谓黄帝周公全无格物之术乎？木鸢，则墨翟，公输并有制作，是亦飞机之始，谓其纯出偶然之巧可乎？且《墨经》中有物理学，今人固有发见之者。公输机械精妙见称《孟子》，惜其所发明者皆不传于后，为可惜耳。化学始于炼丹，汉世已有为之者，其源盖在战国。张衡，东汉初人，着《灵宪算纲论》，网络天地而算之，制候地震仪，可见古代天文学甚精。张衡所凭籍者厚也。李冰，战国时秦人，其水利工程着神绩于蜀，迄今二三千年永享其利。抗战时外人睹之惊叹莫及，则工程学盛于古代可知。医学与药物发明并在太古，逮春秋之世扁鹊仓公精察腑脏经络，则解剖术已盛行。《周官》有壶涿氏（秋官之属。）掌除水虫，可见古代对于微生物之研究必不浅。地圆之论见于曾子《天员篇》，（详《大戴礼》。）《周髀算经》亦言之。五洲之说邹衍首唱于战国时，此皆就鸿古以至战国略征数事，可证中国古代无科学思想之说纯是妄自菲薄，毫无事实根据。（此皆二字，至此为长句。）尤奇者，《尚书》帝典称帝尧之言曰“天工，人其代之。”（初民皆惊叹上天有创造万物之神工不可思议，帝尧却谓吾人当发挥自己力量，来代上天而奏改造宇宙之神工，故曰“天工，人其代之。”）此等高明圣智，伟大气魄，不谓为科学思想之导源，何可乎？孔子祖述之，有以也。吕秦刘汉将故籍毁弃尽净，后之人遂臆断古代无科学思想，此为中国文化史上大不幸事。

民主思想，谈者谓不见于六经，予当于《原外王》中正其迷谬，此姑不详。

说者谓古籍无有成系统之理论，今且就晚周儒家六艺群书言。司马谈在汉初所睹千万数之目录，而其书西汉已无存，诸于百家故籍一切废绝更不待论，晚世后生乃轻议古籍无成系统之理沦，悬空臆断，征考无由，非大妄欤？六经虽遭汉人窜乱，而以《大易》较之他经，其保存真相处较多。六十四卦含藏万有，摄无量义，直如天地之无不覆载，此既不可以散漫无系统议之，更未可以系统一词赞之也。（凡成系统之理论，其含义便尽于其所持之论，更无余蕴，而六十四卦之妙直是无尽藏，此意难为不知者言。呜乎深微矣！）

司马谈讥儒者“博而寡要，劳而少功”。谈于儒学实未之有闻也。谈尝受易于杨何。《易》为五经之原，含藏万有，广大悉备，（广则无不包，大则无有外。悉备则小大精粗其运无乎不在，此《系辞传》赞《易》之词。）而归本穷理尽性以至于命。（穷理云云，详在《原学统》中。）正是博而有要。谈乃茫然莫省何耶？汉世易家同主象数，实皆古术数家枝流。《艺文志》言“汉兴，言《易》者皆本之田何”。可知田何以术数开宗，其于孔子之《易》无预也。谈之师杨何，本田何再传弟子，故谈于儒学全无所知。

谈于道家确有得。道家反知而遗物，訾文明。儒者六艺以格物、备物、化裁变通乎万物为用，（详《易·系传》。）故谈以为竭其知而劳其神，博而无当，道家之观点则然。

中国文化学术毕竟当求之于吕秦以前。（自六国全亡，吕政统一天下之岁起，至二世亡时止，是为吕秦。吕政方为秦王时，犹属战国，马迁《史记》为嬴秦作本纪，殊无义。）晚周诸子百家，其书虽亡绝，然残篇碎义偶存者，亦足珍贵。孔子六经虽遭窜乱，然由《大易》《春秋》《周官》三经，参以《礼记》诸经，谨于抉择，犹可窥见内圣外王之大体。唯汉以来经生多注重家法及今古文之争，赵宋以下更有汉宋之争，此皆奴儒或迂儒以钻鼠穴为辽阔，而不睹天地之广大也。此类争端，当于以后随文涉及时略为辨正。

（选自《原儒》，1956年上海龙门联合书局出版）

后 记

本书即将出版，不禁长出一口气，这件事情终于有了结果。本书源于十多年前，当时我还是中国人民大学哲学系的硕士研究生。2002 年 11 月，中国人民大学孔子研究院成立后，策划了一系列活动，出版一批儒学丛书就是其中重要的项目之一。《说儒》就是这批丛书的一本，由干春松老师指导，我和杨名具体负责完成。经过一年多的工作，本书的主体完成，但由于种种变故，一直未能出版，我也一直引以为憾。

近年来，儒学研究越来越热，但关于儒家的争论也越来越多，更有许多学者服膺、皈依儒家，被称为“当代大陆新儒家”。然而，外界对于儒家的争论并没有停止，无论是儒家以外的学者与儒家学者，还是儒家学者之间都有争论，甚至有些争论非常激烈。这种情形，与历史上关于儒家的争论极为相似。因此，我和杨名决定将《说儒》出版，想说明争论并不可怕，没有争论才是危机，儒家就是在争论中不断发展的。当下关于儒家的争论，也正是儒家发展的又一个机遇。

本书得以出版，了却一桩心愿，得益于许多老师、同学、亲人和朋友的支持，在此，我对他们的付出和支持表示衷心的感谢。首先感谢干春松老师，本书从选题到写作，干老师都进行了悉心指导，本书才得以顺利完成。其次感谢杨名，原打算我和他共同完成《说儒》一书，结果篇幅过长分为两部。在写作中，我们两人不断商讨，甚至是争论，共同体会其中的苦乐，共同完成了各自的任务。再次感谢我的妻子王珍和女儿巴彤熹，书稿虽然在十多年前就完成了，但决定要出版，后续的工作还很繁杂，正是由于王珍对家庭的付出，才使我能安心工作。乖巧的女儿巴彤熹是我的“开心果”，每次看到她纯真呆萌的面孔、听到她清脆甜甜的笑声，都使我开心不已，也深感责任重大，促使我努力工作。最后感谢宋宇编辑，由于她的辛勤工作，才会使本书增色不少，并能顺利出版。当然，也要感谢好友段海宝，他对本书的出版提出了很多中肯的建议。

本书已经完成，但我对儒家研究并不会结束，希望有时间能在本书的基础上，进一步推出当代学者的“说儒”和国际学者的“说儒”。

巴文泽

2016 年 6 月 28 日